Colloquial Rus

Colloquial Russian 2 is the ideal way to refresh your knowledge of the language and to extend your skills.

Structured to give you the opportunity to listen to and read lots of modern, everyday Russian, *Colloquial Russian 2* has been developed to work systematically on reinforcing and extending your grasp of Russian grammar, vocabulary, intercultural communication skills, and understanding of contemporary Russian society.

New to this edition:

- revision material to help consolidate and build up learners' basics;
- a wide range of authentic and up-to-date reading materials, including blogs, forums, surveys, opinion pieces, and commentaries;
- exercises based on role plays, group activities, and debating techniques, aimed at developing oral communication and expanding vocabulary range of learners; and
- new audio material including authentic and up-to-date audio excerpts.

Audio material to accompany the course is available to download free in MP3 format from www.routledge.com/cw/colloquials. Recorded by native speakers, the audio material features the dialogues and texts from the book and will help develop your listening and pronunciation skills.

THE COLLOQUIAL SERIES
Series Adviser: Gary King

The following languages are available in the Colloquial series:

Afrikaans	German	Romanian
Albanian	Greek	Russian
Amharic	Gujarati	Scottish Gaelic
Arabic (Levantine)	Hebrew	Serbian
Arabic of Egypt	Hindi	Slovak
Arabic of the Gulf	Hungarian	Slovene
Basque	Icelandic	Somali
Bengali	Indonesian	Spanish
Breton	Irish	Spanish of Latin
Bulgarian	Italian	America
Burmese	Japanese	Swahili
Cambodian	Kazakh	Swedish
Cantonese	Korean	Tamil
Catalan	Latvian	Thai
Chinese (Mandarin)	Lithuanian	Tibetan
Croatian	Malay	Turkish
Czech	Mongolian	Ukrainian
Danish	Norwegian	Urdu
Dutch	Panjabi	Vietnamese
English	Persian	Welsh
Estonian	Polish	Yiddish
Finnish	Portuguese	Yoruba
French	Portuguese of Brazil	Zulu (forthcoming)

COLLOQUIAL 2s series: *The Next Step in Language Learning*

Chinese	Italian	Spanish of Latin
Dutch	Portuguese of Brazil	America
French	Russian	
German	Spanish	

Colloquials are now supported by FREE AUDIO available online. All audio tracks referenced within the text are free to stream or download from www.routledge.com/cw/colloquials.

Colloquial Russian 2

The Next Step in Language Learning

Olga Sobolev, Natasha Bershadski,
Svetlana le Fleming and Susan E. Kay

Routledge
Taylor & Francis Group

LONDON AND NEW YORK

Second edition published 2019
by Routledge
2 Park Square, Milton Park, Abingdon, Oxon, OX14 4RN

and by Routledge
52 Vanderbilt Avenue, New York, NY 10017

Routledge is an imprint of the Taylor & Francis Group, an informa business

First edition published by Routledge 2003

British Library Cataloguing-in-Publication Data
A catalogue record for this book is available from the British Library

Library of Congress Cataloging-in-Publication Data
Names: Soboleva, Olga, 1959– author. | Bershadski, Natasha, author. | le Fleming,
    Svetlana, author. | Kay, Susan E., 1947– author.
Title: Colloquial Russian 2 : the next step in language learning / Olga Sobolev,
    Natasha Bershadski, Svetlana le Fleming and Susan E. Kay.
Other titles: Colloquial Russian two | Colloquial series.
Description: Second edition. | Routledge : New York, 2018. | Series: Colloquial
    series | Includes index.
Identifiers: LCCN 2017051284 | ISBN 9781138098015 (pbk. : alk. paper) |
    ISBN 9781315104577 (ebook)
Subjects: LCSH: Russian language—Conversation and phrase books—English. |
    Russian language—Textbooks for foreign speakers—English. | Russian
    language—Spoken Russian. | Russian language—Self-instruction.
Classification: LCC PG2121 .S58 2018 | DDC 491.783/421—dc23
LC record available at https://lccn.loc.gov/2017051284

ISBN: 978-1-138-09801-5 (pbk)
ISBN: 978-1-315-10457-7 (ebk)

Typeset in Sabon and Helvetica
by Apex CoVantage, LLC

Visit the companion website: www.routledgetextbooks.com/textbooks/colloquial/
language/russian.php

Contents

Acknowledgements

The authors and publishers would like to thank a group of experts on contemporary Russian society who were interviewed for the new edition of this book: Professor David Woodruff, LSE; Dr Judith Shapiro, LSE; Dr Marat Shterin, King's College London; and Dr Dmitrii Tsiskarashvili, Trinity College, Dublin. Our gratitude goes to Liza Kolker (Units 1–4), Shoshana Gilmore (Units 5–7) and Aleksandr Semenovsky (Units 8–14) who provided original illustrations for text and exercises. We are also indebted to Alexei Menkov who donated photographs for the book, and Sergei Chebankov for all his assistance in preparing the manuscript.

How to use this book

Colloquial Russian 2 is intended for students who, working on their own or with a teacher, have already completed a first-level course in Russian and want to continue their study (aiming at B1/B2 level of proficiency in Russian). The book starts with a revision unit which covers all the basic structures, including cases and aspects, so it is not a problem if you are a bit rusty.

This is a new revised edition of the book authored by Olga Sobolev and Natasha Bershadski; the grammar part is written by Svetlana le Fleming and Susan E. Kay. The book is thematically based and draws on sources from newspapers and magazines, as well as on interviews with experts on Russian politics, economics and social issues. The aim is to provide compelling and engaging information about contemporary Russian society at the same time as introducing new vocabulary and language points. It focuses on the communicative approach to language learning and addresses some of the particular problems of learning Russian, such as memorising vocabulary and contextual application of grammar. Each unit contains materials based on newspaper articles and interviews with experts in the relevant field, as well as various other written materials encountered in everyday life: advertisements, tables and graphs, questionnaires and blogs to discuss. The text is also illustrated by photographs, drawings and caricatures, which at times may be included in the language tasks. There are a variety of exercises, designed to test comprehension, practise the new language points and increase your Russian vocabulary. Key new vocabulary is given in each unit, and there is a cumulative Russian–English vocabulary, including all key words, at the end of the book. At the end of the book there is also a key to lexical and grammar exercises (for liaison, interpreting and translation, you can now find help through the relevant online applications i.e. Google Translate etc.), quick reference grammatical tables and an index of the language points covered in the course.

On the accompanying audio you will find not only dialogues but also comprehension exercises and exercises to practise the new language points in each unit.

1 РОССИЯ И РУССКИЙ ЯЗЫК

Как уст румяных без улыбки,
Без грамматической ошибки
Я русской речи не люблю.[1]

А.С. Пушкин

In this unit you will:

▶ learn some facts about the history of Russia
▶ revise the basic structures of Russian grammar including cases and
   aspects

Language revision ◆

Rules of spelling

These rules apply throughout Russian and impact on all the other
language points described below.

1 After г, к, х, ж, ч, ш, щ replace ы by и.
2 After ж, ч, ш, щ, ц replace unstressed о by е.
3 After г, к, х, ж, ч, ш, щ, ц replace я by а.
4 After г, к, х, ж, ч, ш, щ, ц replace ю by у.

Cases

Understanding the case system is fundamental to a grasp of Russian.
Cases hardly feature in English: there is only some differentiation in the
use of pronouns. Contrast 'I like her' with 'She likes me'. The forms 'I'
and 'she' are used when they are the subject of the verb, or nominative
case, and 'her' and 'me' when they are the object, or accusative case.

In Russian, not just pronouns, but nouns and adjectives also proclaim their role in the sentence by changing their ending, and the number of cases extends beyond nominative and accusative to six in total.

Comprehensive tables of the endings of nouns, adjectives and pronouns can be found in the Grammar Reference at the end of the book.

The nominative case

Uses of the nominative case

1   The nominative is the case of the subject of the verb:

> Москва процветает.
> Moscow flourishes.

2   It is also used as the complement of (i.e. following) the nonexistent present tense of the verb 'to be' and after это 'it is' and вот 'here is':

> Москва – столица.
> Moscow is the capital.

> Вот Москва. Это столица.
> Here is Moscow. It is the capital.

The nominative may also be found after the past tense of быть, where the permanence of a state is being emphasised:

> Пушкин был великий поэт.
> Pushkin was a great poet.

Endings in the nominative case

Singular nouns

Masculine		Feminine		Neuter	
Consonant	президент president	-а	газета newspaper	-о	вино wine
-й	трамвай tram	-я	револцоия revolution	-е	здание building
-ь	кремль kremlin	-ь	возможность opportunity	-мя	время time

Note

There are three genders of nouns in Russian, and in most instances the gender is indicated by the noun's final letter in the nominative singular. When a noun ending in -a or -я clearly refers to someone of male gender, the word is masculine: мужчина 'man'; дядя 'uncle'. In practice, this means that the word changes its endings like a feminine noun but that adjectives and verbs agreeing with it will have masculine endings.

Plural nouns

Masculine		Feminine		Neuter	
Singular	Plural	Singular	Plural	Singular	Plural
президент	президенты	газета	газеты	вино	вина
трамвай	трамваи	революция	революции	здание	здания
кремль	кремли	возможность	возможности	время	времена

Notes

1 The spelling rule may require a change from -ы to -и: книга – книги 'books'.

2 Some masculine nouns have a nominative plural in -a: берег – берега 'banks'; вечер – вечера 'evenings'; дом – дома 'houses'; город – города 'towns'.

3 Nouns in -анин end in -ане: англичанин – англичане 'Englishmen' but господин – господа 'gentlemen'.

4 Other exceptions: учитель – учителя 'teachers'; брат – братья 'brothers'; стул – стулья 'chairs'; друг – друзья 'friends'; сын – сыновья 'sons'; дерево – деревья 'trees'; ребёнок – дети 'children'; человек – люди 'people'; мать – матери 'mothers'; дочь – дочери 'daughters'. (Note that all forms of мать and дочь, apart from the nominative and accusative singular, have -ер- before the ending.)

5 Some nouns, generally of foreign origin, are indeclinable. They never change their endings and do not even have a plural. Adjectives describing them will decline in the usual way, however. Their gender can generally be determined by their ending, as with declinable nouns, but note такси is neuter.

Adjectives

There are two basic sets of adjective endings: hard and soft.

Masculine		Feminine	Neuter	Plural
Hard	интересный interesting	интересная	интересное	интересные
Soft	древний ancient	древняя	древнее	древние

Notes

1 Adjectives with stressed endings have the masculine ending – ой: крутой, крутая, крутое, крутые 'steep'.
2 Endings may be altered by the spelling rules: русский, русская, русское, русские 'Russian'; хороший, хорошая, хорошее, хорошие 'good'; большой, большая, большое, болыиие 'big'.

Pronouns

Singular		Plural	
я	I	мы	we
ты	you (singular and familiar)	вы	you (plural and polite)
он	he, it (masculine)	они	they (all genders)
она	she, it (feminine)		
оно	it (neuter)		
кто	who		
что	what		

Masculine		Feminine	Neuter	Plural
мой	my	моя	моё	мои
твой	your (singular and familiar)	твоя	твоё	твои
наш	our	наша	наше	наши
ваш	your (plural and polite)	ваша	ваше	ваши
весь	all	вся	всё	все

чей	whose	чья	чьё	чьи
зтот	this/these	эта	это	эти
тот	that/those	та	то	те

Note

The third person forms are *indeclinable* and remain the same whatever the case gender or number of the noun they describe:

его   his, its (*m* and *n*)
её   her, its *(f)*
их   their

Exercise 1

Pick out the nouns, adjectives and pronouns in the nominative case from the following passage.

Москва – **Moscow**

Первое летописное упоминание о Москве относится к 1147 году. Основателем Москвы был суздальский князь Юрий Владимирович Долгорукий. Это он выбрал место для строительства города. Город рос быстро и уже в 14-ом веке стал центром русских земель. Москва оставалась столицей вплоть до 1713 года, когда Пётр Первый перенёс столицу в новый город – Петербург. Только в 1918 году уже после Революции Москва снова стала столицей сначала Советского Союза, а потом России.

For information on dates and other uses of ordinal numerals see Unit 4.

Vocabulary

выбрать	to choose
князь	prince
летописное упоминание	chronicle reference
основатель	founder
оставаться	to remain
относиться к	to date from
перенести	to transfer

расти   to grow
строительство   construction

Exercise 2

Answer the questions in Russian. One-word answers will suffice.

1   Какой город столица России?
2   Кто основал Москву?
3   Какой город стал столицей в 1713 г?
4   Кто перенёс столицу туда?
5   Какой город стал столицей в 1918 г?

The Moscow Kremlin

Exercise 3

Put these phrases into the plural.

интересный московский музей; древний русский кремль; страшное историческое событие; сложная экономическая проблема; наш знаменитый историк.

The accusative case

Uses of the accusative case

1 The accusative is the case of the direct object of the verb:

Юрий Долгорукий основал <u>Москву</u>.
Yuriy Dolgorukiy founded Moscow.

2 It is also used after certain prepositions: **в/во** 'to, into' (motion), 'during' (time); **за** 'beyond, behind' (motion), for; **на** 'to, on to' (motion), 'for' (time); **о/об/обо** 'against'; **по** 'up to, each'; **под** 'under' (motion); **про** 'about'; **спустя** 'after, later'; **через** 'across, through, in (after a period of time)'.

More detailed information about most of these prepositions is provided in later units: Unit 2 – на; Units 4 and 6 – в; Unit 8 – за; Unit 6 – о/об/обо, про; Unit 10 – по.

Столицу перенесли в <u>Москву</u>.
They moved the capital to Moscow.

The accusative is also used without a preposition to denote duration in time or space:

Мы там жили <u>всю зиму</u>.
We lived there all winter.

<u>Всю дорогу</u> домой она молчала.
She was silent the whole way home.

Endings in the accusative case

Singular nouns

Masculine		Feminine		Neuter	
	Acc.	**Nom.**	**Acc.**		**Acc.**
inanimate	as nom.	газета	газету	all nouns	as nom.
animate	as gen. (see below)	революция	революцию		
		возможность	возможность		

Plural nouns

Masculine		Feminine		Neuter	
	Acc.		Acc.		Acc.
inanimate	as nom.	inanimate	as nom.	all nouns	as nom.
animate	as gen. (see below)	animate	as gen.		

Adjectives and pronouns

Masculine		Feminine		Neuter	
Singular	Plural	Singular	Plural	Singular	Plural
inanimate as nom.	inanimate as nom.	интересную	inanimate as nom.	as nom.	as nom.
animate as gen.	animate as gen.	древнюю	animate as gen.		
		мою, твою			
		нашу, вашу			
		всю, чью			
		эту, ту			

Singular		Plural	
я	меня	мы	нас
ты	тебя	вы	вас
он/оно	его	они	их
она	её		
кто	кого		
что	что		

Note

Его, её and **их** are preceded by **н-** after a preposition, as they are in all cases other than the nominative: **похож на него** 'like him'.

The genitive case

Uses of the genitive case

1 The genitive is the only case ending which English retains on nouns. It is the *-'s* ending used to denote possession. Similarly, in Russian, the genitive indicates possession or translates as 'of'.

> Путин – президент <u>России</u>.
> Putin is the President of Russia.

> Роль <u>Президента</u> очень сложная.
> The President's role (role of the President) is very complex.

2 The genitive is also used after a very large number of prepositions: **без** 'without'; **вдоль** 'along'; **вне** 'outside'; **внутри** 'inside'; **впереди** 'in front of, before'; **вместо** 'instead of'; **во время** 'during' (named events in history); **возле** 'by, near', **вокруг** 'around'; **в течение** 'during' (with words such as **неделя** 'week' or **год** 'year', indicating periods of time); **для** 'for (the sake of)'; **до** 'up to, until' (time or place); **из** 'from, out of'; **из-за** 'because of, from behind'; **из-под** 'from under'; **кроме** 'except'; **мимо** 'past'; **напротив** 'opposite'; **около** 'around, near'; **от** 'from'; **после** 'after'; **против** 'against'; **ради** 'for the sake of'; **с/со** 'from'; **среди** 'among'; **у** 'by, near, *chez*':

> во время переворота
> during the coup

> против президента
> against, opposed to the President

> ради Бога
> for God's sake

> до распада Советского Союза
> until the collapse of the Soviet Union

> после революции
> after the revolution

More detailed information is given about **из-за** *in Unit 7; about the differences between* **из**, **от** *and* **с** *in Unit 5; and between* **с** *and* **со** *in Unit 12.*

The preposition **у** + genitive 'in the possession of' is used to translate 'to have' into Russian:

> У <u>президента</u> была большая власть.
> The President had great power.

Note that **большая власть** is the subject of this sentence; literally 'Great power was in the possession of President'.

3 The genitive singular is used after **оба/обе** 'both' and the numerals **два/две** 'two'; **три** 'three'; **четыре** 'four' and compounds ending in those numerals. The genitive plural is used after all other numerals, except for **один/одна/одно/одни** 'one', which is an adjective agreeing with the noun it describes.

> **двадцать три <u>члена</u> Думы**
> twenty-three members of the Duma

> **пятнадцать <u>членов</u> Думы**
> fifteen members of the Duma

There is much more detailed treatment of cardinal numerals in Unit 9.

4 The genitive is used after expressions of quantity such as **много** 'a lot'; **мало/немного** 'a little, few'; **несколько** 'several', **сколько** 'how many'; **большинство** 'the majority', and on its own as a partitive genitive, to indicate part of a substance or 'some':

> **Политика вызывает мало <u>интереса</u> в России.**
> Politics arouses little interest in Russia.

> **Мы выпили <u>вина.</u>**
> We drank some wine.

Contrast:

> **Мы выпили <u>вино.</u>**
> We drank the wine.

5 The genitive is found in several negative constructions:

After **нет/не было/не будет** 'there is not/was not, will not be':

> **У <u>президента</u> не было компетентных советников.**
> The president did not have competent advisers.

> **В такой ситуации нет <u>другого выхода</u>.**
> In such a situation there is no other way out.

After **не видно/не слышно/не заметно** 'cannot be seen/heard/discerned':

<u>Белого дома</u> не видно отсюда.
The White House cannot be seen from here.

As the direct object of negative verbs:

Горбачёв не имел <u>поддержки</u> среди народа.
Gorbachev did not have support among the people.

However, when the object is more concrete, the accusative is preferred:

Я не вижу его автомобиль.
I don't see his car.

There is much more detail about the negative in Unit 13.

6   The genitive is also used as the direct object of certain verbs: желать/пожелать 'to wish'; достигать/достигнуть 'to achieve'. Expressions such as счастливого пути 'bon voyage' are in the genitive because the verb желать is understood. Some other verbs take either the genitive or the accusative: бояться 'to fear'; ждать 'to wait for'; искать/по- 'to seek, look for'; ожидать 'to expect'; просить/по- 'to ask for'; требовать/по- 'to demand'; хотеть/за- 'to want'. Generally the genitive is used if the object is abstract, and the accusative is used if it is a concrete object or a person: искать помощи 'to seek for help'; искать дом 'to look for a house'.

There are more examples in Unit 11.

Endings in the genitive case

Singular nouns

Masculine		Feminine		Neuter	
Nom.	**Gen.**	**Nom.**	**Gen.**	**Nom.**	**Gen.**
президент	президента	газета	газеты	вино	вина
трамвай	трамвая	революция	революции	здание	здания
кремль	кремля	возможность	возможности	время	времени

Notes

1 Never forget the effect the spelling rules have on endings: книга – книги.

2 Remember that the accusative of masculine animate nouns is the same as the genitive:

> **Мы за сына и против отца.**
> We are for the son and against the father.

3 Some masculine nouns also have alternative genitive endings in -y or -ю. They are most commonly found in the sense of 'some': **Купи чаю** 'Buy some tea'. Note also the expression **много народу** 'a lot of people'.

Plural

Masculine		Feminine		Neuter	
Nom.	**Gen. plural**	**Nom.**	**Gen. plural**	**Nom.**	**Gen. plural**
президент	президентов	газета	газет	вино	вин
трамвай	трамваев	неделя 'week'	недель	море 'sea'	морей
кремль	кремлей	революция	революций	здание	зданий
		возможность	возможностей	время	времён

Notes

1 Masculine nouns:

> месяц – месяцев 'months' (because of the spelling rule); москвич – москвичей 'Muscovites' (also nouns ending in -ж, -щ and -щ); слой – слоёв 'layers' (because of the stressed ending); англичанин – англичан; брат – братьев; стул – стульев; друг – друзей; сын – сыновей; ребёнок – детей; человек – людей.

2 Feminine nouns:

> идея – идей 'ideas'; семья – семей 'families'

Sometimes a vowel (-о-, -е- or -ё-) is inserted between the last two consonants of nouns ending in -а: **студентка – студенток** 'female students'; **девушка – девушек** 'girls'; nouns ending in -ня generally do not have a -ь: **песня – песен** 'songs', but there are exceptions: **деревня – деревень** 'villages'; **кухня – кухонь** 'kitchens'.

3   Neuter nouns:

дерево – деревьев 'trees'

Sometimes a vowel is inserted between the last two consonants of nouns ending in -о: **окно – окон** 'windows'; **письмо – писем** 'letters'; **кресло – кресел** 'armchairs'.

Adjectives and pronouns

Masculine and neuter	Feminine	Plural
интересного	интересной	интересных
древнего	древней	древних
моего	моей	моих
твоего	твоей	твоих
нашего	нашей	наших
вашего	вашей	ваших
этого	этой	этих
того	той	тех
всего	всей	всех
чьего	чьей	чьих

Notes

1   Remember that the accusative plural of masculine and feminine animate nouns is the same as the genitive and that adjectives or pronouns agreeing with them will also take endings like the genitive:

Я знаю этих русских женщин и их мужей.
I know these Russian women and their husbands.

2   The genitive of personal pronouns and **кто** is the same as the accusative. The genitive of **что** is **чего**.

Dative case

Uses of the dative case

1 The dative is the case of the indirect object of the verb:

> Горбачёв передал власть Ельцину в декабре 1991г.
> Gorbachev handed over power to Yeltsin in December 1991.

2 The dative is also used after certain verbs that take a direct object in English: верить/по- 'to believe'; помогать/помочь 'to help'; следовать/по- 'to follow' (orders etc.); советовать/по- 'to advise'; угрожать, грозить 'to threaten':

> России грозит переворот.
> A coup threatens Russia.

There is further information on verbs with the dative in Unit 5.
Note the constructions with **учить** 'to teach/learn' and **учиться** 'to learn':

> Я учу его русскому языку.
> I teach him Russian.

> Я учусь русскому языку.
> I am learning/studying Russian.

But note:

> Я учу русский язык.
> I am learning Russian.

There is more information on verbs of teaching and learning in Unit 10.

3 The dative is used with the prepositions к 'towards (place), by (time)' and по 'according to, along, through, by': к вечеру 'by evening'; к дому 'towards the house'; по почте 'by post'; по улице 'along the street'. *There is more information on the use of* по *in Unit 10.*

4 The dative is used with a large number of impersonal expressions: нам интересно 'it is interesting for us'; Президенту надо решить 'The President has to decide'. *These expressions are dealt with in detail in Unit 12.* Note also: Он нам известен 'He is known to us'.

5 Note this use of the dative with the infinitive:

> Что мне делать?
> What am I to do?

6   The dative may also be combined with certain reflexive verbs:

<u>Лидеру</u> приходится решать.
The leader has to decide.

<u>Ему</u> хотелось увидеть президента.
He wanted to see the President.

These expressions are also covered in Unit 12.
Note the construction with the reflexive verb **нравиться/по-** 'to like':

<u>Им</u> не нравилась политика Горбачёва.
They did not like Gorbachev's policy – literally 'Gorbachev's policy was not pleasing to them'.

7   The dative is also used with the short adjective **нужен/нужна/ нужно/нужны** to translate 'to need':

Ему нужна была помощь.
He needed help.

There are further examples of this construction in Unit 12.

Endings in the dative case

Nouns

Masculine		Feminine	
Singular	**Plural**	**Singular**	**Plural**
президенту	президентам	газете	газетам
трамваю	трамваям	неделе	неделям
кремлю	кремлям	революции	революциям
		возможности	возможностям

Neuter	
Singular	**Plural**
вину	винам
зданию	зданиям
времени	временам

Adjectives and pronouns

Masculine and neuter	Feminine	Plural
интересному	интересной	интересным
древнему	древней	древним
моему	моей	моим
твоему	твоей	твоим
нашему	нашей	нашим
вашему	вашей	вашим
этому	этой	этим
тому	той	тем
всему	всей	всем
чьему	чьей	чьим

Singular		Plural	
я	мне	мы	нам
ты	тебе	вы	вам
он/оно	ему	они	им
она	ей		
кто	кому		
что	чему		

Instrumental case

Uses of the instrumental case

1 The instrumental case is used to translate 'by' or 'with' referring to the instrument with which an action is performed: **писать карандашом** 'to write with a pencil'; **окружать танками** 'to encircle with tanks'. Note its use after certain verbs indicating movement of parts of the body: **махать рукой** 'to wave (with) one's hand'; **кивать/кивнуть головой** 'to shake one's head';

пожимать <u>плечами</u> 'to shrug one's shoulders'. *There is further information on how the instrumental is used to translate 'by' in Unit 10.*

2 It is also used after certain prepositions:

за	behind, beyond, for (to fetch)
между	between
над	over
перед	in front of, before
под	under (place)
с	with (accompanied by)

There is more information on the uses of за in Unit 8 and on с in Units 5 and 6.

3 The instrumental is frequently used as the complement of быть 'to be' when this verb is in the past or future tense or the infinitive: Он хотел быть президентом 'He wanted to be president'.

4 The instrumental case is used after several verbs:

заниматься/заняься	to be engaged in, occupied with
интересоваться/за-	to be interested in
оказываться/оказаться	to turn out to be
оставаться/остаться	to remain as
пользоваться/вос-	to use, enjoy
становиться/стать	to become
увлекаться/увлечься	to be keen on
управлять	to control, manage, govern
являться	to seem, be

There is information on these and other verbs with the instrumental in Unit 6.

5 The instrumental occurs in certain adverbial expressions of time:

утром in the morning	днём in the daytime
вечером in the evening	ночью at night
весной in spring	летом in summer
осенью in autumn	зимой in winter
целыми днями for days on end	

and in some expressions of manner:

шёпотом in a whisper   бегом at a run

Note also the phrases **таким образом** 'in that way, thus' and **другими словами** 'in other words'.

6   The instrumental is also used in defining dimensions:

высотой in height   **длиной** in length
ростом tall   **шириной** in width

река шириной в десять метров
a river ten metres wide

Endings in the instrumental case

Nouns

Masculine		Feminine	
Singular	**Plural**	**Singular**	**Plural**
президентом	президентами	газетой	газетами
трамваем	трамваями	неделей	неделями
роялем	роялями	революцией	революциями
кремлём	кремлями	возможностью	возможностями

Neuter	
Singular	**Plural**
вином	винами
зданием	зданиями
временем	временами

Notes

1   Do not forget the possible impact of the spelling rule: **врач – врачом** 'doctor'; **товарищ – товарищем** 'comrade'; **гостиница – гостиницей** 'hotel'.

2 If the ending is stressed, -ем and -ей are replaced by -ём or -ёй: земля – землёй 'earth'.

3 The instrumental of masculine surnames ending in -ов, -ёв, -ин, -ын is ым: Ельцин – Ельциным. Otherwise they decline like nouns. *For the complete declension, including feminine and plural surnames, see the Grammar Reference at the end of this book.*

Adjectives and pronouns

Masculine and neuter	Feminine	Plural
интересным	интересной	интересными
древним	древней	древними
моим	моей	моими
твоим	твоей	твоими
нашим	нашей	нашими
вашим	вашей	вашими
этим	этой	этими
тем	той	теми
всем	всей	всеми
чьим	чьей	чьими

Singular		Plural	
я	мной	мы	нами
ты	тобой	вы	вами
он/оно	им	они	ими
она	ей		
кто	кем		
что	чем		

Prepositional case

Uses of the prepositional case

The prepositional case is used after certain prepositions: в 'in' (place); на 'on, at' (place); о/об/обо 'about, concerning'; при 'at the time of, in the presence of, adjoining'. *More information about в may be found in Units 4 and 12, about на in Unit 2 and about о/об/обо in Unit 6.*

Endings in the prepositional case

Nouns

Masculine		Feminine	
Singular	**Plural**	**Singular**	**Plural**
президенте	президентах	газете	газетах
трамвае	трамваях	неделе	неделях
кремле	кремлях	революции	революциях
		возможности	возможностях

Neuter	
Singular	**Plural**
вине	винах
море	морях
здании	зданиях
времени	временах

Note

Certain masculine nouns take the ending -у after the prepositions в and на, though not after other prepositions taking the prepositional case. These nouns include: лес – в лесу 'in the forest'; берег – на берегу 'on the bank'; пол – на полу 'on the floor'; сад – в саду 'in the garden'; угол – в углу 'in the corner'; год – в прошлом году 'last year'; шкаф – в шкафу 'in the cupboard'; Крым – в Крыму 'in the Crimea'.

Adjectives and pronouns

Masculine and neuter	Feminine	Plural
интересном	интересной	интересных
древнем	древней	древних
моём	моей	моих

твоём	твоей	твоих
нашем	нашей	наших
вашем	вашей	ваших
этом	этой	этих
том	той	тех
всём	всей	всех
чьём	чьей	чьих

Singular		Plural	
я	мне	мы	нас
ты	тебе	вы	вас
он/оно	нём	они	них
она	ней		
кто	ком		
что	чём		

House of the Government of the Russian Federation.
Photo: Creative Commons NVO

Revision of case endings of nouns and adjectives

Exercise 4

Распад СССР

*Кто не жалеет о распаде Советского Союза, у того нет сердца;
кто хочет воссоздать его в прежнем виде, у того нет головы.*

В.В. Путин

Put the words in brackets into the required case (*with prompts*).

К 1990 *dative* (год) идея *genitive* (перестройка) исчерпала себя. Верховный Совет СССР принял постановление «О *prepositional* (концепция) перехода к *dative* (регулируемая рыночная экономика)», затем последовало постановление «Основные направления по *dative* (стабилизация) *genitive* (народное хозяйство) и переходу к *dative* (рыночная экономика)». Идея *genitive* (реформирование) социализма была похоронена.

В 1991 *prepositional* (год) была отменена 6-я статья *genitive* (Конституция) СССР о *prepositional* (руководящая роль) КПСС. Начался процесс формирования *genitive* (новые партии). Кризис КПСС в 1989–1990 *nominative* (годы), и ослабление её *genitive* (влияние) позволил отделиться *dative* (компартии) Литвы, Латвии и Эстонии.

С *genitive* (весна) 1990 года идет процесс потери *genitive* (власть) центра над *instrumental* (регионы) и *instrumental* (союзные республики).

В марте 1990 *genitive* (год) состоялся 3-й съезд *genitive* (народные депутаты) СССР, на котором *instrumental* (Президент) СССР избрали М.С. *accusative/genitive* (Горбачев).

Горбачев поднял вопрос перед *instrumental* (руководители) республик о *prepositional* (необходимость) заключения *genitive* (новый Союзный договор). В *prepositional* (апрель) 1991 года состоялись переговоры *genitive* (Президент) СССР с главами *genitive* (союзные республики). Почти все республики отвергли *accusative* (инициатива) Горбачева о сохранении *genitive* (многонациональное государство) на основе федерации *genitive* (субъекты).

Vocabulary

распад	disintegration
воссоздать	to re-create

в прежнем виде	in its previous form
исчерпывать/исчерпать себя	to exhaust itself
постановление	regulation, ruling
направление	direction
народное хозяйство	national economy
хоронить/похоронить	to bury
отменять/отменить	to cancel, abolish
руководящий	leading
ослабление	weakening
влияние	influence
отделяться/отделиться	to break away
потеря	loss
необходимость	necessity
договор	agreement, treaty
переговоры	talks
отвергать/отвергнуть	to reject
сохранение	preservation

Exercise 5

Put the words in brackets into the required case.

Попытка переворота

Перспектива *genitive* (потеря) власти над *instrumental* (республики) не устраивала *accusative/genitive* (многие) функционеров.

19 *genitive* (август) 1991 года группа *genitive* (высокопоставленные чиновники) воспользовались *instrumental* (пребывание) Горбачева на *prepositional* (отдых) и учредили Государственный комитет по *dative* (чрезвычайное положение) – ГКЧП. В *accusative* (Москва) были введены войска. Однако *dative* (путчисты) был дан отпор, прошли митинги *genitive* (протест), у здания *genitive* (Верховный Совет) РСФСР были построены баррикады.

Председатель Верховного Совета РСФСР Б.Н. Ельцин и его команда охарактеризовали действия ГКЧП как *nominative* (антиконституционный переворот).

Путчисты не получили поддержки со стороны *genitive* (народ) и *genitive* (военные). Члены ГКЧП были арестованы по *dative* (обвинение) в *prepositional* (попытка) *genitive* (государственный переворот). Горбачев вернулся в *accusative* (Москва).

Vocabulary

устраивать/устроить	to suit
высокопоставленный чиновник	high official
пользоваться/воспользоваться	to use, to take advantage of
учреждать/учредить	to establish, to form
чрезвычайное положение	state of emergency
вводить/ввести войска	to send troops
отпор	rebuff
переворот	coup
обвинение	charge, indictment
попытка	attempt
заявлять/заявить	to declare
военные	servicemen, military

Reflexive pronouns

In addition to the personal pronouns and possessive pronouns referred to above, there is the reflexive pronoun **себя** and the reflexive possessive pronoun **свой**. Себя means myself, yourself, himself etc. referring back to the subject of the verb. In consequence, it has no nominative. The other forms, common to all genders, singular and plural are: **себя** (*acc/gen*); **себе** (*dat*); **собой** (*instr*); **себе** (*prep*):

Идея перестройки исчерпала себя.
The idea of perestroika exhausted itself.

Она думает только о себе.
She thinks only of herself.

The endings of **свой** are the same as those of **мой** and **твой**. It translates any possessive – 'my', 'your', 'his' etc., provided it refers back to ownership by the subject of the verb:

Он любит свою работу.
He loves his work.

To use **его** in this sentence would mean it was someone else's work. In sentences with a first or second person subject, **свой** may be used as an alternative to the first or second person possessive:

Мы любим нашу/свою работу.
We love our work.

сам

Сам is the emphatic pronoun 'self':

Она сама сделала.
She did it herself.

The full declension is available in the Grammar Reference at the end of this book.

Short form adjectives

The adjectives referred to earlier are all long or attributive adjectives. There are also short or predicative adjectives. They are used only in the predicate of the sentence, separated from the noun or pronoun they describe by the verb 'to be':

Книга была интересна.
The book was interesting.

To form a short adjective remove the **-ый** or **-ий** from the long adjective. This gives you the masculine. For the feminine, add **-a**; for the neuter, **-o**; and the plural, **-ы**: здоровый 'healthy' – здоров, здорова, здорово, здоровы. If the masculine form ends in two consonants, a vowel is sometimes inserted between them: интересный – интересен.

Some adjectives, including those ending in -ский, have no short form.

Adverbs

Adverbs are formed in the same way as neuter short form adjectives: быстрый 'quick' – быстро 'quickly', as in он идёт быстро 'he is walking quickly'.

Verbs

Compared with English, Russian has very few tenses: one present, two future and two past. Verbs fall mostly into two conjugations, or patterns of endings: first and second. First conjugation verbs may often be recognised by their infinitive ending in -ать or -ять: делать 'to do, make'; терять 'to lose'. Second conjugation verbs more often end in -ить or -еть: говорить 'to speak'; смотреть 'to look at'. However, there are a small number of second conjugation verbs ending in -ать and -ять and irregular first conjugation verbs ending in -ить, -еть, -ти. *Note that tables of verb endings are given in the Grammar Reference at the end of the book.*

Formation of the present tense – first conjugation

For regular first conjugation verbs ending in -ать or -ять, remove the -ть from the infinitive and add: -ю, -ешь -ет, -ем -ете, -ют:

делать	
я делаю	мы делаем
ты делаешь	вы делаете
он/она/оно делает	они делают

Remember that, as there is only one present tense in Russian, я делаю may translate as either 'I do' or 'I am doing', depending on the context.

In addition to regular first conjugation verbs, there are also verbs which take regular first conjugation endings, but their present tense stem is different from the infinitive stem, so it has to be learnt. Where the present tense stem ends in a vowel, the endings are the same as on делать, and where the stem ends in a consonant, the endings are -у, -ешь, -ет, -ем, -ете, -ут. If the ending is stressed, е is replaced by ё:

мыть 'to wash'

я мою	мы моем
ты моешь	вы моете
он/она/оно моет	они моют

писать 'to write'

я пишу	мы пишем
ты пишешь	вы пишете
он/она/оно пишет	они пишут

идти 'to go'

я иду	мы идём
ты идёшь	вы идёте
он/она/оно идёт	они идут

Verbs with infinitives ending in -авать drop the syllable -ав- in the present tense; verbs ending in -овать replace the -ов- by -у- and those ending in -евать replace the -ев- by -ю-:

давать 'to give'

я даю	мы даём
ты даёшь	вы даёте
он/она/оно даёт	они дают

советовать 'to advise'

я советую	мы советуем
ты советуешь	вы советуете
он/она/оно советует	они советуют

воевать 'to wage war'

я воюю	мы воюем
ты воюешь	вы воюете
он/она/оно воюет	они воюют

Watch out for the effect of the spelling rules on such verbs:

танцевать 'to dance':
танцую, танцуешь, танцует,
танцуем, танцуете, танцуют

Second conjugation

Remove the last three letters from the infinitive and add the endings: -ю, -ишь, -ит, -им, -ите, -ят. Some second conjugation verbs are also affected by the spelling rules:

говорить 'to speak'
я говорю	мы говорим
ты говоришь	вы говорите
он/она/оно говорит	они говорят

держать 'to hold'
я держу	мы держим
ты держишь	вы держите
он/она/оно держит	они держат

If the stem of a second conjugation verb ends in the consonants -д, -т, -с, -з, -ст, that consonant will change in the first person singular (я form) *only*. Other forms are regular. If the stem ends in -б, -в, -п, -ф and -м, an -л- is inserted between the stem and the ending in the first person singular *only*:

водить 'to lead'	я вожу	ты водишь
платить 'to pay'	я плачу	ты платить
просить 'to ask'	я прошу	ты просишь
возить 'to convey'	я вожу	ты возишь
свистеть 'to whistle'	я свищу	ты свистишь
любить 'to love'	я люблю	ты любишь

Irregular verbs

There are a small number of irregular verbs in Russian:

мочь 'to be able'	могу	можем
	можешь	можете
	может	могут

бежать 'to run'	бегу	бежим
	бежишь	бежите
	бежит	бегут

хотеть 'to want'	хочу	хотим
	хочешь	хотите
	хочет	хотят

есть 'to eat'	ем	едим
	ешь	едите
	ест	едят

Reflexive verbs

Add -ся after a consonant or -ь and -сь after a vowel:

встречаться 'to meet'	встречаюсь	встречаемся
	встречаешься	встречаетесь
	встречается	встречаются

There is much more information about reflexive verbs in Unit 4.

The verb 'to be'

Быть has no present tense. *For alternative ways of translating 'to be', see Unit 6.*

Use of the present tense

In addition to a straight translation for one of the English present tenses, Russian uses the present tense in some additional circumstances. Actions which started in the past and are continuing in the present are conveyed in Russian by the use of the present tense:

Я уже четыре года занимаюсь русским языком.
I have been studying Russian for four years already.

In indirect speech or questions, Russian uses the tense in which the original statement or question was made. This frequently means that Russian uses the present tense where English uses the past:

Я спросила его, занимается ли он русским языком.
I asked him whether he was studying Russian.

Он сказал, что он занимается русским языком.
He said that he was studying Russian.

Verbs of motion have two different present tenses, which have some similarities to the two present tenses in English. This is explained fully in Unit 2.

Aspects

There are, in the overwhelming number of cases, two Russian verb infinitives for every English one. For example, 'to do' may be делать or сделать. The first of these is the imperfective infinitive, or the infinitive of the imperfective aspect, and the second is the perfective infinitive, or the infinitive of the imperfective aspect. The present tense is formed from the imperfective infinitive. There are both imperfective and perfective past and future tenses formed from the respective infinitives.

Formation of the imperfective future

The imperfective future is formed from the future tense of **быть** 'to be' + the imperfective infinitive:

я буду делать	мы будем делать
ты будешь делать	вы будете делать
он/она/оно будет делать	они будут делать

The formation is exactly the same for the second conjugation and for irregular verbs: **я буду говорить**, etc.; **я буду есть**, etc.

Formation of the perfective future

The perfective future is formed in the same way as the present tense, but using the perfective infinitive. Note the irregular perfective **дать**:

сделать 'to do'	сделаю	сделаем
	сделаешь	сделаете
	сделает	сделают
дать 'to give'	дам	дадим
	дашь	дадите
	даст	дадут

Formation of the imperfective and perfective past

Both the imperfective and perfective past are formed in the same way, but from their respective infinitives. Where the infinitive of a Russian verb ends in **-ть**, the past tense is generally formed by removing the **-ть** and replacing it by: **-л** (masculine singular), **-ла** (feminine singular), **-ло** (neuter singular), **-ли** (plural all genders):

делать	–	делал	делала	делало	делали
сделать	–	сделал	сделала	сделало	сделали

Note, however, the following exceptions:

– Verbs ending in -ереть:

умереть 'to die'
умер   умерла   умерло   умерли

– Some verbs ending in -нуть drop the -нуть in the masculine:

привыкнуть 'to get used to'
привык   привыкла   привыкло   привыкли

возникнуть 'to arise'
возник   возникла   возникло   возникли

but note:

крикнуть 'to shout'
крикнул   крикнула   крикнуло   крикнули

прыгнуть 'to jump'
прыгнул   прыгнула   прыгнуло   прыгнули

– Verbs ending in -сть remove the -сть before adding the past tense endings:

пасть 'to fall'   пал   пала   пало   пали
есть 'to eat'   ел   ела   ело   ели

– Verbs ending in -ти:

идти 'to go'   шёл, шла, шло, шли
нести 'to carry'   нёс, несла, несло, несли
вести 'to lead'   вёл, вела, вело, вели
расти 'to grow'   рос, росла, росло, росли

– Verbs ending in -чь:

течь 'to flow'   тёк, текла, текло, текли
лечь 'to lie down'   лёг, легла, легло, легли
мочь 'to be able to'   мог, могла, могло, могли
достичь 'to achieve'   достиг, достигла, достигло,
                         достигли

Imperfective and perfective pairs

The perfective is often differentiated from the imperfective by the addition of a prefix. Common prefixes include:

вы-, за-, на-, о-, от-, пере-, по-, под-, при-, про-, с-, у-:

пить/выпить 'to drink'
читать/прочитать 'to read'
писать/написать 'to write'
делать/сделать 'to do'

Other pairs are differentiated by a suffix:

решать/решить 'to decide'
посещать/посетить 'to visit'
вставать/встать 'to get up'
давать/дать 'to give'
собирать/собрать 'to collect'
надевать/надеть 'to put on'

or by the presence of the infix -ыв- or -ив- in the imperfective: подписывать/подписать 'to sign'. For more about verbs of this type, see Unit 14.

Говорить has two perfectives: сказать 'to say, tell' and поговорить 'to talk, speak'. Some other unusual perfective pairs include: брать/взять 'to take'; покупать/купить 'to buy'; становиться/стать 'to become'.

More imperfective and perfective pairs you come across in this unit:

принимать/принять (закон) 'to pass a law'
следовать/последовать 'to follow'
терять/потерять 'to lose'
строить/построить 'to build'
позволять/позволить 'to allow'
идти/пойти 'to go'
запрещать/запретить 'to ban'

Imperfective and perfective pairs of reflexive verbs

начинаться/начаться 'to begin'
отделяться/отделиться 'to break away'
присоединяться/присоединиться 'to join'
пользоваться/воспользоваться 'to take advantage of'
возвращаться/вернуться 'to return'

Difference in usage between the imperfective and perfective aspects

Imperfective aspect

1 Unfinished or continuous actions:

> **Он целый день смотрел телевизор.**
> He was watching/watched television all day.

> **Завтра я буду работать в саду.**
> Tomorrow I will work in the garden.

2 Habitual or repeated actions:

> **Мы часто играли в теннис этим летом.**
> We often played/used to play tennis that summer.

> **Они будут плавать в море каждый день.**
> They will be swimming/will swim in the sea every day.

3 Emphasis on the process of the verb:

> **Я люблю кататься на лыжах.**
> I love skiing.

4 After the verbs **начинать/начать** and **стать** 'to begin'; **кончать/кончить** 'to finish'; **продолжать** 'to continue' and some other verbs with similar meanings, the imperfective infinitive is always used:

> **Я только что кончила работать над этой книгой.**
> I have only just finished working on this book.

For other verbs meaning 'to stop', see Unit 14.

Perfective aspect

1 Emphasis on completion or result. This may be a single action:

> **Он кончил работу.**
> He finished the work.

> **Вы должны прочитать эту книгу сегодня.**
> You must read (finish reading) that book today.

or a series of actions, each one completed before the next one starts:

> **Я встану, приму душ и оденусь.**
> I will get up, take a shower and get dressed.

2   Some perfectives with the prefix по- imply that the action is performed for a short time only:

> **Мы посидели в саду и пошли домой.**
> We sat in the garden for a while and went home.

For aspects in relation to verbs of motion, see Unit 2.

Subjunctive

In addition to the five tenses described above Russian also has a subjunctive, formed by using the particle **бы** with the past tense: **Я сделала бы** 'I would have done it'. *Fuller information on the subjunctive is given in Unit 11.*

Imperative

The third person imperative may be formed from either the imperfective or perfective verb: **делай(те), сделай(те)** 'do!'. *For fuller information on this imperative, see Unit 2.* **Давай/давайте,** imperative of **давать,** is used with the first person plural (**мы** form) of the future perfective to form a first person imperative: **Давайте сделаем** 'Let's do it'.

Exercise 6

Put the words in brackets into the correct case. Observe the use of impefective/perfective verbs.

Беловежское соглашение

В (ноябрь) 1991 года Ельцин подписал указ о (запрет) деятельности КПСС на (территория) РСФСР.

Эти события ускорили процесс (распад) СССР. В августе из его состава вышли Латвия, Литва и Эстония. Горбачев вынужден был законодательно признать решение (прибалтийские республики).

8 (декабрь) 1991 года в (Беловежская Пуща) лидеры трех (славянские республики) – России, Украины и Белоруссии заявили о (прекращение) договора об (образование) СССР.

Было принято решение о (создание) Содружества (Независимые Государства) – СНГ. Во (вторая половина) декабря к трем (славянские республики) присоединились другие союзные республики, кроме (прибалтийские республики) и (Грузия).

21 (декабрь) в Алма-Ате стороны признали нерушимость (границы) и гарантировали выполнение (международные обязательства) СССР.

Vocabulary

подписывать/подписать	to sign
указ	decree
запрет	ban
ускорять/ускорить	to accelerate
деятельность	activity
выходить/выйти из состава	to quit, leave
вынужден	forced
законодательно	legislatively
признавать/признать	to recognise
прекращение	cessation, termination
создание	creation
Содружество Независимых Государств	Commonwealth of Independent States
нерушимость	inviolability, territorial integrity
граница	border
обязательство	obligation

Exercise 7

Choose the appropriate verb form from the alternatives in brackets.

Распад СССР

Первый конфликт в Советском Союзе (случится/случился) ещё в 1986 г. в Алма-Ате. Затем в 1989 г. (начинался/начался) конфликт между Арменией и Азербайджаном по поводу Нагорного Карабаха. А с 1989 г. конфликты стали (возникать/возникнуть) практически по всей стране: в Украине и на Кавказе, в Молдавии и Прибалтике. Советское руководство сначала не (понимало/поняло) причин этих конфликтов. Применение силы в Риге и Вильнюсе в январе 1991 г. успеха не (приносило/принесло). (Начинались/начались) переговоры о новом союзном договоре. Конфедеративный характер предложений (вызывал/вызвал) недовольство со стороны консерваторов и (возникала/возникла) идея переворота против реформ вообще. Победа над путчистами (приводила/привела) к неконтролируемому распаду СССР. В декабре 1991 г. президенты России, Украины и Белоруссии (подписывали/подписали) соглашение о ликвидации СССР и создании Содружества Независимых Государств.

Vocabulary

возникать/возникнуть	to arise
причина	reason
недовольство	dissatisfaction
по поводу	on the subject of
соглашение	agreement
предложение	proposal
применение силы	use of force
приносить/принести успех	to bring success
случаться/случиться	to happen

Exercise 8

Answer the questions in English.

1 Where did the first conflict break out in the Soviet Union?
2 What did Armenia and Azerbaijan fall out about?
3 Where did conflicts break out in 1989?
4 How did the leadership try to subdue the Baltic States in 1991?
5 What was it about the proposals for a new Union treaty which upset the conservative faction in government?
6 Who signed the agreement to abolish the Soviet Union?
7 What was its substance?

Exercise 9

Прокомментируйте результаты опроса, проведённого Левада-центром.
    Comment on the results of the survey conducted by the Levada Centre.

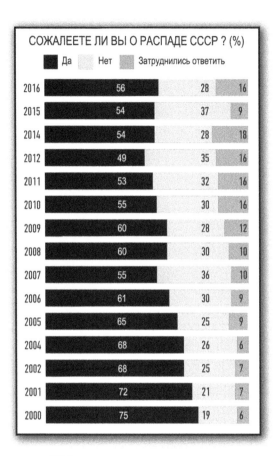

Левада-центр, март 2016 года

Exercise 10

Прокомментируйте высказывание Президента России В.В. Путина. «Кто не жалеет о распаде Советского Союза, у того нет сердца; кто хочет воссоздать его в прежнем виде, у того нет головы».

Note

1   *Like rosy lips without a smile / Without a grammatical mistake / I don't like Russian speech.*

2 ПОЕХАЛИ С НАМИ! ПУТЕШЕСТВИЕ НА ПОЕЗДЕ

🎧 **Audio 2.1**

О, как же я в детстве любил поезда
За смех, за особенный чай в стакане,
За то, что в квадрате окна всегда
Проносятся кадры, как на экране.[1]

Э. Асадов

In this unit you will learn:

▶ about travelling by train in Russia
▶ to use the imperative
▶ how to form the comparative
▶ more about the preposition **на**
▶ words with the root **-пут-**

Train "Rossiya".
Photo: Creative Commons Andshel

🎧 Dialogue (Audio 2.2)

A conversation between a journalist and a passenger of the "Rossiya" train at Yaroslavsky railway station in Moscow.

На «России» по России

Журналист	Скажите, пожалуйста, Андрей, почему вы решили отправиться в такое длинное путешествие по железной дороге? Шутка ли, 6 дней в поезде? Какова была мотивация?
Путешественник	Мне приходится довольно много ездить на поезде и летать на самолёте в командировки. Но такое долгое путешествие на поезде я совершил впервые. Я всегда хотел увидеть нашу огромную страну, её природу, реки, знаменитое озеро Байкал . . .
Журналист	Почему вы любите путешествовать поездом? Разве лететь самолётом не комфортнее? Можно также совершить круиз по русским рекам.
Путешественник	Когда плывёшь на теплоходе, всё, что ты видишь – это вода. Пассажиры одни и те же. На самолёте ещё более скучно. Из окна самолёта видны только облака. А в поезде интересно смотреть в окно на природу, видеть разные станции и города. Гораздо романтичнее . . . Кроме того, в поезде мультикультурная атмосфера: ведь пассажиры садятся в вагон из разных регионов страны. Мне всегда интересно послушать их рассказы. Разговоры с попутчиками – интересный аспект путешествия поездом.
Журналист	Одним словом, «романтика поездов» . . . Ну а на практике, как вы готовились к этому путешествию?
Путешественник	Перед поездкой я прочитал всевозможную информацию о поезде «Россия» и его маршруте. Например, я узнал, что поезд будет проходить через символическую границу между Европой и Азией.
Журналист	То есть, вы подготовились теоретически. А что вы берёте с собой в дорогу? Без чего нельзя обойтись в пути?
Путешественник	Обязательно беру ноутбук, переходник. В вагоне есть розетки, чтобы зарядить свои девайсы.

	Я активный пользователь соцсетей и люблю выкладывать свои записи и фотографии прямо в дороге. Кстати, газеты и журналы можно с собой не брать: они есть в купе.
ЖУРНАЛИСТ	А как насчёт еды?
ПУТЕШЕСТВЕННИК	Беру с собой что-то на первые 2–3 дня: фрукты, хлеб, шоколад. Можно докупить продукты на станциях или поесть в вагоне-ресторане, правда это недёшево. Проводники разносят чай в подстаканниках, как принято в российских поездах. В поезде они удобнее, чем чашки. Их даже продают, как сувениры.
ЖУРНАЛИСТ	Да, действительно, подстаканники с детства ассоциируются с поездом. Что вы думаете о природе России? Какой край вам больше всего понравился?
ПУТЕШЕСТВЕННИК	Природа России многообразна. В каждом крае и области она красива по-своему.
ЖУРНАЛИСТ	Как в старой песне: «Широка страна моя родная». А что особенно запомнилось из поездки?
ПУТЕШЕСТВЕННИК	Большое впечатление от озера Байкал, вдоль которого поезд проходит 200 километров. Я много читал и слышал о нём, но не мог себе представить, какое оно огромное и красивое. Как говорится, лучше один раз увидеть, чем сто раз услышать. Впечатляет также величие рек: Амура, Оби, Камы. Но дорога между Екатеринбургом и Омском (это второй день пути) довольно однообразная. Чем восточнее, тем ландшафт интереснее.
ЖУРНАЛИСТ	Вы бы посоветовали иностранцам совершить это путешествие?
ПУТЕШЕСТВЕННИК	Думаю, что именно зарубежным туристам такое путешествие особенно понравится. Ведь это уникальная возможность увидеть своими глазами масштабы и красоту России. Кроме того, беседы с попутчиками – это хорошая практика разговорной речи для изучающих русский язык.
ЖУРНАЛИСТ	Путешествуйте по России поездом!

Vocabulary

поезд	train
отправляться/отправиться	to set off, depart
путешествие	travel, trip, journey
железная дорога	railway
приходиться	to have to
довольно	rather, quite
длинный	long
совершать/совершить	to make (a trip), to accomplish
попутчик	fellow traveller
вагон	carriage, coach
купе	compartment
обходиться/обойтись без	to do without
переходник	adaptor
розетка	socket
заряжать/зарядить	to charge
пользователь соцсетей	network user
выкладывать	to put, post
подстаканник	glass holder
принято	customary
впечатление	impression
представить себе	to imagine
масштаб	scale
величие	greatness
зарубежный	foreign

Colloquialisms and transition words ♦

шутка ли	it's no joke
разве	isn't it
кроме того	besides
одним словом	in a word
например	for example
то есть	that is, this means
кстати	by the way
как насчёт	what about
правда	though, in truth
действительно	really, true
как говорится	as they say
ведь	after all

Exercise 1

Answer the following questions in English.

1 How long is the journey from Moscow to Vladivostok by the "Rossiya" train?
2 What are the landmarks along the journey?
4 What are the eating options?
5 What is the landscape like?
6 What makes this journey attractive to foreigners?

Exercise 2

Найдите в диалоге синонимы к следующим словам.

1 выехать
2 долгий
3 первый раз
4 известный
5 спутник
6 многообразный, различный
7 адаптер
8 в пути
9 дорого
10 по традиции
11 большой
12 грандиозность

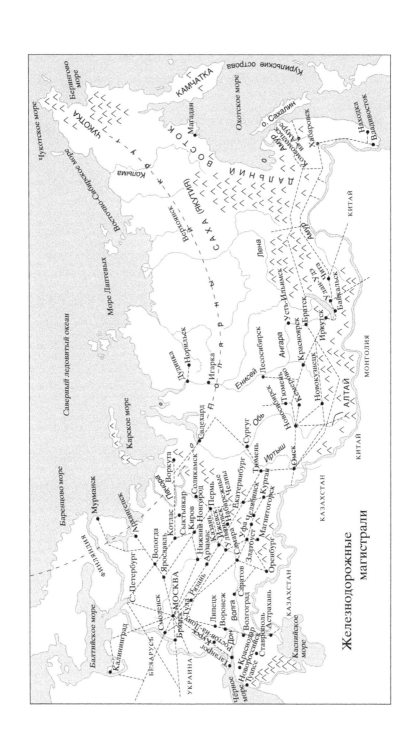

Железнодорожные
магистрали

13 монотонный, скучный
14 шанс
15 иностранный
16 разговор

Exercise 3

А Придумайте пять дополнительных вопросов, которые вы хотели бы задать пассажиру поезда «Россия».

Think of five more questions you would like to ask a passenger of the train "Rossiya".

1	
2	
3	
4	
5	

Б Работа в парах.

Задайте эти вопросы вашему партнеру, который будет играть роль пассажира.

Ask your partner these questions. He will play the role of the passenger.

Language points ♦

Words with the root -пут-

путь	way
путешествие	travel, trip
путеводитель	travel guide
путёвка	voucher
попутчик	fellow traveller
спутник	companion, satellite
путать	to confuse
путаница	confusion
распутать	to unravel

Exercise 4

Fill in the gaps with words from the list.

A   Заполните пропуски словами из списка.

   1 Я всегда беру с собой в . . . . . . 2 В СССР на работе давали . . . в дома отдыха. 3 Он не очень организованный и часто всё . . . 4 Я люблю беседы с . . .

B   Как можно объяснить происхождение [origin] фамилий Путин и Распутин? Назовите известных людей с этими фамилиями.

Language points ♦

Imperatives

In the above dialogue, there is an example of the second person imperative:

Скажите пожалуйста   tell (me) please
Путешествуйте поездом! Travel by train!

Imperatives can be formed from either imperfective or perfective verbs. Remove the last two letters from the third person plural (**они** form) of the present or future perfective to find the stem of the verb. Add -**и** if the stem ends in a consonant or -**й** if it ends in a vowel: **идти – идут – ид – иди** 'go!'; **читать – читают – чита – читай** 'read!'.

Verbs with a stem ending in a single consonant that is stressed on the stem throughout their conjugation take the imperative ending -ь: забыть – забудут – забуд – забудь 'forget!'.

For the plural or polite form, add -те: идите, читайте, забудьте.

The reflexive ending is -ся after -й or -ь and -сь after -и or -те: одевайся – одевайтесь – оденься – оденьтесь 'get dressed!'.

Verbs ending in -авать form their imperative irregularly: давать – дают – давай(те) 'give!'; вставать – встают – вставай(те) 'stand!'. Note also есть – ешь(те) 'eat!' and пить – пей(те) 'drink!'.

The stress is on the same syllable in the imperative as in the first person singular (я form): писать – пишу – пиши(те) 'write!'. The imperative of поехать is поезжай(те).

Generally the imperfective imperative is used to express general injunctions against performing specific actions. It is often found in negative sentences:

Не теряйте билет!   Do not lose your ticket!

A perfective imperative expresses a command for one particular occasion:

Поверните направо!   Turn right!

Exercise 5

Put the verb in brackets into the imperative to complete the sentence.

Example: (Бросить) мусор в корзину. – Бросьте мусор в корзину!

1 (Представить) себе. 2 (Посоветовать) хороший маршрут. 3 (Купить) авиабилет. 4 (Закрыть) дверь. 5 (Построить) новую дорогу. 6 (Оплатить) поездку. 7 (Проходить) в купе. 8 (Приготовиться) к путешествию. 9 (Оставаться *plural*) с нами. Поговорки: 10 (Сказать *singular*) мне, кто твой друг, и я скажу тебе, кто ты. 11 Не (иметь *singular*) сто рублей, а (иметь) сто друзей. 12 Век (жить *singular*) – век (учиться).

Text 1

«Широка страна моя родная»[2]

Поезд «Россия» Москва – Владивосток курсирует по самому протяженному железнодорожному пассажирскому маршруту в мире, проходящему по территории одной страны. Длина этого маршрута – 9 288 километров. Время в пути составляет 144 часа 10 минут. Поезд «Россия» начинает свой путь от Ярославского вокзала в Москве и заканчивает его на вокзале Владивостока. Впервые поезд «Россия» отправился с Ярославского вокзала 30 сентября 1966 года. В 2016-ом он праздновал свой пятидесятилетний юбилей. Поезд проходит по территории восьми железных дорог, шесть раз меняет часовые пояса. Путешествуя на «главном поезде страны», можно изучать географию нашей Родины: маршрут проходит через 11 областей, 5 краев, одну автономную область и одну республику, пересекает 16 крупных рек от Волги до Амура и Уссури. Поезд проходит через крупные города Владимир, Нижний Новгород, Киров, Пермь, Екатеринбург, Тюмень, Омск, Новосибирск, Красноярск, Иркутск, Улан-Удэ, Чита, Белогорск, Хабаровск. На 1778-м км Транссиба, около города Первоуральск, поезд пересекает символическую границу между Европой и Азией. Там стоит памятный знак – «граница Европы и Азии». «Россия» проходит 207 км вдоль озера Байкал. Это уникальное, самое глубокое и одно из самых крупных озёр в мире. Разнообразие ландшафтов, возможность посмотреть десятки городов и пересечь почти всю Евразию привлекает множество туристов. Немало среди них иностранцев.

Поезд курсирует через день.

По материалам газеты «Комсомольская правда», 2016.

Vocabulary

курсировать	to run
протяженный	long
пятидесятилетний юбилей	50th anniversary
менять/поменять	to change
часовой пояс	time zone
пересекать	to cross
крупный	large, major
через день	every other day

Exercise 6

Answer the following questions in English.

1 What is unique about the route of the train "Rossiya"?
2 What is the travel time?
3 How many years has the train been in operation?
4 How many time zones does "Rossiya" cross?
5 What do you know about Lake Baikal?

Exercise 7

Прочитайте строки из песни Владимира Высоцкого «В который раз лечу Москва – Одесса» и опишите похожую ситуацию из вашей жизни.
Read the extracts from the poem "Flying Moscow-Odessa again" by Vladimir Vysotsky and describe a similar situation from your life.

В который раз лечу Москва – Одесса, –
Опять не выпускают самолет.
А вот прошла вся в синем стюардесса как принцесса –
Надёжная, как весь гражданский флот.

Над Мурманском – ни туч, ни облаков,
И хоть сейчас лети до Ашхабада.
Открыты Киев, Харьков, Кишинев,
И Львов открыт, – но мне туда не надо!

Vocabulary

выпускать/выпустить	to let out
вся в синем	dressed all in blue
надёжный	reliable
гражданский флот	civil aviation
туча	thick cloud

Language points ♦

Comparatives

Long (attributive) comparatives

Almost all Russian adjectives can be turned into comparatives by putting the words более 'more' or менее 'less' before the long form. Более and менее never alter, whatever the case or number of the adjective:

более быстрые поезда	faster trains
на менее быстрых поездах	on less fast trains

'Than' is translated by чем, preceded by a comma:

Лучше ездить на более быстрых новых поездах, чем на старых.
It is better to travel on faster new trains than on old.

Four adjectives have a one-word declinable comparative, used instead of adjective + более:

большой	больший	bigger, greater
маленький	меньший	smaller, lesser
плохой	худший	worse
хороший	лучший	better

лучшие поезда 'better trains'; больший выбор 'greater choice'.

Four more adjectives have a one-word declinable comparative in addition to the более form. The form used depends on the context:

молодой	более молодой	younger (things)
	младший	younger, junior (people)
старый	более старый	older (things)
	старший	elder, senior (people)

высокий	более высокий	higher, taller (literal)
	высший	higher, superior (figurative)
низкий	более низкий	lower (literal)
	низший	lower, inferior (figurative)

более старые поезда 'older trains'; **старшие братья** 'elder brothers'; **более высокие горы** 'higher mountains'; **высшее образование** 'higher education'.

Exercise 8

Put the adjective in brackets into the appropriate form of the long comparative.

1 Туристическое агентство предлагает (интересный) поездки в Россию. 2 Железные дороги стали (удобный) видом транспорта. 3 Ездить на (быстрый) скоростных поездах – одно удовольствие. 4 Билеты в театр продаются по (низкий) ценам. 5 (Высокий) образование испытывает кризис. 6 (Богатые) предпочитают ездить (комфортабельный) первым классом. 7 У меня один (молодой) брат и две (старые) сестры.

Short (predicative) comparatives

The short comparative is formed by adding -ee (alternative ending -ей) to the stem of the adjective. The ending is the same for all genders and for the plural. It is better to use the short form to translate sentences where the verb 'to be' comes between noun/pronoun and the comparative. Otherwise, use the long, **более** form. The short comparative also renders sentences beginning 'It is/was/will be . . . er':

Новые поезда быстрее.
New trains are faster.

Скоростные поезда будут удобнее.
Express trains will be more convenient.

Лучше лететь Аэрофлотом.
It is better to fly by Aeroflot.

Contrast:

Мы едем на более новом поезде.
We are going on a newer train.

Short comparatives of some adjectives end in -e:

близкий	ближе	closer	богатый	богаче	richer
высокий	выше	higher	глубокий	глубже	deeper
громкий	громче	louder	далёкий	дальше	further
дешёвый	дешевле	cheaper	дорогой	дороже	dearer
жаркий	жарче	hotter	короткий	короче	shorter
крепкий	крепче	stronger	молодой	моложе	younger
мягкий	мягче	softer	низкий	ниже	lower
плохой	хуже	worse	простой	проще	simpler
ранний	раньше	earlier	редкий	реже	rarer
сладкий	слаще	sweeter	старый	старше	older
строгий	строже	stricter	тихий	тише	quieter
узкий	уже	narrower	хороший	лучше	better
частый	чаще	more often	чистый	чище	cleaner
широкий	шире	wider	большой	больше	bigger
маленький	меньше	smaller			

Note: Больше also means 'more' and меньше 'less'. Поздний has two alternative forms – позднее/позже 'later'. Some adjectives do not have a short comparative, e.g. adjectives ending in -ский. When a comparative is required, use the более form.

Exercise 9

Complete the following sentences using a word meaning the opposite of the first comparative.

1 Я старше брата, брат . . . меня на 5 лет. 2 Расстояние до Лондона короче, до Москвы . . . 3 Лететь самолётом быстрее, ехать поездом . . . 4 В Москве обслуживание лучше, в провинции . . . 5 Русский язык труднее, французский . . . 6 Авиационный транспорт грязнее, железнодорожный . . . 7 Стоимость

проезда в первом классе выше, во втором . . . 8 Чаще люди смотрят видео, . . . ходят в кино. 9 Раньше все ездили на поезде, . . . стали летать на самолёте. 10 Сейчас больше смотрят телевизор, . . . слушают радио. 11 Ехать на автобусе дешевле, на поезде . . .

After a short comparative, 'than' is usually rendered by putting the object of comparison into the genitive:

Автобус удобнее поезда.
The bus is more convenient than the train.

The genitive cannot be used to translate 'than' if the object of comparison is not in the nominative:

Быстрее ехать на поезде, чем на автобусе.
It is faster to go by train than by bus.

or if the object of comparison is not a noun or pronoun:

Лучше в России, чем здесь.
It is better in Russia than here.

or 'his', 'hers', 'its' or 'theirs':

Наш тур интереснее, чем их.
Our tour is more interesting than theirs.

Exercise 10

Change the adjectives to short comparatives and put the words in brackets into the genitive.

1 Чемодан тяжёлый (сумка). 2 Москва старая (Петербург). 3 Отец старый (мать). 4 Сестра молодая (брат). 5 Волга широкая (Темза). 6 Месяц февраль короткий (март). 7 Поезд дешёвый (самолёт). 8 Озеро Байкал глубокое (озеро Лох-Несс). 9 Московское метро чистое (лондонское метро).

Constructions with the comparative

как можно
as . . . as possible

как можно дешевле
as cheap as possible

чем . . . тем
the . . . er, the . . . er

чем дешевле, тем лучше
the cheaper the better

Note: Тем лучше 'So much the better'.

гораздо/намного/куда
much . . . er

Поезд гораздо/намного дешевле самолёта.
The train is much cheaper than the plane.

всё
ever . . . er

Строить дороги становится всё дороже (и дороже).
Building roads is becoming ever more expensive/more and more expensive.

Note also the use of в and на in measuring difference:

на час меньше	an hour less
в два раза больше	twice as big

Exercise 11

Use the construction чем . . . тем to form sentences.

Example: Простая задача – она лёгкая. – Чем проще задача, тем она легче.

С какими из этих утверждений вы согласны, а с какими не согласны и почему?
Do you agree or disagree with these statements and why?

1 Собор старый – он интересный. 2 Озеро глубокое – оно опасное. 3 Человек старый – он умный. 4 Дорога далеко – трудно

её строить. 5 Воздух чистый – это хорошо для здоровья. 6 Маршрут простой – он лёгкий. 7 Поезд быстрый – путешествие короткое. 8 Человек богатый, он – плохой. 9 Длинная дорога из дома – короткая дорога домой.

Comparative of adverbs

The comparative of the adverb takes the same form as the short comparative of the adjective:

Поезда ходят быстрее.
Trains travel more quickly.

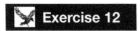 **Exercise 12**

Найдите пары русских и английских поговорок.
Match the Russian and English sayings.

Лучше один раз увидеть, чем сто раз услышать.	He that travels further knows more.
Лучше поздно, чем никогда.	Slow but sure.
Тише едешь – дальше будешь.	A picture is worth a thousand words.
Не тот больше знает, кто дольше жил, а тот, кто дальше ходил.	Better late than never.

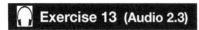 **Exercise 13** (Audio 2.3)

Use the comparative form of adjectives and adverbs in the following text.

> . . . *Лет чрез пятьсот дороги, верно,*
> *У нас изменятся безмерно . . .* [3]
> А.С. Пушкин «Евгений
> Онегин», 1831

Нам любые до́роги доро́ги[4]

Железные дороги – надёжный и дешёвый вид российского транспорта. Многие считают, что путешествовать поездом (интересно) и (комфортабельно), чем самолётом и, конечно, (дёшево). В европейской части России сеть железных дорог хорошо развита. Но чем (восточный), тем магистралей (мало). Строить дороги в России с каждым годом всё (дорого) и (трудно). Ведь на востоке страны строительство идёт в (тяжёлые) климатических условиях. Стоимость материалов и труда рабочих теперь (высокая).

Первую высокоскоростную магистраль построили между Москвой и Санкт-Петербургом. Поезда едут по ней гораздо (быстро), чем (рано). Однако экологи всё (часто) выступают против строительства таких магистралей, так как в результате строительства уничтожаются леса. Но некоторые эксперты считают, что железнодорожный транспорт экологически всё ещё (чистый) других.

За последние годы уровень обслуживания на вокзалах стал намного (высокий), услуг для пассажиров стало (много). Организуется движение скоростных электропоездов «Экспресс» с (высокий) уровнем комфорта. Время в пути стало намного (короткое). Например, от Москвы до Тулы «Экспресс» идёт на час (мало), чем обычная электричка.

Train "Sapsan" Moscow – Saint Petersburg

Vocabulary

развит	developed
уничтожать/уничтожить	to destroy
высокоскоростная магистраль	high-speed railway
скоростной электропоезд	express train
создание	creation
стоимость	cost
строительство	construction
труд рабочих	labour
уровень	level
уровень обслуживания	standard of service
услуга	service
движение	motion, movement, traffic
электричка	local (electric) train

Colloquialisms and transition words ♦

многие/некоторые считают	many/some think
конечно	of course
однако	however
так как	as
всё ещё	still

Exercise 14

Ответьте на вопросы по тексту.

1 Как вы понимаете заглавие [title] текста. В чём игра слов?
2 Какие преимущества [advantages] путешествия по железной дороге?
3 Какие особенности [peculiarities] строительства железных дорог на востоке страны?
4 Почему некоторые экологи против строительства высокоскоростных железных дорог?
5 Как изменилось обслуживание на железных дорогах за последнее время?
6 Согласны ли вы с мнением [opinion], что железнодорожный транспорт экологически чистый? Обоснуйте вашу точку зрения [justify your point of view].

Preposition corner

Prepositions are among the most difficult words to translate. A preposition rarely, if ever, has a direct equivalent in another language which covers all its uses. This regular section will enhance your knowledge of how Russian prepositions are used.

На + accusative

Note the variety of uses of на + accusative and the different ways in which it may be translated into English.

Expressions of place – 'to, onto' denoting motion towards

Points of the compass:

на север, юг, восток, запад
to the north, south, east, west

Places which, in origin, were not single buildings:

на вокзал, стадион, станцию, почту
to the (mainline) station, stadium, station, post office

Open spaces:

на улицу, площадь, двор
onto the street, square, yard

Rivers, islands and some mountain ranges:

на Волгу, Кипр, Урал, Кавказ
to the Volga, to Cyprus, to the Urals, to the Caucasus

Activities or places which denote common activity:

на концерт, лекцию, урок, работу, факультет
to the concert, lecture, lesson, to work, to the faculty

Expressions of time

на Рождество   at/for Christmas
на другой день   on the next day

на Рождество	at/for Christmas
тур на 5 дней	5-day tour

ночь на 20-ое мая
night of the 19th to 20th May

Он поехал туда на два года.
He has gone there for two years.

Other useful expressions using **на** + accusative

билет на поезд	train ticket
вид на реку	view over the river
на вид	in appearance
на двоих	for two
спрос на	demand for
похожий на	like

After verbs:

влиять на	to influence
жаловаться/по- на	to complain
надеяться на	to hope for, rely on
назначать/назначить на	to appoint to
опаздывать/опоздать на	to be late for
отвечать/ответить на	to reply to
полагаться/положиться на	to rely on
походить на	to resemble
соглашаться/согласиться на	to agree to
тратить/по- на	to spend on

На + prepositional

Expressions of place – 'on, at' indicating location

Used with all the same nouns as **на** + accusative meaning 'to':

на севере, юге, востоке, западе
in the north, south, east, west

на вокзале, стадионе, станции, почте, на заводе
at the (mainline) station, stadium, station, post office

на улице, площади, дворе
on the street (outside), square, in the yard (outside)

на Волге, Кипре, Урале, Кавказе
on the Volga, in Cyprus, in the Urals, in the Caucasus

на концерте, лекции, уроке, работе, факультете
at the concert, lecture, lesson, at work, in the faculty

Means of transport:

на метро, автобусе, такси, поезде, теплоходе, велосипеде
by metro, bus, taxi, train, boat, bicycle

на ногах	on one's feet
на своей совести	on one's conscience

Expressions of time

на этой, прошлой, будущей неделе
this, last, next week

на днях	the other day
на протяжении	over the course of
на моём веку	in my lifetime

Note also:

на русском языке
in Russian

but

переводить/перевести на русский яз<u>ык</u>
to translate into Russian

After verbs:

играть на (musical instruments) **гитаре**
to play the guitar

жениться на
to marry (for a man)

настаивать/настоять на
to insist on

сказываться/сказаться на
to tell on, have an effect on

сосредоточиваться/сосредоточиться на
to concentrate on

Exercise 15

Put the words in brackets into the appropriate case, accusative or prepositional.

1 Мы вышли на (улица). 2 Не все студенты регулярно ходят на (лекции). 3 Меня не будет на (будущая неделя). 4 Мы едем туда на (поезд). 5 На (другой день) пошёл дождь. 6 Холоднее на (север). 7 Книги на (русский язык) очень дорогие. 8 Он перевёл все пьесы Шекспира на (французский язык). 9 Мой друг женился на (русская). 10 Он ответил на (все вопросы) правильно. 11 Не опоздай на (поезд)!

Exercise 16

Translate into Russian.

1   It is more comfortable to fly by plane than to travel by train.
2   It is the first time I have undertaken such a long journey by train.
3   A rail ticket is much cheaper than an air ticket, and it is more interesting to travel by train than to fly by plane.
4   Express trains are much faster now, and travel time is shorter.
5   Ecologically rail transport is still cleaner than other kinds of transport.
6   The faster the trains, the less the traveller sees out of the window.
7   Travelling by a faster and more comfortable train is a pleasure.

Notes

1   *Oh, how I loved trains in my childhood / For the laughter, for the special tea in a glass, / For the fact that in the frame of the window / Shots rush through, like on screen.*

2 «Широка страна моя родная» – знаменитая песня о Волге
3 *In some five hundred years, our roads will surely / Change immeasurably . . .*
4 «Нам любые дороги дороги» – песня из популярного мультфильма

3 ТУРИЗМ – ЛУЧШИЙ ОТДЫХ, НО ОТДЫХ ЛУЧШЕ ТУРИЗМА. ПУТЕШЕСТВИЕ НА ТЕПЛОХОДЕ

In this unit you will learn:

▶ about travelling by boat
▶ how to use verbs of motion
▶ about prefixed verbs of motion
▶ how to differentiate between **также/тоже**
▶ words with the roots **-ход-** and **-езд-**

 Audio 3.1

*О Волга! после многих лет
Я вновь принес тебе привет.
Уж я не тот, но ты светла
И величава, как была.*
Н.А. Некрасов

 Dialogue (Audio 3.2)

A conversation between a traveller and a travel agent

Счастливого пути!

Путешественник	Меня интересует поездка по «Золотому кольцу».[1] Что вы можете предложить?
Турагент	А сколько у вас времени?
Путешественник	Времени у меня 2 недели.
Турагент	В настоящий момент у нас большой выбор. Есть автобусные, а также теплоходные туры.

Путешественник	Может быть, лучше поехать на поезде? Я слышал, что в России есть скоростные поезда, более быстрые, чем старые?
Турагент	Обычно по «Золотому кольцу» туристы ездят на автобусе или на теплоходе. Это проще, удобнее и дешевле. На поезде сложнее.
Путешественник	А сколько времени займёт такая поездка?
Турагент	Всё зависит от того, сколько городов вы хотите посетить. Выбор очень широкий. Вы можете совершить однодневное или недельное путешествие. Есть даже туры на 10 дней. Вот, например, популярный автобусный тур на два дня – «Легендарная Русь». Туда входят Ростов Великий, Ярославль и Кострома. Есть также большой выбор теплоходных круизов. К сожалению, не на все города. Вы увидите Углич, Кострому, Ярославль.
Путешественник	А на какие туры у вас есть свободные места?
Турагент	Пока есть места на все туры. Если вы хотите хорошо отдохнуть в выходные дни, я рекомендую теплоходный круиз. Последнее время такой вид отдыха привлекает всё больше туристов. Каждую пятницу вечером с речного вокзала отправляется теплоход.
Путешественник	Пожалуй, вы правы: поплыву на теплоходе. Говорят, пейзажи на Волге потрясающие, свежий воздух! Можно хорошо отдохнуть!
Турагент	Да, в это время года путешествовать на теплоходе - одно удовольствие! Счастливого пути!
Путешественник	Большое спасибо!

Vocabulary

предложить	to offer
выбор	choice
поездка займёт	the trip will take
посещать/посетить	to visit
пока	for a while
потрясающий	stunning, fantastic
однодневный тур	one-day tour
теплоход	boat
привлекать/привлечь	to attract
одно удовольствие	pure pleasure

Colloquialisms and transition words ♦

меня интересует	I am interested
в настоящий момент	at the present moment
может быть	maybe
всё зависит от того	it all depends on
к сожалению	unfortunately
последнее время	recently
пожалуй	rather
Счастливого пути!	Have a good trip!
говорят	they say

Exercise 1

Answer the following questions in English.

1 What trip does the traveller want to go on?
2 What does the agent recommend?
3 What is the 'Golden Ring'?
4 Why is it better to travel round the 'Golden Ring' by bus?
5 What tours can the agency offer?
6 How long does a bus tour round the 'Golden Ring' take?
7 Why does the traveller decide to go by boat?

Exercise 2

Составьте возможные словосочетания со следующими прилагательными и существительными.

Form meaningful word combinations with the following adjectives and nouns.

Пример: **однодневное путешествие**

однодневный	путешествие
потрясающий	тур
выходной	виды
скоростной	дни
комфортабельный	дорога
золотой	электропоезд
дорогой	каюта
настоящий	кольцо
сложный	момент
свежий	пейзаж
железный	теплоход
свободный	воздух
счастливый	путь
теплоходный	вокзал
железнодорожный	выбор
широкий	места

Text 1

«Издалека долго течёт река Волга»

За свою жизнь я много путешествовала и по воздуху, и по суше, но никогда не плавала на теплоходе. И вот в этом году я решилась. Я нашла подходящий тур на теплоходе и решила поехать. Правда, не одна, а со своей дружной компанией. Мы выбрали «Н.А. Некрасов» – небольшой теплоход, который совершает рейсы в выходные дни до Твери и Углича. Мы решили плыть до Твери.

В пятницу мы пришли на Речной вокзал в 6.30, за час до отплытия теплохода, быстро прошли регистрацию и получили ключи от своих кают. Это очень комфортабельный теплоход, который недавно прошёл модернизацию. На теплоходе три пассажирские палубы и солярий, где можно позагорать, два ресторана, два бара и даже концертный зал.

Как только теплоход начал отплывать, все вышли на палубы. Свежий воздух, потрясающие пейзажи, классная компания, музыка и пиво – всё обещало чудесный отдых. Я много раз ездила на машине по дороге Москва – Тверь. Мне казалось, что я знаю её всю «от» и «до». Но виды из окна автомобиля совершенно не были похожи на то, что мы увидели с теплохода: живописная природа, пляжи, дома отдыха, приветливые рыбаки на берегу реки. Я была в восторге.

В 3 часа дня в субботу мы приплыли в Тверь. Здесь у нас прошла пешеходная экскурсия. Она входит в стоимость тура. Мы посетили музей «Тверского быта», а также «Музей Салтыкова-Щедрина».[2] Экскурсовод провела нас по набережной до памятника Афанасию Никитину,[3] затем мы прошли через мост в центр города, в картинную галерею. До ужина мы решили походить по городу, зайти в кафе. Мы только прошли метров 20, как увидели маленький ресторанчик. Цены нас приятно удивили, всё было вкусно, мило и намного дешевле, чем в Москве.

В 8.30 вечера мы отплыли от гостеприимной Твери и на следующий день в 6 вечера прибыли на Северный речной вокзал столицы. Время на борту прошло незаметно и весело. Круиз на теплоходе – прекрасный отдых в выходные дни. Теперь я готова совершить более длительный круиз по Волге.

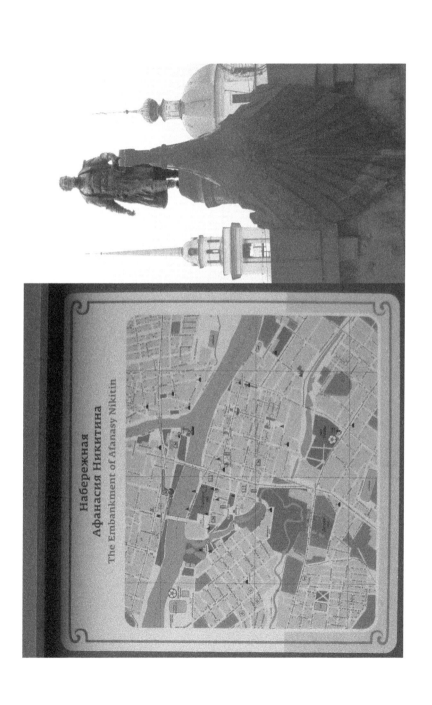

Vocabulary

по воздуху и по суше	by air and land
подходящий	suitable
выходные дни	weekend
отплытие	departure (by boat)
ключ от каюты	cabin key
палуба	deck
загорать/загореть	to sunbathe/get a tan
чудесный	wonderful
были похожи на (+ *acc*)	looked like
живописный	picturesque
приветливый	friendly
быть в восторге	to be delighted
быт	way of life
набережная	embankment
удивить	to surprise
гостеприимный	hospitable
прибыть	to arrive
на борту	on board

Colloquialisms and transition words ♦

за свою жизнь	in my life
и вот я решилась	and so I made up my mind
всё обещало	everything promised
казалось	it seemed
«от» и «до»	inside out
совершенно	absolutely, at all

Exercise 3

Answer the following questions in English.

1   What kind of cruises does the "N.A. Nekrasov" offer?
2   What kind of ship is the "N.A. Nekrasov"?
3   What can one do on the ship?
4   What can you see from the ship?
5   What did the walking tour of Tver include?
6   Why did the friends like the little restaurant in Tver?
7   How did the cruise end?

Exercise 4

Выберите правильный ответ.
Choose the correct answer.

1 Лучший способ (way) путешествовать по «Золотому кольцу» (на поезде, пешком, на теплоходе)?
2 Теплоходы отправляются (с железнодорожного вокзала, с речного вокзала, из центра города)?
3 «Н.А. Некрасов» совершает рейсы (в выходные дни, вокруг света, каждый день)?
4 Пейзажи за бортом были (скучные, потрясающие, необычные)?
5 Пассажиры совершили автобусную экскурсию по Твери?
6 В Твери пассажиры посетили (исторический музей, кремль, картинную галерею)?

Exercise 5

Найдите в тексте синонимы к следующим словам.
Find in the text synonyms for the following words.

1 отличный
2 потрясающий
3 колоритный
4 радостно
5 радушный
6 на самолёте
7 отправление теплохода
8 зарегистрироваться
9 очень радоваться
10 дружелюбный
11 курсировать
12 цена
13 музей живописи
14 образ жизни
15 приятно
16 уикенд

Exercise 6

Spot the odd one out.

1 красный, прекрасный, чудесный, потрясающий

2 пейзаж, вид, картина, окно
3 поезд, вагон, палуба, железная дорога
4 поезд, теплоход, машина, автобус
5 дорога, набережная, улица, воздух
6 пешком, по воздуху, по суше, по телевизору
7 приветливый, радушный, устойчивый, гостеприимный
8 музей, картинная галерея, концертный зал, вокзал
9 курсировать, ездить, предпочитать, плавать
10 знаменитый, известный, великий, классный

Exercise 7

Найдите в тексте существительные, образованные от следующих глаголов.
Find nouns in the text formed from the following verbs.

1 жить
2 быть
3 регистрировать
4 модернизировать
5 пить
6 видеть
7 стоить
8 отплывать
9 отдыхать

Exercise 8

A   Ваш друг только что вернулся из круиза по Волге. Придумайте пять вопросов, которые вы хотели бы ему задать.

1	
2	
3	
4	
5	

Б Работа в парах

Задайте эти вопросы вашему партнеру.

Language points ♦

Verbs of motion (глаголы движения)

Verbs of motion are essential to any discussion of tourism. The ones we are going to look at first are: **ездить/ехать/поехать** 'to go (by vehicle), travel, ride'; **ходить/идти/пойти** 'to go (on foot), walk'. **Ездить/ехать** and **ходить/идти** are all imperfective verbs. **Ездить** and **ходить** are 'multidirectional' verbs, used for repeated journeys, particularly round trips, such as to work and back:

Удобнее ездить на работу на поезде.
It is more convenient to travel to work (and back) by train.

Мой сын ходит в школу.
My son goes to (attends) school (i.e. there and back every day).

They are also used for generalisations, where the occasion and direction of the journey is imprecise:

Обычно туристы ездят на автобусе.
Usually tourists go by bus.

Or simply the direction is non-specific:

Он целую ночь ходил по улицам.
He walked the streets all night.

Ехать and **идти** are 'unidirectional' verbs, used for single journeys in a particular direction:

Сегодня я иду на работу пешком, а домой еду на автобусе.
Today I am walking to work but coming home by bus.

Even where a journey is repeated, if a single direction is stressed, **ехать/идти** are used:

Я всегда еду домой на такси.
I always come home by taxi.

Note that **ходить/идти** are used when trains, buses, boats, trains and other forms of public transport are the subject. **Ездить/ехать** are used for cars and other smaller vehicles, as well as for the action of passengers on any form of transport.

Поехать/пойти are perfective verbs. They convey the idea of setting off on a journey:

Я поеду в 5 часов утра.
I will go/set off at 5 a.m.

Лучше поехать рано.
It is better to go/set off early.

They are also used if a completed journey was in one direction only:

Поплыла туда на теплоходе.
I went there by boat.

Where a round trip has been made **ездить/ходить** are used:

Летом я ездила в Россию.
I went to (and returned from) Russia in the summer.

Note the use of the perfective past tense in the phrases:

Я пошёл.   I'm off.
Поехали.   let's go.

Figurative use of verbs of motion

Where verbs of motion are used figuratively, only one of the imperfectives is ever used: **дождь идёт** 'it is raining'; **дела идут хорошо** 'things are going well'; **идёт лекция** 'a lecture is taking place'; **идёт фильм** 'a film is on'.

Exercise 9

Use the appropriate form of **ездить/ехать/поехать** or **ходить/идти/пойти** to complete the sentence.

1 Поезда смогут . . . гораздо быстрее по высокоскоростным магистралям. 2 От Москвы железные дороги . . . в разные концы страны. 3 Американская тургруппа . . . в Санкт Петербург. Она будет там три дня. 4 Английская группа уже . . . в Санкт Петербург. Она вернулась в Москву вчера. 5 В котором часу ты . . . завтра утром? Я закажу такси. 6 В субботу снег . . . весь день.

Words including the root -ход-

The word **ход** means 'movement': **на ходу** 'on the move'; **в ходе** 'in the course of'. By spotting it as the *root* of other words you may be able to work out their meaning, or, at least, remember them more easily.

Prefixes add to or qualify the meaning of the root. In several of these examples it indicates the direction of the movement:

вход 'entrance'; *выход* 'exit'; *доход* 'income'; *расходы* 'expenses'; *переход* 'crossing'; *поход* 'hike'.

Suffixes indicate the part of speech:

ходить 'to go/walk'; *входной* 'entrance' (adj.); походка 'gait'; находка 'find', ходьба 'walking' – 10 минут ходьбы 'a ten minute walk'; выходной день 'day off'; выходные дни 'weekend'.

Ход combined with another root

пароход 'steamship' (пар 'steam'); теплоход 'motor ship' (тепло 'warm'); пешеход(ный) 'pedestrian' (пеший 'foot'); судоходный 'navigable' (судно 'vessel').

Exercise 10

Complete the following phrases using an appropriate form of the word with the root -ход-.

. . . в метро; . . . через улицу; в . . . переговоров; дорожные . . . слишком высокие; . . . зона; . . . билет; тур на . . . ; в . . . дни.

Words including the root -езд-

поезд	train
езда	ride
поездка	trip, journey
проездной (билет)	travel ticket
проездом	en rout
объезд	diversion
выезд	exit, departure
съезд	congress, exit
подъезд	entrance (in a block of flats)

Exercise 11

Complete the following phrases using an appropriate form of the word with the root -езд.

1 Какой русский не любит быстрой . . . (Н.В. Гоголь)
2 Единый . . . билет в Москве стал дороже. 3 Без чего нельзя обойтись
в длительной . . .? 4 Мы были в этом городе только . . . 5 Делегаты
собрались на . . . 6 Я помню номер дома, но забыл номер . . .

Language points ♦

Prefixed verbs of motion

Key verbs in any discussion of travel are: приезжать/приехать 'to
arrive' and уезжать/уехать 'to leave'. The perfective of each pair is a
prefixed form of the verb ехать 'to travel, go by vehicle', which was
discussed earlier in the unit. A whole series of verbs exists to describe
travel in different directions, formed by adding prefixes to -езжать/-
ехать. Unlike the unprefixed ездить/ехать/поехать, these prefixed
verbs of motion only have one imperfective. They are normally followed by a preposition which reinforces the meaning. Note the hard
sign -ъ- between prefixes ending in a consonant and -езжать/-ехать.
  Some common examples:

Imperfective	Perfective	Preposition
въезжать to drive in	въехать	в + *acc*
выезжать to drive out	выехать	из + *gen*
доезжать to drive as far as	доехать	до + *gen*

заезжать
    to call (on a person)
    to call (at; a place)
    to call for
	заехать	
		к + *dat*
		в or на + *acc*
		за + *instr*

объезжать to drive round	объехать	вокруг + *gen* or without a preposition
отъезжать to drive away from	отъехать	от + *gen*

переезжать
    to cross
    to move from
    to move to
	переехать	через + *acc* or without
		a preposition
		из or с + *gen*
		в or на + *acc*

подъезжать to drive up	подъехать	к + *dat*
приезжать to arrive, come	приехать	в or на + *acc*
проезжать to drive past to travel a given distance	проехать	мимо + *gen* without a preposition
разъезжаться to disperse	разъехаться	по + *dat*
уезжать to leave (a place) to leave (a person)	уехать	из or с + *gen* от + *gen*

Examples:

Они доедут до Байкала сегодня.
They will travel as far as Lake Baikal today.

Мы приехали в Москву поздно вечером.
We arrived in Moscow late in the evening.

All the same prefixes can be added to the stems **-ходить/-йти** to create verbs which describe motion on foot in a variety of directions. Note the **-о-** between prefixes ending in a consonant and **-йти**:

входить	**войти**	в + *acc*
to walk in, enter		

Exercise 12

Replace verbs of motion describing travel in a vehicle by those describing travel on foot.

Example: **Вечером мы поехали в кино.** → **Вечером мы пошли в кино.**

1 Каждый год тысячи студентов приезжают учиться в МГУ. 2 Вы должны выехать из дома за 2 часа до отхода поезда. 3 Поедем на концерт сегодня вечером! 4 Мне обязательно надо заехать в библиотеку. 5 Я должен уехать от вас через час. 6 Не надо заезжать за мной, я поеду одна. 7 Я заехал к другу, но его не было дома, он уже уехал. 8 Он подъехал к кассе и заплатил за

бензин. 9 Мы доехали до леса и остановились. 10 Они проехали мимо и не заметили нас. 11 Когда вы будете переезжать через реку, будьте осторожнее. 12 Он несколько раз объехал вокруг дома.

Other verbs of motion

In addition to **ездить/ехать/поехать** and **ходить/идти/пойти**, described above, there are other verbs of motion with two imperfectives. These include:

Imperfectives	Perfective	Meaning
носить/нести	понести	to carry (on foot)
возить/везти	повезти	to convey, carry (by vehicle)
водить/вести	повести	to lead (on foot)
бегать/бежать	побежать	to run
летать/лететь	полететь	to fly
плавать/плыть	поплыть	to swim, sail
лазить/лезть	полезть	to climb
ползать/ползти	поползти	to crawl
бродить/брести	побрести	to wander
таскать/тащить	потащить	to drag
гонять/гнать	погнать	to chase, drive
катать/катить	покатить	to roll

In deciding which verb to choose, follow the guidelines set out for **ездить/ехать/поехать**:

Мы несли наш багаж на остановку автобуса.
We were carrying our luggage to the bus stop.

Повезём компьютер домой на машине.
We will take the computer home in the car.

Prefixes may be added to the imperfective verbs above to form new imperfective/perfective pairs which indicate the direction of movement. There are some changes to the stems: **-плывать** instead of **плавать**; **-лезать** instead of **лазить**; **-таскивать** instead of **таскать**; **-катывать** instead of **катать** and a change of stress in **-бегать** and **-ползать**. Otherwise the prefix is added straight to the stem, without any addition or alteration:

Imperfective	Perfective	Preposition
ввозить to bring in, import	ввезти	в + *acc*
вносить to carry in	внести	в + *acc*
вводить to lead in	ввести	в + *acc*
вбегать to run in	вбежать	в + *acc*
влетать to fly in	влететь	в + *acc*
влезать to climb in	влезть	в + *acc*
вползать to crawl in	вползти	в + *acc*

Рейс прилетает в Лондон в 18.00.
The flight arrives in London at 18.00.

Россия вывозит лес на Запад.
Russia exports timber to the West.

Мальчики убежали от полицейского.
The boys ran away from the policeman.

Exercise 13

Insert prefixed forms of **-бегать/-бежать, -летать/-лететь**.

(**-бегать/-бежать**)

Он быстро . . . из комнаты. Когда он . . . на остановку, автобус уже ушёл. Раньше он каждый день . . . 5 километров. Он . . . до университета за 10 минут. По дороге на работу он . . . в библиотеку. Я хотел с ним поговорить, но он уже . . . Он . . . ко мне и стал быстро говорить что-то. Не надо . . . дорогу в этом месте. Он . . . в зал совершенно растерянный.

(**-летать/-лететь**)

По пятницам самолёт . . . из Лондона в 10 часов вечера и . . . в Москву в 5 утра. Самолёт . . . до Москвы за 3 часа. Он первый . . . вокруг

света. Мы приехали в аэропорт поздно, самолёт уже . . . Его мечта –
. . . через Атлантический океан.

Exercise 14

Choose the correct verb from the brackets and use it with the appropriate preposition.

(приплыть в, отплыть от, доплыть до, переплыть через, уплыть,
подплыть к, проплыть)

Мы опоздали на 5 минут, и теплоход уже . . . речного вокзала.
Мы . . . Тверь рано утром. Наконец теплоход . . . берега. Он
первый . . . Гольфстрим. Теплоход . . . под мостом. Лодка
медленно . . . берегу. Он . . . далеко в море.

Exercise 15

Use the correct form of the verb in the following quotes by Margaret
Thatcher.

1　Если мои критики увидят, как я (переходить/перейти) через
　Темзу, они объяснят это тем, что я не умею (плавать/плыть).
2　Вы и я (приехать/прийти) на железнодорожном или
　автомобильном транспорте, но экономисты (ездить/ехать) по
　инфраструктуре.

Figurative use of verbs of motion

Not all verbs of motion are used literally. Note the following examples
of figurative usage:

проводить/провести время	to pass time
время пролетает	time flies
выходить/выйти из кризиса	to get out of a crisis
сходить/сойти с ума	to go mad
приходить/прийти в голову	to come to mind
проходить/пройти регистрацию	to register
вводить/ввести закон	to introduce a law
заводить/завести часы	to wind up a watch
наносить/нанести ущерб	to cause damage

переводить/перевести	translate
расходиться/разойтись	to split up
разводиться/развестись	to get divorced

Some verbs have meanings which are not directly related to movement at all:

происходить/произойти	to happen
приходиться/прийтись	to have to
находиться	to be situated
обходиться/обойтись	to do without

Exercise 16

Insert a suitable prefixed verb of motion used figuratively to complete the sentences.

1 Трудно будет . . . из этого кризиса. 2 Без чего нельзя . . . в дороге? 3 В прошлом году парламент . . . новый закон. 4 Эмиграция специалистов . . . России огромный ущерб. 5 Мы так весело провели день, что время быстро . . . 6 Мои часы остановились. Надо их . . . 7 К сожалению, нам не . . . поменять билет. 8 Этот тур нам очень . . . 9 Наш дом . . . на берегу реки. 10 Он . . . всего Диккенса на русский язык.

Exercise 17

In the following poem, use the verb **войти, прийти, идти** in the past tense masculine, and the verb **нести** in the present.

Я (войти) сюда с помощью двери,
Я (прийти) сюда с помощью ног.
Я (прийти), чтоб опять восхититься
Совершенством железных дорог.
Даже странно подумать, что раньше
Каждый (идти), как хотел – а теперь
Паровоз, как мессия, (нести) нас вперед
По пути из Калинина в Тверь.

(Б. Гребенщиков[4] «Из
Калинина в Тверь»)

с помощью	with the help of
восхититься	to admire
совершенство	perfection
паровоз	steam train

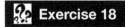 **Exercise 18**

Что? Где? Когда?

А Выберите правильный ответ.

Б Придумайте ситуации, где бы вы могли использовать эти фразы и поговорки.

1 Фраза «**выйти** из себя» означает	А очень рассердиться Б задуматься В выйти из дома
2 Фраза «**уйти** в себя»	А прийти домой Б нервничать В не общаться ни с кем
3 Фраза «**войти** в историю»	А путешествовать Б стать историком В стать знаменитым
4 Фраза «**плыть** против течения»	А отдыхать Б соглашаться со всеми В поступать не так, как большинство
5 Фраза «**ходить** вокруг да около»	А сомневаться Б гулять по городу В не говорить прямо
6 Поговорка «**Прийти** слишком поздно – хуже, чем никогда» означает	А лучше опоздать, чем не прийти Б всё нужно делать вовремя В лучше совсем не прийти, чем опоздать
7 Поговорка «Жизнь прожить – не поле (field) **перейти**» означает	А жизнь – это прогулка Б в жизни всё не просто В в России много полей

8 Поговорка «Лучше плохо ехать, чем хорошо **идти**» означает	А	ехать легче, чем идти пешком
	Б	идти пешком приятнее, чем ехать
	В	ходить пешком полезно
9 Поговорка «Нельзя дважды **войти** в одну и ту же реку»	А	В России много рек
	Б	в жизни всё повторяется
	В	всё в жизни меняется
10 Фраза «Это к добру не **приведёт**» означает	А	это хороший поступок
	Б	всё будет хорошо
	В	это плохо кончится
11 Фраза «**Ехать** в Тулу со своим самоваром» означает	А	принести то, что уже есть
	Б	поступить неправильно
	В	быть гостеприимным
12 Фраза «Рождённый **ползать** **летать** не может» (Максим Горький[5]) означает	А	человек не умеет летать
	Б	человек с узкими взглядами не пойдёт далеко
	В	у каждого человека свой путь в жизни

Language points ♦

Тоже/также

Both тоже and также mean 'also'.
Тоже is more often used when it repeats an existing circumstance:

Он устал, и я тоже.
He is tired, and so am I.

Мой брат врач. Его жена тоже.
My brother is a doctor. His wife too.

Также should be used in the sense of 'in addition', particularly after **а, но.**

Мой брат бизнесмен, но он также музыкант.
My brother is a businessman, but he is also a musician.

Есть автобусные, а также теплоходные туры.
There are bus, and also boat trips.

Я изучаю русский язык, а также польский.
I am studying Russian and, in addition, Polish.

В летние каникулы мы много плавали, а также катались на лодке.
During the summer holiday we swam a lot and also went on a boat.

Тоже can usually be replaced by также, but not the other way round.

В этом году мы едем в Россию. Моя сестра тоже (также) едет туда.
This year we are going to Russia. My sister is also going there.

Exercise 19

Decide whether to use тоже or также.

1 Моя мать хорошо говорит по-французски, я . . . говорю неплохо. 2 Музей, а . . . парк были закрыты. 3 Мы . . . согласились с ним. 4 Почему он . . . не пришёл? 5 Мы любим путешествовать не только поездом, но . . . самолётом.

Exercise 20

Проанализируйте результаты опроса Всероссийского центра изучения общественного мнения [ВЦИОМ – public opinion research centre] «Летний отдых-2016» и ответьте на следующие вопросы, используя слова **больше, меньше, выше, ниже, дороже, дешевле, намного, ненамного, гораздо, с другой стороны.**

1 Как изменилось число [number] россиян, которые хотят остаться дома или на даче в 2016 г. по сравнению [compared to] с 2014/2015?
2 Какова основная причина [main reason] отказаться от поездок?
3 Как россияне оценивают [rate] отдых в России по сравнению с зарубежным?
4 Какое самое привлекательное место для отдыха в России?
5 Изменились ли расходы на отдых по сравнению с прошлым годом?

Где Вы собираетесь отдыхать, проводить отпуск этим летом?												
	04 г.	05 г.	06 г.	07 г.	08 г.	09 г.	10 г.	11 г.	12 г.	13 г.	14 г.	15 г.	16 г.
Дома	59	59	52	57	55	53	55	56	48	45	46	40	45
На даче	20	20	22	18	22	20	19	19	25	22	22	26	35
На Черноморском побережье Кавказа	5	7	9	8	7	10	10	8	10	10	9	10	8
В Крыму	1	1	1	2	2	1	2	2	2	2	9	7	8
За границей	2	3	3	3	5	3	5	5	8	9	6	6	3
В Прибалтике	1	1	0	1	0	0	0	0	0	1	0	0	0

Где бы Вы предпочли отдыхать, если бы у Вас была возможность выбора и необходимые средства?											
	05 г.	06 г.	07 г.	08 г.	09 г.	10 г.	11 г.	12 г.	13 г.	14 г.	15 г.	16 г.
В Крыму	11	13	10	12	11	10	10	6	10	8	27	36
На Черноморском побережье Кавказа	31	32	29	28	28	26	25	23	18	19	23	23
За границей	28	34	27	28	29	29	31	30	33	26	27	21
В другом городе, селе России	10	8	9	10	8	8	9	8	9	15	12	12
Дома	14	10	24	15	17	18	17	16	16	14	11	10
На даче, садовом участке	6	7	10	8	7	8	7	6	9	10	9	9
В Прибалтике	3	4	3	2	3	2	3	3	2	3	4	4

Если Вы или кто-то из членов Вашей семьи собирается отдыхать этим летом, то сколько денег собираетесь на это потратить на одного члена семьи?					
	2012 г.	2013 г.	2014 г.	2015 г.	2016 г.
Средняя сумма	27.220	27.636	30.651	32.810	33.653
Темп роста		2%	11%	7%	3%

Оцените, пожалуйста, по пятибалльной шкале следующие аспекты отдыха в ... Оценка "пять" - это "отлично", оценка "один" - это "очень плохо"		
	Отдых в России	Отдых за границей
Природа и климат	4,47	4,63
Возможности узнать новое, побывать в интересных местах	4,33	4,61
Наличие доступных развлечений, возможность для культурного досуга	3,99	4,51
Качество обслуживания, сервис	3,61	4,39
Комфортное проживание по доступной цене	3,54	4,34
Безопасность отдыхающих	3,80	4,30

Русские шутят

Дорогой будильник! Не звони мне больше! Между нами всё кончено! Я ухожу! В отпуск.

* * *

Друг встретил друга и спрашивает: – Ты в отпуске? – В отпуске. – Куда поедете отдыхать? – Мы с женой вечером сели, подсчитали (calculated) свой бюджет и решили, что мы не устали.

* * *

Планировать отпуск очень легко. Начальник говорит вам – когда; жена говорит – где.

Exercise 21

Translate into Russian.

1 Last year I went on a cruise along the Volga and visited many interesting Russian towns.
2 Our cabin was on the upper deck of the boat, and the view (from there) was stunning.
3 You have to arrive at the river station one hour before the boat departs.
4 I think the best way to travel around the Golden Ring is by bus or by boat. You will not see much if you go by train.

Notes

1 «Золотое кольцо» – the Golden Ring (the route on which many ancient Russian towns are situated)
2 Салтыков-Щедрин – nineteenth-century Russian writer
3 Афанасий Никитин – fifteenth-century Russian merchant adventurer
4 Б. Гребенщиков – поэт и рок-музыкант
5 А.М. Горький – русский советский писатель

4 МИГРАЦИЯ. «ДОБРО ПОЖАЛОВАТЬ!» ИЛИ «ПОСТОРОННИМ ВХОД ВОСПРЕЩЁН»?[1]

In this unit you will learn:

▶ about migration to and from Russia
▶ how to ask questions using ли
▶ about reflexive verbs
▶ how to use ordinal numbers and form dates
▶ more about the preposition в
▶ words with the root -бег/беж-
▶ -tion to -ция nouns

🎧 Dialogue (Audio 4.1)

A conversation between a journalist and a sociologist

Журналист	Увеличение потока мигрантов – острая проблема для всех развитых стран. Интересно, что Россия одна из самых привлекательных стран для мигрантов, наряду с такими странами, как США и Канада. Нужно ли России такое количество временных мигрантов (так называемых «гастарбайтеров»)? Не лучше ли использовать свои трудовые ресурсы?
Социолог	Это вопрос спорный. С одной стороны, миграция нужна для решения демографической проблемы. У

нас население не росло до 2009 года, но миграция в большой мере компенсировала эту убыль. С другой стороны, в связи с увеличением числа мигрантов в больших городах, таких как Москва и Петербург, существует много проблем.

Журналист По вашему мнению, какие проблемы стоят особенно остро?

Социолог Ну, прежде всего – экономические. Ведь ни для кого не секрет, что в Москве, например, большое количество нелегальных мигрантов. Это значит, что деньги от их труда не идут в бюджет. Кроме того, если есть дешёвая рабочая сила, нет необходимости развивать новые технологии.

Журналист В 2016 году были внесены изменения в миграционное законодательство. Помогут ли они решить проблему нелегальных иммигрантов?

Социолог Пока ещё рано говорить о серьёзном уменьшении числа нелегалов. Но процесс трудоустройства мигрантов стал сложнее. Теперь, чтобы трудоустроиться, необходимо получить патент и разрешение на работу, а также сдать экзамены по русскому языку, истории и праву. Есть и другие изменения.

Журналист Помогут ли эти меры решить социальные проблемы, такие как интеграция иммигрантов в российское общество? Не кажется ли вам, что наше общество не готово к такому резкому росту иммиграции?

Социолог К сожалению, проблемы ксенофобии и нетолерантности невозможно решить быстро. Необходимо помогать трудовым мигрантам интегрироваться в общество, чтобы избежать этнических конфликтов, особенно в таком мегаполисе, как Москва. Помощь трудовым мигрантам в интеграции должна стать частью миграционной политики России.

По материалам «Российской газеты», 2017.

Vocabulary

поток	flow
острый	acute
временный	temporary
так называемый	so called
использовать	to use
трудовые ресурсы/рабочая сила	workforce, labour
спорный	controversial
население	population
расти/вырасти	to grow
рост	growth
в большой мере	largely
убыль	decrease
внести изменения	to introduce changes
необходимость	necessity
развивать/развить	to develop
законодательство	legislation, law

трудоустроить(ся)	to employ (find employment)
право	right
избегать/избежать	to avoid
резкий рост	sharp growth

Colloquialisms and transition words ♦

известно, что	it is a well-known fact that; as we know
прежде всего	first of all
наряду с	alongside with
в связи с	in connection with
с одной стороны	on the one hand
с другой стороны	on the other hand
по вашему мнению	in your opinion
ни для кого не секрет, что	it's no secret that

Exercise 1

Ответьте на вопросы.

1 Почему трудно ответить на вопрос, нужно ли увеличивать миграцию?
2 Каковы основные проблемы, связанные с трудовой миграцией?
3 Какие изменения были внесены в миграционное законодательство?
4 Как эти изменения могут помочь решению проблем с трудовыми мигрантами?

Exercise 2

Найдите в диалоге существительные, образованные от следующих глаголов.
Find nouns in the text formed from the following verbs.

1 решать/решить
2 убывать
3 увеличить
4 уменьшать/уменьшить
5 изменять/изменить

6 трудоустроить
7 расти
8 помогать/помочь
9 интегрировать

Exercise 3

Найдите в диалоге слова, которые подходят следующим определениям.
Find words in the text that fit the following definitions.

1 страна, в которую хотят приехать
2 трудовой иммигрант
3 рабочая сила
4 вопрос, вызывающий споры
5 сокращение/уменьшение населения
6 незаконные мигранты
7 найти работу
8 пройти тесты
9 вхождение в общество
10 быстрое увеличение
11 боязнь людей другой национальности
12 нежелание терпеть других
13 нужно, надо
14 гигантский город

Exercise 4

А Придумайте пять дополнительных вопросов, которые вы хотели бы задать эксперту-социологу.

1
2
3
4
5

Б Работа в парах

Задайте эти вопросы вашему партнеру, который будет играть роль эксперта-социолога.

Exercise 5

Проанализируйте график результатов опроса об отношении россиян к иммиграции и ответьте на вопросы.

Analyse the diagram of the results of the survey about the attitude of Russians to immigration and answer the questions.

Сторонники и противники иммиграции

— Ограничить поток иммигрантов

-- Не ограничивать иммиграцию

···· Затруднились ответить

По данным «Левада-центра», апрель 2017 года

1 Как вы думаете, какой вопрос социологи задавали респондентам?
2 Как в целом менялось отношение россиян к иммигрантам за 15 лет?
3 Как вы думаете, почему пик негативного отношения к мигрантам пришёлся на 2013 год?
4 Как изменилось отношение россиян к иммиграции за последний год? Как вы думаете, почему?

Language points ♦

Use of ли

Note the use of the particle **ли** to frame questions in the dialogue:

> Нужно ли России такое количество мигрантов?
> Does Russia need so many migrants?

The key word, usually the verb, is moved to the beginning of the sentence, followed by **ли**. Contrast the affirmative statement: **России нужно такое количество мигрантов.** Frequently such questions are asked in the negative:

> Не кажется ли вам, что наше общество не готово к такому резкому росту иммиграции?
> Don't you think our society is not ready for the sharp rise in immigration?

Contrast:

> Мне кажется, что наше общество не готово к такому резкому росту иммиграции.

The key word in a sentence is not always a verb:

Не лучше ли использовать свои трудовые ресурсы?
Would it not be better to use our own workforce?

Exercise 6

Convert the following statements into questions using the particle ли.

1 Проблема эмигрантов не касается России. 2 Я не думаю, что он прав. 3 Люди не уезжают по экономическим мотивам. 4 Она не едет со мной. 5 Существует проблема трудоустройства беженцев. 6 Он рассказал мне о поездке в Россию. 7 Все мигранты едут в Москву.

Text 1

«Там хорошо, где нас нет»
Эмиграция и иммиграция

Долгое время эмиграция из СССР и России была под запретом. Во второй половине 1980-х годов советские граждане получили право свободного выезда, и миграция между Россией и странами дальнего зарубежья усилилась. Резко увеличился выезд населения на постоянное место жительства в другие страны. Направления эмиграции в восьмидесятые годы зависели от национальности. Уезжали те, у кого были родственники в США, Израиле, Германии, часто по причинам национальной дискриминации. Позднее, в 90-е годы появилась новая тенденция: больше стали уезжать русские, как правило, по экономическим мотивам. Это – так называемая «четвёртая волна» русской эмиграции.

После распада СССР продолжается рост эмиграции. В настоящее время более 1,5 миллиона высококвалифицированных российских специалистов работают за рубежом. Причем в последние годы темпы эмиграции резко выросли. По данным «Росстата»[2] в 2015 году из страны уехали 353 тысячи человек. Массовый выезд квалифицированных специалистов, ученых и бизнесменов наносит стране огромный ущерб. Так называемая «утечка мозгов» волнует страну. Многие эксперты считают, что эта проблема может стать со временем угрозой номер один для России. Однако, по данным опроса, проведенного «Левада-Центром», желающих уехать из страны в последние годы стало меньше (только 15% в 2017 г. по сравнению с 22% в 2013 г.)

Распад СССР вызвал другой вид миграции: иммиграцию населения. Возникло новое явление – беженство. Россия принимает много беженцев из СНГ[3] (бывших республик СССР). Многие бегут от войны и национальных конфликтов. Появилась проблема их жилья и трудоустройства. Большинство беженцев – русские. В результате конфликта в Украине была принята программа переселения в Россию этнических русских. В основном это временные переселенцы.

Иммиграция иностранных граждан из ближнего зарубежья[4] растёт с каждым годом. Особенно это заметно на восточных границах России. Например, в областях на границах с Казахстаном быстро растёт число казахов. В 2015 году 25,6 тысяч казахов уехало в Россию.

На Дальнем Востоке вдоль границы с Китаем число китайцев близко к численности российских граждан. В регионе существует серьезная проблема с недостатком рабочей силы, и российское правительство привлекает на работу китайских мигрантов. По информации Московского центра Карнеги, в 1977 году в России находилось всего 250 тысяч китайцев, а сейчас их количество выросло до двух миллионов человек, что сравнимо с населением большого города. Существует мнение, что через 20–30 лет китайцы будут доминировать на Дальнем Востоке и станут самой многочисленной этнической группой.

В европейской части страны самыми привлекательными для мигрантов являются Москва и Московская область, а также Петербург.

По материалам журнала «Итоги» (закрыт с 2014 г.) и «Российской газеты», 2017.

Vocabulary

под запретом	banned
гражданин	citizen
усиливать(ся)/усилить(ся)	to intensify
увеличивать(ся)/усилить(ся)	to increase
постоянное место жительства (ПМЖ)	permanent residence
направление	direction
причина	reason
волна	wave
волновать(ся)	to worry
наносить/нанести ущерб	to damage
утечка мозгов	brain drain
угроза	threat
желающий	wishing
переселение	resettlement
переселенец	migrant
в основном	mainly
беженец, беженство	refugee, refugee problem
принимать/принять	to take, to accept
явление	phenomenon
жильё	accommodation
заметный	noticeable
недостаток	shortage, disadvantage
по сравнению	compared to

Exercise 7

Answer the following questions in English.

1 When did the problem of migration arise in Russia?
2 Why did the majority of emigrants go to the USA, Israel or Germany?
3 Why is emigration damaging the Russian economy?
4 Who are the Russian refugees referred to in the passage?
5 What regions of Russia do most immigrants go to and why?

Exercise 8

Правильно или неправильно? Обоснуйте ваш ответ.

1 Советские люди всегда имели право свободного выезда.
2 Дальний Восток не привлекает иммигрантов.

3 Рост числа иммигрантов – большая угроза для России.
4 В основном, переселенцы из Украины – этнические украинцы.
5 Большинство иммигрантов в России из дальнего зарубежья.
6 Большинство россиян эмигрируют по политическим мотивам.

Exercise 9

Найдите в тексте существительные, образованные от следующих глаголов.
    Find nouns in the text formed from the following verbs.

1 эмигрировать
2 населять
3 переселять
4 угрожать
5 выезжать
6 бежать
7 граничить
8 запрещать
9 жить

Exercise 10

Найдите в тексте антонимы к следующим словам.

1 уменьшаться
2 падать
3 въезд
4 приехать
5 дальнее зарубежье
6 Ближний Восток
7 приносить пользу
8 постоянный
9 в прошлом
10 малочисленные

Exercise 11

А Выберите правильный ответ.

Б Придумайте ситуации, где бы вы могли использовать эти фразы и поговорки.

Там хорошо, где нас нет.	Так говорят перед путешествием.
В гостях хорошо, а дома лучше.	Так говорят, когда кто-то уезжает.
Добро пожаловать!	Так говорят, когда кого-то встречают после путешествия.
Посторонним вход воспрещён!	Так говорят, когда кто-то приходит или приезжает в гости.
Счастливого пути!	Это значит, сюда нельзя заходить.
С приездом!	Это значит, нам кажется, что в другом месте/стране лучше жить.
Посидим на дорогу!	Это значит, когда ты едешь один, тебе скучно.
Одному ехать – и дорога долга.	Так говорят о месте или ситуации, которую нельзя избежать.
Все дороги ведут в Рим.	Это значит, если спрашивать дорогу, всегда дойдёшь до места.
Язык до Киева доведет.	Так говорят, когда возвращаются домой после путешествия.
«Поехали!»	Так сказал Президент Путин на встрече со школьниками – победителями Всероссийского конкурса сочинений.
«Если мозги утекают, значит, они есть. Уже хорошо.»	Это слово сказал первый космонавт Юрий Гагарин во время старта первого пилотируемого космического корабля «Восток» 12 апреля 1961 года.

Language points ♦

Most English nouns ending in -**tion** are transformed into Russian replacing -**tion** with -**ция**:

migration – **миграция**

The majority of such nouns form the adjectives with the – **ционный** ending:

миграция – миграционный

Exercise 12

А Переведите следующие слова на русский язык и образуйте от них прилагательные
Translate the following words into Russian and form adjectives from them:

immigration	иммиграция	иммиграционный
information		
registration		
innovation		
agitation (propaganda)		
sanction		
tradition		
constitution		
organisation		
corruption		
opposition		

Б Составьте возможные словосочетания со следующими существительными.
Form meaningful word combinations with the following nouns.

Пример: **миграционная политика**

служба [service], агентство, технологии, плакат [slogan], система, кампания [campaign], программа, закон, адвокат, меры, продукты, список [list], центр, контроль, номер, политика, партии, права, структура, бланк [form], скандал

В Составьте предложения с вашими словосочетаниями.

Form sentences with your word combinations.

Пример: Начался новый этап миграционной политики.

Language points ♦

Words with the root -бег/беж-

бегать/бежать	to run
бежать	to flee
бег	running, jogging
беженство	refugee problem
беженец	refugee
убежище	refuge
бегство	escape
избегать/избежать	to avoid
прибегать/прибегнуть	to resort

Exercise 13

Вставьте пропущенные слова.
Fill in the gaps with the words from the above list.

В 2000-ом году сотрудник ФСБ Александр Литвиненко . . . в Великобританию, где попросил политическое . . . После . . . из России Литвиненко жил в Лондоне. В 2006-ом году он был отравлен полонием. Убийцам (murderers) удалось . . . наказания (punishment). Криминальные структуры всё чаще . . . к убийствам.

Language points ♦

Words with the root –гран

граница	border
заграничный	foreign
ограничить	to limit
за границей	abroad
граничить	to border
пограничник	border guard

Exercise 14

Вставьте пропущенные слова.

1 Многие россияне хотят проводить отпуск . . . 2 По результатам опроса, всё больше россиян хотят . . . иммиграцию. 3 С какими странами . . . Россия? 4. . . охраняют . . .

Language points ♦

Reflexive verbs

Reflexive verbs are easily recognised by -ся which is added after the verb ending. This ending changes to -сь after a vowel, although not after ь or й. In the strictest sense, a verb is only reflexive if the subject of the verb is performing the action of the verb on itself:

Мать одевает ребёнка.
The mother dresses the child.

Ребёнок одевается.
The child gets dressed (dresses itself).

Many intransitive verbs (*not taking a direct object*) end in -ся, in contrast with transitive (*taking a direct object*) verbs of the same meaning without -ся:

Дверь закрылась.
The door closed.

Он закрыл дверь.
He closed the door.

Although in English the transitive and intransitive verbs are often the same, in Russian they are always differentiated, commonly by the reflexive ending. There are a large number of examples of reflexive verbs used intransitively in the dialogue and text about migration:

Массовая эмиграция начнётся.
Mass emigration will begin.

Ситуация будет продолжаться.
The situation will continue.

Число уменьшается.
The number is falling.

Contrast the transitive use of these verbs when they are without the reflexive ending:

Он начнёт работу.
He will begin work.

Нежелательно продолжать эту ситуацию.
It is undesirable to continue this situation.

уменьшить число иммигрантов
to reduce the number of immigrants

Only the transitive verb may be followed by the infinitive:

продолжать работать	to continue working
начинать читать	to start reading

Other common transitive/intransitive pairs are:

кончать/кончаться	to finish
превращать/превращаться	to turn
распространять/распространяться	to spread
собирать/собираться	to gather
увеличивать/увеличиваться	to increase
сокращать/сокращаться	to reduce

Sometimes the transitive and intransitive verbs are differentiated in English as well: **повышать** 'to raise'; **повышаться** 'to rise'.
Intransitive verbs may be used with a passive meaning:

Границы плохо охраняются.
Borders are badly protected.

Границы будут укрепляться.
The borders will be strengthened.

Contrast:

Россия плохо охраняет границы.
Russia protects her borders badly.

Россия будет укреплять границы.
Russia will strengthen her borders.

The reflexive is an alternative to the third person plural as a way of expressing the passive:

В Европе плохо охраняют границы.
Borders are badly protected in Europe.

Миграция населения усиливается.
Migration of population intensifies.

Some reflexive verbs indicate reciprocal actions:

Они поцеловались.
They kissed (one another).

Not all verbs ending in **-ся** have an obvious reflexive or passive meaning: **становиться** 'to become'; **стараться** 'to try'.

Exercise 15

Select the appropriate verb.

1 Беженцы (начали/начались) прибывать в Россию в 90-е годы. 2 Дверь (открыла/открылась). 3 Лекция (кончает/кончается) в 4 часа. 4 За последние дни Президент Путин (улучшил/ улучшился) свой рейтинг. 5 Число иммигрантов всё время (увеличивает/увеличивается). 6 Правительство (сократило/ сократилось) расходы на образование. 7 Уровень жизни (повысил/повысился). 8 Дискуссия (продолжает/продолжается). 9 Каждый вечер студенты (собирают/собираются) в клубе. 10 Он (кончил/кончился) говорить.

Language points ♦

Ordinal numerals

Ordinal numerals are adjectives which agree with the noun they describe. Only the last element of a compound ordinal numeral is an adjective, and it is the only element which changes its ending. Earlier elements are cardinal numbers: **на двадцать четвёртом месте** ' in twenty-fourth place'. All ordinal numerals decline as regular hard adjectives, with the exception of **третий,** whose declension is in the Grammar Reference.

Dates

The following examples show how ordinal numbers are used to express dates in Russian:

первое мая	the 1st of May
первого мая	on the 1st of May
двухтысячный год	the year 2000
в две тысячи четырнадцатом году	in 2014
к две тысячи двадцатому году	by 2020
первого мая двухтысячного года	on the 1st of May 2000
закон от двадцатого мая	law of the 20th May
в двадцатом веке/столетии	in the twentieth century
в девяностые годы	in the 1990s

It is also possible to use в + prepositional with years in the plural:

в девяностых годах
in the 1990s

в середине девяностых годов
in the mid-1990s

Note this use of **годов** as the genitive plural of **год**. In other contexts **лет** is always used.

Other useful phrases relating to dates:

в каком году?	in what year?
какого числа?	on what date?

Exercise 16

Answer the following questions.

1   Какое сегодня число?

Сегодня (1st May, 7th November, 25th December, 23rd February, 30th October, 4th August)

2   В каком году?

Революция в России произошла in 1917. Перестройка в СССР началась in 1985. СССР распался in 1991. In 2000 праздновали начало нового тысячелетия. Кто знает, что случится in 2025. Сталин умер in 1953.

3 Какого числа и какого года?

Великая отечественная война началась on 22nd June 1941.
On 19th of August 1991 в России произошёл путч. Пушкин
родился on 1st June 1799. Первый спутник был запущен on
12th April 1961.

Language points ♦

Preposition corner

The preposition в

Expressions of place

We have seen how frequently в + accusative is used after verbs of
motion indicating arrival or entry. It translates 'to, into' when followed
by most countries, towns, geographical regions, buildings, receptacles.

в Америку, Москву, пустыню, школу
to America, Moscow, the desert, school

в бутылку, ящик
into the bottle, the drawer

The exceptions are those nouns normally preceded by на, which were
listed in Unit 2.

в + prepositional is used with the same nouns as take в + accusative, but to indicate 'in, inside':

в Америке, Москве, пустыне, школе
in America, Moscow, the desert, at school

в бутылке, ящике
inside a bottle, drawer

Expressions of time

в + accusative is also used in many *expressions of time:*

в какой день?
on what day?

в понедельник, во вторник etc.
on Monday, Tuesday etc.

в первый день
on the first day (but remember на другой день 'the next day')

в первый раз
for the first time

два раза в день
twice a day

за + accusative is used to express the time taken to complete an action.
в два часа 'at 2 o'clock'; за два часа 'in two hours'

в Новый Год	at New Year
в хорошую погоду	in good weather
в советские времена	in Soviet times
в старину	in olden times

в первую, последнюю неделю
in the first, last week (but remember на этой, прошлой, будущей неделе)

в первую очередь
in the first place (but на очереди 'in turn')

Note also:

длиной в четыре метра	four metres long
шириной в пять метров	five metres wide
в два раза больше	twice as big

Verbs followed by в + accusative:

бросать/бросить в
to throw at

верить/по- в
to believe in

вступать/вступить в партию
to join (the party)

играть/сыграть в теннис, футбол
to play tennis, football

поступать/поступить в университет
to enter (university)

превращаться/превратиться в
to turn into

смотреть/по- в окно, зеркало
to look out of the window, in the mirror

стрелять/выстрелить в   to shoot at
стучать/по- в дверь   to knock at the door

в + prepositional is also used in certain *expressions of time:*

в каком месяце?
in what month?

в январе, феврале etc.
in January, February etc.

в этом, прошлом, будущем году
during this, the past, the next year

Note that when год is preceded by other adjectives в + accusative is used: в первый/последний год 'in the first/last year'.

в этом, двадцатом веке
in this, the 20th century (but note в средние века 'in the middle ages')

в прошлом, настоящем, будущем
in the past, present, future

в детстве, молодости, старости
in childhood, youth, old age

в возрасте десяти лет
at the age of ten

в начале, в середине, в конце
at the beginning, in the middle, at the end

Note also:

в хорошем настроении   in a good mood
в пяти действиях   in five acts
в том числе   including

Verbs followed by **в** + prepositional:

нуждаться в	to need
обвинять/обвинить в	to accuse of
ошибаться/ошибиться в	to be mistaken in
признаваться/признаться в	to admit, confess to
сомневаться в	to doubt
убеждаться/убедиться в	to be convinced of
участвовать в	to participate in

Exercise 17

Put the words in brackets into the accusative or prepositional, as appropriate.

1 Он приедет в (среда). 2 В (ноябрь) пошёл снег. 3 В (плохая погода) не стоит выходить. 4 В (начало) войны мы жили в Москве. 5 Были ли иммигранты в России в (девятнадцатый век)? 6 В (последний год) войны мы жили в Саратове. 7 В (прошлый год) мы переехали в Санкт Петербург. 8 В (первая неделя) марта они уехали в Лондон. 9 Три раза в (день). 10 В (Средние века) не было иммигрантов. 11 В (двадцатые годы) семья эмигрировала в Америку.

Exercise 18

Complete the following sentences by using **в** or **на**, as appropriate.

1 Они поехали (в/на) восток. 2 Нам нужна комната (в/на) двоих. 3 (В/На) первый день поездки она заболела. 4 (В/На) другой день он почувствовал себя плохо. 5 Они вышли (в/на) улицу. 6 Мы заказали тур (в/на) 10 дней. 7 Мы долго ждали (в/на) вокзале. 8 Он положил чек (в/на) ящик. 9 Они живут (в/на) острове Мальта.

Exercise 19

Decide which case to use, accusative or prepositional.

1 Многие студенты играют в (волейбол). 2 Спортсмены участвуют в (турнир). 3 Я постучал в (дверь), но никто не

ответил. 4 Я сомневаюсь в (её искренность). 5 Мой сын поступил в (университет). 6 Я больше не верю в (коммунизм). 7 Мы так нуждаемся в (деньги). 8 Его обвинили в (коррупция). 9 Весь день она смотрит в (зеркало). 10 Он вступил в (партия) ещё молодым.

Русские шутят

Эмигрант из СССР приехал на Запад и даёт интервью о жизни в Советском Союзе. [жаловаться/пожаловаться – to complain]

–Товары [goods] есть в магазинах?
–Нельзя пожаловаться.
–А как цены?
–Нельзя пожаловаться.
–А как вообще жизнь?
–Нельзя пожаловаться.
–Тогда зачем вы сюда приехали?
–Здесь я могу пожаловаться.

Exercise 20

Translate into Russian.

1 As we know, Russia is one of the most attractive countries for immigrants, alongside such countries as the USA and Canada.
2 Thousands of refugees from 'the near abroad' emigrate to Russia. Many are fleeing ethnic conflict.
3 In the Far East there is a serious problem with labour shortages.
4 Emigration does a lot of harm to the Russian economy since it is mostly highly trained specialists who leave the country.
5 How many migrants came to Russia after the collapse of the USSR?
6 Would it not be better to use our own workforce?

Notes

1 «Добро пожаловать! или Посторонним вход воспрещён» – советский кинофильм
2 Росстат (Федеральная служба статистики) – statistics agency

3 СНГ (Содружество Независимых Государств) – CIS (Commonwealth of Independent States) consisting of all former republics except the Baltic Republics of Latvia, Lithuania and Estonia

4 ближнее зарубежье – 'the near abroad': former republics of the USSR, now the independent states of Украина, Белоруссия, Молдавия, Казахстан, Узбекистан, Таджикистан, Киргизстан, Туркменистан, Грузия, Армения, Азербайджан, Латвия, Эстония, Литва; дальнее зарубежье – 'the far abroad', all other foreign countries

5   О СПОРТ, ТЫ – МИР!

Вечное движение – это спорт.

Пьер де Кубертен

In this unit you will learn:

- about politicising sport in Russia
- the sports facilities available
- how to use **который** to introduce clauses
- about superlatives
- more about the prepositions **с, от** and **из**
- about verbs with the dative

Dialogue (Audio 5.1)

From an interview with a fitness instructor

В здоровом теле здоровый дух

КОРРЕСПОНДЕНТ   Сегодня все хотят стать членами спортивного клуба. Всем известно, что это важно для здоровья.

ТРЕНЕР   Я совершенно согласна! Необходимо вести здоровый образ жизни. В современном обществе много стрессовых ситуаций и на работе, и в семье, не говоря уже об информационном стрессе.

КОРРЕСПОНДЕНТ   Как же можно снять стресс в вашем фитнес-центре?

ТРЕНЕР   Способы разные. Например, можно заниматься фитнесом в тренажёрном зале, который оснащён новейшей спортивной техникой. Занятия на

	тренажёрах очень популярны. Есть залы для аэробики, залы для игры в теннис, сквош.
КОРРЕСПОНДЕНТ	Я слышал, что у вас замечательный бассейн для плавания?
ТРЕНЕР	Да, бассейн у нас отличный. Мы используем его не только для занятий плаванием. Здесь также проводятся занятия по акваэробике.
КОРРЕСПОНДЕНТ	А что такое акваэробика?
ТРЕНЕР	Акваэробика сейчас популярный вид спортивных тренировок. Плавать всегда приятно, а двигаться в воде под музыку вообще очень весело и легко. Кроме того, на эти упражнения уходит гораздо больше энергии. Вот почему гимнастика в воде намного более эффективна, чем «на суше». Акваэробика подходит людям любого возраста.
КОРРЕСПОНДЕНТ	Значит, в вашем клубе может заниматься спортом любой человек. Не обязательно быть профессиональным спортсменом.
ТРЕНЕР	Конечно же, нет. Очень важно привлекать всех к спорту. У нас работают опытные инструкторы и персональные тренеры, которые разрабатывают для вас программу занятий.
КОРРЕСПОНДЕНТ	А как можно стать членом вашего клуба?
ТРЕНЕР	Для этого удобнее всего приобрести клубную карту. Главное преимущество клубной карты – право свободного посещения классов аэробики, бассейна, тренажёрного зала.
КОРРЕСПОНДЕНТ	Я слышал, что в Москве открываются первые бюджетные фитнес залы, где можно приобрести абонемент по более дешёвой цене. Каково ваше отношение к таким клубам?
ТРЕНЕР	Да, действительно, это новое направление в фитнес-бизнесе. Такие спортзалы открываются в торговых центрах, у метро. Записаться в такой клуб можно только через Интернет. Главный их недостаток – это то, что там нет инструкторов.

По материалам «Российской газеты», 2016.

Vocabulary

член	member
вести здоровый образ жизни (ЗОЖ)	to live a healthy lifestyle
современный	modern
способ снять стресс	means to relieve stress
оснащён	equipped
занятие плаванием	swimming lesson
опытный	experienced
разработать	to work out
приобретать/приобрести	to purchase, to acquire
преимущество	advantage
свободное посещение	free attendance
тренажёр	fitness equipment
записаться	to sign up
отношение	attitude
отношения (*pl*)	relations

Colloquialisms and transition words ♦

в здоровом теле здоровый дух	a sound mind in a sound body
совершенно согласен	I fully agree
и . . . и	both
не говоря уже о(б)	let alone

же	adds emphasis to what is being said – then
вообще	generally
вот почему	this is why
то, что	the fact that
Каково ваше отношение к . . .?	What is your attitude to. . .?

Exercise 1

Закончите предложения, используя слова из диалога.

1 Все знают, что необходимо вести . . .
2 Сегодня все хотят стать членами . . .
3 Есть разные способы . . .
4 Персональные тренеры разработают для вас . . .
5 Гимнастика в воде намного более эффективна, чем . . .
6 Аквааэробика подходит . . .
7 В фитнес центрах работают опытные . . .
8 Клубная карта даёт право . . .
9 В Москве открываются первые . . .
10 В бюджетных фитнес залах можно . . .
11 Главный недостаток бюджетных фитнес клубов – это то, что . . .

Exercise 2

Найдите в диалоге:

А слова, которые подходят следующим определениям

    дать отдых нервной системе, расслабиться
    аппарат для занятия фитнесом
    спортивный инструктор
    ЗОЖ

Б синонимы

    спортивный зал
    фитнесс клуб
    купить или достать
    зарегистрироваться
    необходимо

подготовить
недорогой (2)
новый тренд

Exercise 3

Look at the advertisement for the "Volna" fitness club and answer the questions in English.

ФИТНЕС-КЛУБ «ВОЛНА»

ВОЛНА

Сильный гражданин — сильное государство!
Спортивный бассейн (25м) с постоянным обновлением и фильтрацией воды,
тренажерный зал, оснащенный оборудованием компании «Life Fitness»,
а также кардио–зона и салон красоты.

Аэробные классы:
- **BASIC STEP** — введение в степ-аэробику.
- **STEP** — кардиотренинг с использованием степ-платформы
- **CYCLE*** — аэробная тренировка на специальных тренажерах, имитирующая езду на велосипеде.

Силовые классы:
- **PUMP** — Рекомендуется для подготовленных. Рекомендуется для мужчин.
- **SUPER STRONG** — силовой класс для тренировки всех групп мышц с использованием оборудования.

Аэробно-силовые классы:
- **FUNCTIONAL** — тренировка силы, баланса, координации.
- **INTERVAL** — урок с чередованием аэробной и силовой работы.
- **КРУГОВАЯ ТРЕНИРОВКА** — поэтапная проработка всех групп мышц.

Специальные классы:
- **ЗДОРОВАЯ СПИНА*** — урок, направленный на улучшение осанки.
- **PILATES** — специфические комплексные силовые упражнения.
- **YOGA 90"** — адаптированная программа, направленная на развитие гибкости, силы и координации движений, а также нормализацию психоэмоционального состояния, 90 мин.

Танцевальные классы:
- **GO-GO** — урок клубных танцев для любого уровня подготовленности
- **VOGUE STYLE** — танцевальный класс с использованием хореографии современных танцевальных стилей.
- **POLE DANCE*** — на пилонах, сочетая элементы хореографии, спортивной гимнастики, акробатики. Продолжительность всех уроков 55 мин.

АКВАФИТНЕС
- **AQUA NOODLES** — сочетание аэробной и силовой тренировки.
- **AQUA** — Комплекс упражнений, выполняемых в неглубокой и глубокой воде под музыку. Продолжительность 45 мин.

* уроки не входят в клубную карту, и оплачиваются отдельно!

Клубные карты:
*Индивидуальная карта ● Юниорская ● Студенческая
Детская ● Элит карта ● Корпоративный контракт
Лучшее предложение на клубные карты!
Скидка до 20% + 3 месяца в подарок*

Корпоративный контракт — это контракт для 10 и более сотрудников одной компании.
Корпоративный фитнес – Ваш путь к физическому здоровью, эмоциональному комфорту Ваших сотрудников.
Мотивировать персонал, лучше узнать коллег поможет посещение спортивных клубов сети «Волна»!
Ждем вас в клубе!

Внимание! С 8 по 14 июня бассейн будет закрыт на профилактические работы.
Приносим свои извинения за неудобства.

1 What is the club's slogan?
2 What does the advertisement say about the club pool?
3 What types of training are on offer?
4 What are the different kinds of club cards offered?
5 What is a "company contract"?
6 What discounts does the club offer?

Vocabulary

осанка	posture
гибкость	flexibility
силовые классы	weight training lessons
мышца	muscle
скидка	discount
неудобства	inconveniences

Exercise 4

A Придумайте пять вопросов к менеджеру фитнес-клуба «Волна».

1	
2	
3	
4	
5	

B Работа в парах. Задайте эти вопросы вашему партнеру, который будет играть роль менеджера.

Exercise 5

Как вы понимаете смысл этого плаката?

Text 1

Спорт вне политики?
«Спорта.нет»

ВСЕ МИРОВЫЕ РЕКОРДЫ ДОЛЖНЫ БЫТЬ НАШИМИ!

Все спортсмены и болельщики согласны с утверждением, что нельзя использовать спорт в политической борьбе. Но, на самом деле, может ли спорт быть вне политики? Мы можем жаловаться на политизацию спорта, но без политики, к сожалению, спорта нет и никогда не было. Достаточно вспомнить слова Президента США Дж. Кеннеди: «Престиж нации – это полёт на Луну и золотые олимпийские медали».

Во время холодной войны спорт должен был демонстрировать преимущества социалистического образа жизни над капиталистическим. Спортивный антагонизм СССР и США достиг самой высокой точки на Олимпиаде-1980 в Москве, когда США и более 60 западных стран бойкотировали Олимпиаду из-за ввода советских войск в Афганистан. В ответ многие страны Варшавского договора не поехали на Олимпиаду в Лос-Анджелесе в 1984 г.

После окончания холодной войны и распада социалистической системы некоторое время казалось, что отношения между Россией и Западом улучшились и что политика уйдёт из Олимпиад. Но это была только иллюзия. Как и раньше, для США и России спорт остаётся инструментом «мягкой силы», который активно используется государствами в геополитической борьбе. Более того, спортивный брендинг – популярный способ создания международного имиджа страны и укрепления ее авторитета. Крупные международные спортивные мероприятия привлекают зарубежные инвестиции, иностранных специалистов, большой поток туристов.

Благодаря зимней Олимпиаде 2014 года, Сочи стал городом с современной инфраструктурой. Сейчас в Сочи на объектах Олимпиады проводятся крупнейшие международные соревнования, и в дальнейшем столица Игр-2014 будет не только одним из главных центров зимних видов спорта в России, но и местом проведения гонок «Формулы-1» и чемпионата мира по футболу в 2018 г.

С момента подготовки к зимней Олимпиаде-2014 в Сочи, победы на мировых спортивных аренах стали неотъемлемой частью государственной политики Президента Путина. Недаром в Государственной думе среди депутатов есть бывшие спортсмены-чемпионы, которые вошли в политику на волне своей популярности. Достаточно назвать таких, как олимпийская чемпионка по художественной гимнастике Алина Кабаева и двенадцатый чемпион мира по шахматам Анатолий Карпов. А вот его бывший соперник, который выиграл матч с Карповым в 1985 году и стал тринадцатым чемпионом мира, величайший шахматист в истории, Гарри Каспаров – стал одним из лидеров политической оппозиции.

Пьер де Кубертен, создатель современных Олимпийских Игр, внёс в Олимпийскую хартию принцип, по которому в олимпийском движении «не допускается никакой дискриминации по расовым, религиозным или политическим мотивам». Многие любители спорта считают, что этот принцип нарушен по отношению к России. По их мнению, «борьба с допингом» стала способом не только нейтрализовать конкурентов в спорте, но и наносить политические удары по оппонентам. Бесспорно, такие скандалы наносят ущерб олимпийскому движению.

По материалам «Независимой газеты», газет «Спорт-экспресс» и «Аргументы и факты», 2016/2017.

Дзюдо по-японски - « мягкий путь ».

Не важно, кто крутит.
Важно, кто рулит.

Vocabulary

вне политики	above politics
болельщик	sports fan
утверждение	claim
борьба	struggle, wrestling
достигать/достигнуть	to achieve
укрепление	strengthening
мероприятие	event
победа	victory
неотъемлемая часть	integral part
художественная гимнастика	rhythmic gymnastics
выиграть	to win
соперник	opponent
объект	venue
соревнование	competition
проведение	organising, holding
гонки (pl)	race
не допускается	is unacceptable
нарушать/нарушить	to violate
конкурент	competitor
удар	blow

Colloquialisms and transition words ♦

на самом деле	in reality
достаточно вспомнить/назвать	suffice it to recall/name
как и раньше	as before
более того	moreover
недаром	not without reason
благодаря	thanks to, due to
не только . . . но и	not only . . . but also
по отношению к	in relation to
бесспорно	undoubtedly, indisputably

Exercise 6

Answer the following questions in English.

1 How is sport used in international relations?
2 When and how did the antagonism in sport reach its climax?
3 How did Sochi, host of the Winter Olympics-2014, change after the Games?
4 What examples of using sport by Russia's government can you give?
5 How is the "doping scandal" viewed in Russia?
6 Explain the fun URL "спорта.нет".

Exercise 7

Правильно или неправильно? Обоснуйте ваш ответ.

1 После окончания холодной войны спорт перестал быть политизированным.
2 В городе Сочи, столице Олимпиады-2014, олимпийские объекты и инфраструктура больше не используются.
3 Спорт – неотъемлемая часть государственной политики России и других стран.
4 Борьба с допингом – один из способов давления [pressure] на Россию.
5 Санкции и бойкот в спорте – элементы «мягкой силы» в политической борьбе.

Exercise 8

Найдите в тексте существительные, образованные от следующих глаголов.

1 утверждать
2 болеть
3 окончить
4 укрепить
5 бороться
6 двигать
7 победить
8 создать (2)
9 любить

Exercise 9

A Составьте возможные словосочетания со следующими прилагательными и существительными.

Form meaningful word combinations with the following adjectives and nouns.

Пример: спортивная гимнастика

спортивный	олимпиада
олимпийский	объект
неотъемлемый	движение
зимний	мероприятие
международный	часть
политический	соревнования
современный	чемпион
бывший	борьба
художественный	соперник
государственный	гимнастика
популярный	удар

сильный	конкурент
величайший	шахматист
мягкий	сила

Б Составьте предложения с вашими словосочетаниями.

Exercise 10

Найдите в тексте:

А синонимы

1 репутация
2 кульминация
3 объявить бойкот
4 падение, развал
5 публичная дипломатия
6 усиление
7 значение, уважение
8 любитель спорта
9 показывать
10 способ жить
11 большой
12 неотделимый
13 организатор
14 категорически нельзя
15 оппонент
16 безусловно

Б антонимы

1 политизированный
2 недостаток
3 старомодный
4 ослабление (2)
5 проиграть
6 начало
7 военная сила
8 профессионал
9 помогать
10 партнёр

Language points ♦

Который

There are a number of examples in the text of the way in which **который** is used. Meaning 'which, that, who/whom', **который** is a relative pronoun used to introduce adjectival clauses. It declines like a hard adjective. The number and gender of **который** are determined by the noun to which it refers and the case by its role in the adjectival clause:

> **Среди депутатов есть бывшие спортсмены-чемпионы, которые вошли в политику на волне своей популярности.**

Among the MPs there are sports champions who entered politics at the height of their popularity.

In this example **которые** is plural to agree with **спортсмены** and nominative because it is the subject of **вошли**.

> **Пьер де Кубертен внёс в Олимпийскую хартию принцип, по которому в олимпийском движении не допускается дискриминация.**

Pierre de Coubertin introduced into the Olympic Charter the principle according to which discrimination in the Olympic movement is unacceptable.

Here **которому** is masculine singular to agree with **принцип** and dative after **по**.

Note that adjectival clauses are introduced by **кто** 'who/whom' or **что** 'which, that', not **который**, if they refer back to a pronoun:

те, о ком идёт речь	those of whom we speak
всё, что знаю	everything that I know

Exercise 11

Insert the relative pronoun **который** in the correct form.

1 В Москве много людей, . . . занимаются спортом. 2 Он живёт в маленьком городе, . . . нет даже на карте. 3 После матча мы пошли к друзьям, . . . не было сегодня на стадионе. 4 Сочи – город, в . . . проходила Олимпиада-2014. 5 В Москве есть много спортивных клубов, в . . . можно заниматься спортом.

6 Сегодня на фестивале выступают спортсмены, с . . . мы хотим познакомиться. 7 Спорт – лучшее средство против стресса, о . . . много говорят в обществе. 8 Фитнес-клуб «Волна», . . . только 3 года, очень популярен среди молодёжи.

Language points ♦

Superlatives

The most straightforward way of expressing superlatives in Russian is by putting **самый** before the adjective. **Самый,** which is a hard adjective, is in exactly the same number, gender and case as the adjective it describes.

Спортивный антагонизм достиг самой высокой точки на Олимпиаде-1980.
Antagonism in sport reached its highest point at the 1980 Olympics.

The eight adjectives with one-word comparatives, referred to in Unit 2, form their superlatives variously:

	Comparative	*Superlative*
большой	больший	самый большой
маленький	меньший	самый маленький
плохой	худший	самый худший or худший
хороший	лучший	самый лучший or лучший
высокий	более высокий высший	самый высокий/высший (figurative use)
низкий	более низкий низший	самый низкий/низший (figurative use)
молодой	более молодой младший	самый молодой (things) самый младший or младший (people only)
старый	более старый старший	самый старый (things) самый старший or старший (people only)

Exercise 12

Put the adjectives in brackets into the superlative in the appropriate case.

1 В клубе есть зал с (новая) спортивной техникой. 2 Там можно плавать в (замечательный) бассейне. 3 Клуб не только принимает (спортивный) людей. 4 Заниматься спортом (хороший) способ снять стресс.

Examples of an alternative type of superlative:

тренажёрные залы с новейшей спортивной техникой
gyms with the latest sports technology

Гарри Каспаров – величайший шахматист в истории.
Garry Kasparov – is one of the greatest chess players in history.

These superlatives are formed by replacing the adjective ending with **-ейший** and decline like **хороший: старый – старейший**. Their meaning is less literally superlative than the variant with **самый**, more a way of giving added emphasis. Adjectives with stems ending in **г, к, х** change those consonants to **ж, ч, ш** and take the ending **-айший**:

великий – величайший
высокий – высочайший
глубокий – глубочайший
короткий/краткий – кратчайший
лёгкий – легчайший
строгий – строжайший
тихий – тишайший
широкий – широчайший

Note also **близкий – ближайший.**

Exercise 13

Rewrite the following phrases using the construction **один/одна/одно из** followed by the **-ейший/-айший** superlative.

Example: **добрый человек – один из добрейших людей**

Старое здание; новая технология; глубокое озеро; простой вопрос; широкая река; красивое имя; важная задача; чистый вид транспорта; серьёзный случай; сложная проблема; опасная болезнь; великий писатель.

Superlative of adverbs and short superlative

The superlative of the adverb is formed by adding всего 'of anything/everything' or всех 'of anyone/everyone/all' after the comparative:

Он прыгает выше всех.
He jumps highest (higher than anyone).

Мне нравится эта работа больше всего.
I like this work best (better than anything).

This same construction may also be used as the superlative of the short form adjective:

Эта книга интереснее всех.
This book is the most interesting.

Exercise 14

Examine the advertisement for the stuntmen's festival and answer the questions in English.

Фестиваль каскадеров

26 августа

Суббота

ЭКСТРИМ

Аэродром

«Тушино»

Грандиозное шоу на Тушинском аэродроме!

«Живая», рискованная, смертельно опасная работа лучших каскадеров мира. Вы увидите трюковые команды из Англии, Франции, Германии, Швеции, США, Финляндии, Украины, Белоруссии, Болгарии, Польши и других стран.

Правда ли, что сильнейшими в мире являются наши каскадеры, они идут на такую степень риска, выполняют настолько опасные «номера», что их зарубежные коллеги пока не готовы идти на такую степень риска? Вы сами сможете во всем убедиться, придя в субботу на Тушинский аэродром!

Соревнования пройдут в десяти номинациях, включая экстремальные. А поддерживать каскадеров будут звезды российского и зарубежного рока. Завершит это опаснейшее мероприятие грандиозное шоу фейерверков.

После своего выступления каскадеры споют вместе со звездами рока.

1 Where does the stuntmen's festival take place?
2 Which teams are taking part in the show?
3 Why are Russian stuntmen the strongest in the world?
4 Who will appear as well as the stuntmen?
5 How will the show end?

Language points ♦

Preposition corner

с, от and из 'from'

с + genitive

In *expressions of place* с is the opposite of на and means 'from'. Use it to translate 'from' with those categories of nouns which use на to mean 'to' or 'at, on':

с севера	from the north
с вокзала	from the station
с улицы	from the street
с Урала	from the Urals
с концерта	from the concert
с работы	from work
с поезда	from the train
с велосипеда	off a bike

с is commonly used to translate 'from, since' in *expressions of time*:

с апреля	since April
с трёх часов	since 3 o'clock
с утра	since morning
с лета	since summer

с may also translate 'from' in the sense of *cause*:

с горя	from grief
со скуки	from boredom

However, от is a safer choice in this type of context, as it is less colloquial: от радости 'from joy'.

Note that начинать/начать с + genitive means 'to begin with' as well as 'begin from':

начать с буквы А	begin with the letter A
начать с начала	begin from the beginning

c + genitive combines with **сторона** 'side' in several expressions:

с одной стороны . . . с другой стороны
on one hand . . . on the other hand

с моей стороны
on my part

с левой стороны от + genitive
to the left of

c is used with **сдача** 'change':

сдача с пятидесяти рублей
change from 50 roubles

c + instrumental means 'with, together with, accompanied by':

Мы с мужем поехали туда.
My husband and I went there.

Она понимает с трудом.
She understands with difficulty.

чай с молоком
tea with milk

говорить с русским акцентом
to speak with a Russian accent

This use of **c** should not be confused with the use of the instrumental without a preposition to mean 'with' in the sense of 'by means of':

резать ножом
to cut with a knife

Note also:

С Рождеством	Merry Christmas
С днём рождения	Happy Birthday

от + genitive

In *expressions of place* **от** is used to mean 'from a person':

Я получила письмо от него.
I received a letter from him.

Он ушёл от жены.
He left his wife.

It also means 'away from', often after verbs prefixed with от-:

Теплоход отплыл от пристани.
The boat moved away from the quay.

Note some other expressions of place using от:

далеко от города
far from the town

в десяти километрах от города
ten miles from the town

In *expressions of time* с + genitive. . . до + genitive is used to mean 'from . . . to. . . ':

с первого февраля до первого марта
from 1st February to 1st March

с двух до пяти
from two o'clock till five o'clock

с . . . по . . . + accusative has the slightly different meaning of up to (and including):

с первого февраля по первое марта
from 1st February to 1st March inclusive

от . . . до . . . 'from . . . to' is used to express distance:

расстояние от Москвы до Петербурга
the distance from Moscow to St Petersburg

Note some other expressions of time using от:

время от времени   from time to time
день ото дня   from day to day

In expressions of cause от means 'from' and can refer to both physical and emotional reasons:

В России полмиллиона человек в год умирает от алкоголя.
In Russia, half a million of people a year die from alcohol.

Они засмеялись от радости.
They burst out laughing from joy.

Note also the following expressions:

без ума от этой девушки
crazy about this girl

в восторге от подарка
delighted at the present

Note the expression **от имени** 'on behalf of': **от имени отца** 'on behalf of my father'.

Some verbs followed by **от**:

зависеть от	to depend on
защищать/защитить от	to defend from
освобождаться/освободиться от	to free oneself from
отказываться/отказаться от	to refuse
отличаться от	to be different from
отставать/отстать от	to lag behind

из + genitive

In *expressions of place* из is the opposite of в and means 'from'. Use it to translate 'from' with those categories of nouns which use в to mean 'to', 'into', 'in': **из Америки** 'from America'; **из пустыни** 'from the desert'; **из школы** 'from school'; **из бутылки** 'from the bottle'; **из ящика** 'from a drawer'.

из may also be used to indicate source or material: **узнать из газеты** 'to find out from the newspaper'; **сделать из стали** 'to make from steel'.

It can also be used to indicate cause: **из ненависти** 'out of hatred'; **из благодарности** 'from gratitude'.

Note also: **изо всех сил** 'with all one's might'; **один из них** 'one of them'.

Exercise 15

Complete the following sentences by selecting **с**, **от** or **из**, as appropriate.

1 Мы приехали (с/от/из) юга. 2 Они не слезают (с/от/из) велосипедов круглый год. 3 Стол сделан (с/от/из) дерева. 4 Дети пришли (с/от/из улицы). 5 Мы получили эту информацию (с/от/из) директора. 6 Только одна (с/от/из) вас сдала экзамен.

7 (С/От/Из) десятого по двадцатое июня. 8 Она (с/от/из) Франции. 9 (С/От/Из) какой стороны? 10 Книга упала (со/от/из) стола.

Verbs with the dative

There are some verbs in this unit which are followed by the dative case:

Аквааэробика подходит людям любого возраста.
Aqua aerobics suit people of all ages.

Other verbs taking the dative include:

верить/поверить	to believe
грозить, угрожать	to threaten
доверять	to trust
завидовать	to envy
мешать/помешать	to stop, hinder
подходить/подойти	to suit
позволять/позволить	to permit
помогать/помочь	to help
приказывать/приказать	to order
радоваться/обрадоваться	to be pleased
следовать/последовать	to follow
советовать/посоветовать	to advise
сочувствовать/по-	to sympathise with
удивляться/удивиться	to be surprised
обязан(а) (short adjective)	indebted, obliged

Я обязан ему.
I am indebted to him.

Идти can be used with the dative in the expression:

Вам идёт этот цвет.   **This colour** suits you.

Exercise 16

Use the words in brackets in the correct form.

1 «Своим долголетием [longevity] я обязан (спорт). Я (он) никогда не занимался».

– Уинстон Черчиль. 2 К сожалению, этот рейс не (подходить) (мы). 3 Эта шляпа очень (идти) (мой отец). 4 Врач (советовать) (больной) заняться спортом. 5 Она не (разрешать) (свои дети) играть на дороге. 6 Как можно (доверять) (такой человек)? 7 Он (радоваться) (возможность) участвовать в соревнованиях. 8 Я (удивляться) (твой выбор). 9 Он всегда (помогать) (мать). 10 Я так (сочувствовать) (беженцы). 11 Мне кажется, (Россия) не (грозить) утечка мозгов. 12 Мы всегда (следовать) (советы) инструктора.

Exercise 17

Кто? Где? Когда?

Выберите правильный конец фразы/шутки.
Choose the correct ending of the phrase/joke.

Пример: Олимпийский лозунг – «Быстрее, выше, сильнее».

1 Олимпийский лозунг – . . .	«Быстрее, выше, сильнее».
2 Главное – не победа, . . .	русские допинг не принимают.
3 Президент Кеннеди сказал: . . .	бразильские хоккеисты.
4 В футбол мы играем так, что любому ясно: . . .	«Престиж нации – это полёт на Луну и золотые олимпийские медали».
5 Никто так не понимает российских футболистов, как . . .	а участие.
6 Россия станет чемпионом мира по футболу, когда . . .	со сборной России по футболу.
7 Сборная команда [national team] России по боксу мечтает встретиться . . .	Бразилия выиграет чемпионат мира по хоккею.

8	Чтобы поднять отечественный футбол, мы стали закупать иностранных футболистов. Не помогло. Стали приглашать иностранных тренеров. Все равно не помогло . . .	Русские издают книгу с цитатами Путина о патриотизме.
9	Идет подготовка к очередной олимпиаде. Китайцы строят бассейны. Американцы строят стадионы. Норвежцы строят лыжные трассы . . .	Осталась надежда [hope] на иностранных болельщиков.

Exercise 18

Translate into Russian.

1 In our modern society, where there is a lot of stress, it is very important to lead a healthy lifestyle.

2 Can you recommend sports classes that will suit me?

3 Thanks to the 2014 Winter Olympics, Sochi became a city with modern infrastructure, and major international competitions are held there.

4 What are the advantages and disadvantages of doing sports professionally?

5 Big international sports events attract foreign investments and a big flow of sports fans.

6 НАЦИОНАЛЬНЫЙ ХАРАКТЕР И ТРАДИЦИИ. «УМОМ РОССИЮ НЕ ПОНЯТЬ»

> *Отрицать наличие национального характера, национальной индивидуальности значит делать мир народов очень скучным и серым.*
>
> Д.С. Лихачёв

In this unit you will learn:

▶ about the Russian national character and traditions
▶ alternative ways of translating 'to be'
▶ about verbs with the instrumental
▶ how to form and use active participles
▶ more about the prepositions **о** and **про**

🎧 **Audio 6.1**

> *Умом Россию не понять,*
> *Аршином общим не измерить:*
> *У ней особенная стать –*
> *В Россию можно только верить.*
>
> Ф.И. Тютчев

🎧 **Dialogue** (Audio 6.2)

Психолог отвечает на вопросы журналиста

ЖУРНАЛИСТ Ни для кого не секрет, что многие иностранцы, приехавшие в Россию, испытывают культурный шок. Возможно ли вообще понять «загадочную Россию»?

Психолог Возможно, но на это нужно время. И что вообще означают часто встречающиеся слова «загадочная», «таинственная» при описании России? На этот вопрос зачастую не могут ответить и сами русские. Может быть – «непредсказуемая, непонятная»? Национальная идентичность, национальный характер и менталитет формируются под влиянием различных социокультурных факторов.

Журналист Может быть огромные размеры России, её природа тоже повлияли на формирование русского характера?

Психолог Есть такое мнение. Философ Николай Бердяев это выразил так: «Пейзаж русской души соответствует пейзажу русской земли: та же безграничность, бесформенность, широта».

Журналист А вот вам ещё один стереотип: «широта русской души». Что он в себя включает?

Психолог Это прежде всего доброта, щедрость, открытость, которые отмечают все иностранцы. Открытость и искренность имеют и обратную сторону: русские называют вещи своими именами, и их неполиткорректность часто шокирует иностранцев.

Журналист А как объяснить неулыбчивость, внешнюю неприветливость русских, которые тоже отмечают западные гости?

Психолог Действительно, у нас нечасто можно увидеть улыбающихся людей в общественных местах. Причина здесь не в особенностях характера русских, а в особенностях их поведения. В России не принято улыбаться посторонним. Есть даже поговорка: «Смех без причины – признак дурачины». Серьёзное выражение лица русских на улице – лишь традиция, считающая улыбку проявлением симпатии к близкому человеку. С точки зрения русских, улыбка должна быть искренней, а не знаком вежливости. Поэтому вежливая улыбка может восприниматься как признак фальши. Зато, когда вы придёте в гости, вас примут тепло, радушно и, конечно, с искренней улыбкой.

Журналист	О визитах в гости, у вас есть какие-нибудь советы, как себя вести?
Психолог	Русские славятся своим радушием и хлебосольством. Принимая гостей, они устраивают настоящий пир. Но не забывайте, что в гости не принято приходить с пустыми руками. Хозяйке часто дарят цветы. Здесь важно помнить, что их должно быть нечётное количество. Чётное количество цветов приносят только на похороны.
Журналист	Конечно, в каждой стране существуют свои суеверия и приметы. Но у нас их особенно много, не так ли?
Психолог	Совершенно верно! Русские очень суеверны. Некоторые из суеверий кажутся иностранцам странными. Например, нельзя здороваться и прощаться через порог – это приведёт к конфликту.
Журналист	Довольно полезная информация для деловых партнёров! А как чувство братства и коллективизма, характерное для русского общества, проявляется в общении?
Психолог	Формальные отношения и разговоры русскому человеку чужды и мало понятны. Не удивляйтесь, если во время ночной поездки из Москвы в Петербург в поезде совершенно незнакомые люди, оказавшиеся в одном с вами купе, расскажут вам детальные подробности своей личной жизни. Таким же образом, формальность иностранцев, отвечающих на вопрос «Как дела?» немногословно, часто обижает русских.
Журналист	Здесь уместно вспомнить о русских «бабушках», сидящих на скамейках и обсуждающих прохожих.
Психолог	О, да! Не обижайтесь, если вам сделают замечание на улице, например, о том, что вы неправильно одеты. Это тоже проявление коллективизма и даже заботы!

По материалам книги А.В. Павловской «Как иметь дело с русскими», 2003.

«Хлеб-соль»

Vocabulary

испытывать/испытать	to experience
влиять/повлиять	to influence
загадочный, таинственный	mysterious
(не)предсказуемый	(un)predictable
выражать/выразить	to express
размер	size
душа	soul
соответствовать	to correspond
щедрость	generosity
поведение	behaviour

посторонний	stranger
признак	sign, indication
проявление	manifestation
искренний	sincere
вести себя	to behave
славиться/прославиться	to be/become famous for
хлебосольство	hospitality
устраивать/устроить пир	to give a feast
(не)чётное количество	even/odd number
похороны (pl)	funeral
суеверие	superstition
примета	sign, omen
общение	communication, interaction
чуждый	strange, alien
обижать/обидеть	to offend
сделать замечание	to make a remark, to tell off

Colloquialisms and transition words ♦

зачастую	often, frequently
скорее всего	most likely
та/тот/то/те же	the same
и вот вам ещё один	here you have another
с точки зрения	from the point of view
зато	but, however
уместно	appropriate, to the point
не так ли?	isn't that so?
таким же образом	in the same way
называть вещи своими именами	to call a spade a spade

Exercise 1

Правильно или неправильно? Обоснуйте ваш ответ.

1 Природа и климат страны никак не влияют на формирование национального характера народа.
2 Русские люди не улыбаются, потому что они неприветливы и плохо относятся к приезжим.
3 Русские формальны и немногословны в общении.

4 Как и на Западе, русские люди проявляют индивидуализм на работе и в общении.

Exercise 2

А Найдите в диалоге синонимы.

1 мистический
2 общность
3 знаменит
4 чужой
5 знак
6 выражение, демонстрация
7 рассматриваться
8 гостеприимство, радушный приём
9 коммуникация
10 открытый
11 симптом
12 доброта
13 детали
14 застолье
15 чувствовать
16 без подарка
17 в транспорте, на улице
18 дружелюбие
19 бесконечность

Б Составьте рассказ, употребив как можно больше слов из вашего списка.
Think of a story using as many words from your list as possible.

Exercise 3

Найдите в диалоге слова, образованные от следующих слов.
Find the words in the text formed from the following words.

1 выражать
2 проявлять
3 влиять
4 повести

5 замечать
6 описать
7 широкий
8 хлеб-соль
9 суеверный
10 чувствовать
11 без границ
12 немного слов
13 проходить
14 брат
15 не улыбаться
16 относиться

Exercise 4

А Придумайте пять вопросов, которые вы хотели бы задать эксперту-психологу о России и русских.

1	
2	
3	
4	
5	

Б Работа в парах

Задайте эти вопросы вашему партнеру, который будет играть роль психолога.

Exercise 5

Кто? Где? Когда?

А Выберите правильный источник [source] цитат со словом «душа».

Choose the correct author/source of the quotation with the word "soul".

Б Придумайте ситуации, иллюстрирующие эти афоризмы.

«Душу твою люблю я ещё более твоего лица»	Из письма А.С. Пушкина жене Наталии
«Заботясь о красоте, надо начинать с сердца и души, иначе никакая косметика не поможет»	роман-поэма Н.В. Гоголя
«Душа помнит о прошедшем, видит настоящее, предвидит будущее»	Виссарион Григорьевич Белинский – русский литературный критик
«У души, как у тела, есть своя гимнастика, без которой душа впадает в апатию бездействия»	Цицерон – древнеримский оратор и философ
«Мёртвые души»	Коко Шанель – французский модельер, основавшая компанию Chanel

 **Exercise 6**

A Выберите правильное определение выражениям со словом «душа».

Choose the correct definition of the set expressions with the word "soul".

от души	о людях, живущих в полном согласии друг с другом
поговорить по душам	искренне, от всего сердца
жить душа в душу	повести откровенный разговор
в глубине души	о работе, выполненной старательно, аккуратно, с интересом
сделано с душой	об очень бедном человеке

вкладывать душу	проявить старание, вложить много труда
за душой ничего нет	про себя, внутренне, мысленно
душа общества	главный собеседник; самый популярный и весёлый человек в компании
ни души	о человеке, близком кому-то по духу или по интересам
«мёртвые души»	несуществующие в реальности люди
родственная душа	никого нет

Б Придумайте ситуации, где бы вы могли использовать выражения со словом «душа».

Outline situations in which you can use these expressions.

Text 1

Здесь русский дух, здесь Русью пахнет.
А.С. Пушкин, «Руслан и Людмила»

О русском национальном характере очень много говорят народные сказки. Они одновременно и раскрывают, и формируют его. В сказках отражаются народные идеалы, представления народа о мире, о добре и зле, о том, что важно для человека, а что второстепенно. Они объясняют важнейшие стороны русской жизни.

У любого народа есть свои любимые, встречающиеся во многих сказках герои. Одним из самых популярных героев русских сказок является Иван-дурак (или, как его ласково называют, Иванушка-дурачок). Именно он, совершенно не стремящийся к богатству, в конце сказки получает в награду прекрасную царевну. В главном герое отражаются черты характера, которые особенно ценятся в народе. Сила Ивана-дурака в его простодушии, искренности, в отсутствии прагматизма и жадности. Он наивен, непрактичен и немногословен, поэтому его «умные» братья считают его дураком, но народ – своим героем. Доброта Ивана-дурака, готовность помочь не ради выгоды, а от души вознаграждаются, а жадность, равнодушие и бессердечность братьев наказываются.

В сказках отражается и отношение к богатству: жадность воспринимается как порок, а бедность – как достоинство. Неслучайно у русских есть поговорки: «не в деньгах счастье», «счастье не купишь» или «бедность не порок». (Правда, скептики, часто меняют их смысл, например, так: «не в деньгах счастье, а в их количестве».)

Всё главному герою удаётся само-собой, без труда; он живёт интуицией и верит в чудо. И чудо всегда случается! Иван-дурак целый день ничего не делает, только лежит и мечтает. Что это? Склонность русского человека к лени и безделью или мечтательность и романтичность? А может быть так в сказке выражается мечта об освобождении от тяжёлого физического труда? Интересно, что Иван-дурак – самый младший из братьев и практически не имеет никаких прав в семье. Возможно, так в народе через сказку восстанавливается социальная справедливость?

Русские сказки могут удивлять людей с рациональным мышлением отсутствием логики. Зачастую также трудно понять иррациональные поступки русского человека. Не отсюда ли идея о «загадочной русской душе»? Одна из русских сказок называется «Пойди туда – не знаю куда, найди то – не знаю что». Несмотря на абсурдность таких инструкций, главный герой, благодаря интуиции и находчивости, доходит «туда» и находит «то» – своё счастье.

Русский человек умеет проявить находчивость и найти выход из любой ситуации.

По очерку А.Д. Синявского «Иван-дурак: очерк русской народной веры»; статье А.В. Павловской «Народные сказки и русский характер».

Vocabulary

дух	spirit, smell
отражать(ся)/отразить(ся)	to reflect (to be reflected)
зло	evil
второстепенно	secondary
стремиться	to seek, to strive
награда	reward
вознаграждать(ся)/вознаградить(ся)	to reward (to be rewarded)
отсутствие	lack, absence
жадность	greed
выгода	profit, gain
равнодушие	indifference, insensitivity
наказывать(ся)	to punish (to be punished)
порок	vice
удаётся само-собой	succeeds naturally, effortlessly
склонность	tendency
лень (f)	laziness
безделье	idleness
восстанавливать(ся)/восстановить(ся)	to restore (to be restored)
справедливость	fairness, justice
мышление	thinking, mentality
поступок	act

Exercise 7

Ответьте на вопросы.

1 Каким образом сказки раскрывают национальные особенности народа?
2 Кто главный герой русских народных сказок и почему он популярен среди народа?
3 Какие черты характера Ивана-дурака отличают его от других сказочных персонажей?
4 Чем русские сказки могут удивлять рационально мыслящих людей?
5 Есть ли в вашей культуре сказочные герои, похожие на Ивана-дурака?

Exercise 8

Найдите в тексте.

А синонимы

1 показывать
2 недостаток
3 не важно
4 приз
5 наивность
6 открытость
7 безразличие
8 получается
9 натурально
10 односложный
11 тенденция
12 желать, хотеть

Б антонимы

1 добро
2 бедность
3 вознаграждать
4 первостепенный
5 присутствие
6 достоинство

7 интерес
8 сердечность
9 щедрость

Exercise 9

Найдите в тексте слова, образованные от следующих слов.
Find the words in the text formed from the following words.

1 цена
2 простая душа
3 готов
4 награда
5 без сердца
6 без дела
7 мечта
8 освободить
9 мысль
10 находить

Language points ♦

The verb 'to be'

You are, of course, already aware that **быть** 'to be' has no present tense. However, several other verbs may be used as a substitute. These include:

являться/явиться + instrumental to seem, to appear, to be

Иван-дурак является самым популярным героем русских сказок.
Ivan the Fool is the most popular character in Russian fairy tales.

Это является причиной его популярности.
That is the reason for his popularity.

Успех является результатом усилий всех спортсменов.
The success is the result of all the sportsmen's efforts.

Note also: **являться целью** 'to be the aim of'; **являться следствием** 'to be a consequence of'; **являться частью** 'to be a part of'.

Это является частью ритуала.
This is part of the ritual.

Note also: **представлять (собой) пример** 'to be an example'; **представлять (собой) задачу** 'to be/represent a task, problem', **бывать** 'to be, to happen, to occur from time to time'.

Он часто бывает несправедлив.
He is often unfair.

как это часто бывает
as often happens/is often the case

Exercise 10

Rephrase the sentences by using the verb **являться** + *inst*.

1 Братство и коллективизм – характерные черты русского общества. 2 Рост числа иммигрантов – благо для России. 3 Экстрим – стиль жизни молодёжи. 4. Баба-Яга – один из главных героев русских сказок.

Verbs with the instrumental

There are a number of verbs in the text which are followed by the instrumental case. Verbs taking the instrumental include:
Verbs indicating control – **пользоваться/вос-** 'to use, enjoy'; **руководить** 'to lead'; **управлять** 'to govern, manage'; **торговать** 'to trade'; **владеть** 'to own', 'to have a command of (a language)'; **заниматься/заняться** 'to be engaged in'; **злоупотреблять** 'to abuse'; **рисковать** 'to risk'.
Verbs indicating an attitude – **гордиться** 'to be proud of'; **интересоваться/за-** 'to be interested in'; **любоваться/по-** 'to admire'; **увлекаться/увлечься** 'to be keen on'.
Verbs indicating state or appearance – **казаться** 'to seem'; **оказываться/оказаться** 'to turn out to be'; **становиться/стать** 'to become'; **считаться** 'to be considered'; **оставаться/остаться** 'to remain'.
Other examples – **жертвовать/по-** 'to sacrifice'; **славиться/про-** 'to be famed for'; **болеть/за-** 'to be ill with'.

Exercise 11

Use the words in brackets in the correct form.

1 Важно владеть (навыки) русского языка. 2 Мы любовались (прекрасные виды) с борта теплохода. 3 На первый взгляд русские кажутся (неприветливые люди). 4 Русские славятся (своим гостеприимство).

Language points ♦

Participles

Participles are verbal adjectives. They are formed from verbs, but have adjectival endings. There are four types of participle in Russian: present active; past active; present passive; and past passive. They may all be used to replace adjectival clauses, i.e. clauses introduced by который:

иностранцы, которые приезжают в Москву
Foreigners who come to Moscow

иностранцы, приезжающие в Москву
Foreigners coming to Moscow

Приезжающие is an example of a present active participle. There are other examples of both present and past active participles in the dialogue and the text of this unit.

Active participles

Present active participles are formed by removing -т from the third person plural (они) form of the present tense and replacing it by -щий: получать 'to receive, get' – получают – получающий 'receiving, getting'.

The participle agrees in number, gender and case with the noun it describes and declines like хороший:

Формальность иностранцев, отвечающих на вопрос «Как дела?» односложно, обижает русских.
The formality of foreigners who give a one-word answer to the question, "How are you?", offends Russians. (Отвечающих is genitive plural to agree with иностранцев.)

Participles formed from verbs ending in **-ся** always end in **-ся**, regardless of the preceding letter of the ending:

У нас нечасто можно увидеть улыбающихся людей в общественных местах.
Here we don't often see people smiling in public places.

Exercise 12

Form present active participles from the following verbs.

понимать, играть, происходить, находиться, приезжать, вести, участвовать, создавать, пользоваться, наказываться, сидеть, раскрывать, формировать, отражаться, стремиться

Although present active participles usually replace **который** + present tense of an active verb, they may substitute for **который** + active past tense, if the action of the verb in the subordinate clause is taking place at the same time as the action of the verb in the main clause:

Нам рассказали о фильме, который шёл в это время в Москве.
We were told about a film which was showing at the time in Moscow.

Нам рассказали о фильме, идущем в это время в Москве.
We were told about a film showing at the time in Moscow.

Exercise 13

Replace the clauses with **который** by a present active participle.

1 Осталось мало людей, которые ещё помнят старую Москву. 2 Иногда русские совершают поступки, которые удивляют иностранцев. 3 Мы понимаем туристов, которые испытывают культурный шок. 4 Можно увидеть «бабушек», которые сидят на скамейках и обсуждают прохожих. 5 Часто герой, который не стремится к богатству, в конце сказки получает награду.

The past active participle is formed from either the imperfective or perfective past by replacing the -л from the masculine past tense by -вший: получать – получал – получавший; получить – получил – получивший. Where there is no -л in the masculine past tense add -ший to the masculine past tense: везти 'to transport' – вёз – вёзший.

Note: **идти** – **шедший**; **вести** – **ведший**.
Participles from verbs ending in **-ся** always end in **-ся**, never **-сь**.

Exercise 14

Form past active participles from the following verbs.

понять, создать, проиграть, провести, найти, приехать, пройти, стать, проявиться, воспользоваться, отразиться

The past active participle declines like **хороший** and agrees in number, gender and case with the noun it describes. It may be used instead of adjectival (**который**) clauses which contain the imperfective or perfective past of an active verb. The translations into English of both the clause and the participle are frequently the same:

Мы придумали ситуации, которые иллюстрируют эти поговорки.
Мы придумали ситуации, иллюстрирующие эти поговорки.

Exercise 15

Replace the **который** clauses by past active participles.

1 Пушкин написал роман «Евгений Онегин», который, по словам Белинского, стал «энциклопедией русской жизни». 2 Что вы знаете о Гоголе, который написал «Мёртвые души»? 3 Мы говорили о фильме, который получил первый приз. 4 Фестиваль, который начался в июле, закончился в августе.

Active participles used as adjectives and nouns

Many active participles are used as adjectives: **блестящий** 'brilliant'; **ведущий** 'leading'; **действующий** 'acting'; **следующий** 'next'; **текущий** 'current'; **настоящий** 'present, real' (never used as a participle); **будущий** 'future' (also used as present active participle of **быть**); **бывший** 'former'; **решающий** 'decisive'; **потрясающий** 'stunning'.

Курящий is used to mean 'smoker': **вагон для курящих** 'carriage for smokers'.

Other examples of participles used as nouns include: **служащий** 'employee'; **управляющий** 'manager'; **ведущий** 'presenter'; **будущее** 'future'; **настоящее** 'present'; **учащийся** 'student'; **трудящийся** 'worker', **приезжий** 'visitor', **отдыхающий** 'holiday maker'.

Exercise 16

A   Поставьте причастия в нужную форму.
    Use the participles in the correct form.

У нас, у русских, принято прощаться долго и всерьез. Человека, (уходящий) на войну, (отправляющийся) в кругосветное путешествие или (едущий) в соседний город в короткую командировку, провожают долго и обстоятельно. Прав поэт, (сказавший): «. . . и каждый раз навек прощайтесь, когда уходите на миг». Именно так мы и делаем. Зовём гостей, пьём, произносим тосты за (отъезжающие), за (остающиеся). Перед выходом из дома принято на минутку присесть и помолчать. А потом на вокзале, на пристани или в аэропорту (провожающие) и (отъезжающие) долго целуются, плачут, произносят напутствия, (ставшие) банальными, и машут руками. У нас в доме было принято, что, когда кто-нибудь уезжал, мать не подметала полы до тех пор, пока от (уехавший) не приходила телеграмма о благополучном прибытии на место. Может, кто-то считает это странным, но мне весь этот ритуал, (сохранивший) вековые традиции и привычки, нравится и кажется полным высокого смысла. Потому что мы никогда не знаем, какое из наших прощаний окажется последним. «. . . и каждый раз навек прощайтесь, когда уходите на миг».
    По роману В. Войновича «Москва 2042».

«Посидим на дорогу.»

Б Ответьте на вопросы.

1 Куда могут уезжать люди, которых провожают?
2 Какую строчку из стихотворения поэта Кочеткова цитирует автор и почему?
3 О каких традициях и ритуалах проводов говорится в тексте и как к ним относится автор?

Preposition corner

о + prepositional

'about, concerning'

> думать о себе, о работе; лекция о живописи
> think about yourself, about work; a lecture about art

Note that **о** sometimes becomes **об**, generally before vowels, and **обо** before some combinations of consonants: **об этом** 'about that'; **об искусстве** 'about art'; **об отце** 'about father'; **обо мне** 'about me'; **обо всём** 'about everything.

о + accusative

'against, on, upon'

> опираться о стену; удариться ногой о стол; бок о бок
> to lean on the wall; bang one's leg on the table; side by side

Note: **рука об руку** 'hand in hand', a rare example of **об** before a consonant.

про + accusative

'about, concerning' (more colloquial than 'о')

говорить про дело	talk about business
Про что эта сказка?	What is this fairy tale about?
фильм про животных	a film about animals

Exercise 17

Put the words in brackets into the appropriate case.

1 Я говорила о (сын). 2 Я знаю всё про (ты). 3 Он споткнулся об (игрушка). 4 Ученики опираются о (стол). 5 Мне нравятся сказки про (Иван-дурак).

Exercise 18

Кто? Где? Когда?

А Выберите правильный ответ.

Б Придумайте ситуации, где бы вы могли использовать эти фразы и поговорки.

Счастливого пути!	Это ответ на «Спасибо за вкусный обед!»
С приездом!	Так говорят, когда провожают кого-то.
Посидим на дорогу!	Так говорят, когда встречают гостей.
На здоровье!	Так говорят перед выходом из дома, когда кто-то уезжает надолго.
За нашу дружбу!	Так говорят, когда кто-то приехал.
Желаю мягкой посадки!	Российский император Александр II (1818–1881г.)
Россией управлять не сложно, но совершенно бесполезно.	Так говорят кому-то перед полётом на самолёте.
Не имей сто рублей, а имей сто друзей!	Так говорят, когда кто-то вышел из бани или душа.
Не в деньгах счастье.	Так говорят, когда вам помогли ваши друзья.

Добро пожаловать!	Так говорят, если у кого-то материальные трудности.
С лёгким паром! [steam]	Это тост.
Умом Россию не понять!	Это строка из стихотворения Тютчева о «загадочности» России.

Exercise 19

Translate into Russian.

1 Folk tales say a lot about the Russian national character.
2 Russian fairy tales can surprise people with rational thinking with their absence of logic.
3 Fairy tales explain the most important aspects of Russian life.
4 Many foreigners who come to Russia experience culture shock.
5 Every country has its superstitions and omens.
6 National identity and national character and mentality are formed under the influence of various social factors.

7 СРЕДСТВА МАССОВОЙ ИНФОРМАЦИИ (СМИ)

Каждому гарантируется свобода мысли и слова.
Каждый имеет право свободно искать, получать, передавать, производить и распространять информацию любым законным способом.
Гарантируется свобода массовой информации.
Цензура запрещается.

Статья 29 Конституции РФ

In this unit you will learn:

▶ about the mass media and the Internet in Russia
▶ how to use **что** and **кто** as relative pronouns
▶ about conjunctions in time and causal clauses
▶ how to choose between **-то** and **-нибудь**
▶ how to use **друг друга**

Свободная пресса бывает хорошей или плохой, это верно. Но ещё более верно то, что несвободная пресса бывает только плохой.
Альбер Камю

Если свобода что-нибудь означает, она означает право говорить людям то, что они не хотят услышать.
Джордж Оруэлл

🎧 Dialogue (Audio 7.1)

Интервью с медиа-экспертом

Автор   Сейчас очень много говорят о том, что в России уменьшается число независимых СМИ, что пресса и другие средства массовой информации почти полностью контролируются государством. Каково ваше мнение, так ли всё плохо со свободой слова в нашей стране?

Эксперт   К сожалению, нужно признать, что это правда. Наиболее популярные СМИ за редким исключением превратились в пропагандистские ресурсы государства. В ежегодном «Индексе свободы прессы», который опубликовала международная неправительственная организация «Репортёры без границ», Россия по итогам 2016 года осталась на 148-м месте из 180. Существует несколько СМИ, которым власть позволяет работать, чтобы показать Западу, что в России есть независимые медиа. Это «Новая газета», телеканал «Дождь», радиостанция «Эхо Москвы». Но их аудитория очень мала в масштабах России, и, с моей точки зрения, угрозы для Кремля они не представляют.

Автор   А как оценивают такую ситуацию в российском обществе?

Эксперт   Многие опросы общественного мнения в России показывают: свобода слова для россиян большой ценности не имеет. Людей больше волнуют социально-экономические проблемы. Также россиянам близка идея цензуры. Её поддерживает более половины респондентов. Вообще, большинство россиян доверяют государственным СМИ и верят пропаганде, которая всегда усиливается во времена кризиса.

Автор   Другими словами, если использовать известный афоризм, в «борьбе между телевизором и холодильником» пока выигрывает телевизор.

Эксперт   Но думаю, когда опустеют холодильники, у людей откроются глаза и телевизор перестанет заменять реальность. Интересно, что по результатам опросов, россияне гораздо больше доверяют информации из российских источников, чем из зарубежных СМИ. Похоже, что этот раунд информационной войны с Западом выигрывает Россия.

Автор   Ни для кого не секрет, что СМИ зависят от тех, кто даёт им деньги. А может ли журналистика быть абсолютно независимой?

Эксперт   С моей точки зрения, нет. Дело в том, что любые СМИ от чего-то и от кого-то зависят: если не от государства, то от владельца или от общественного мнения, выражают интересы какой-то группы. Так что, полностью независимых и объективных СМИ не существует. Если вы хотите увидеть широкую картину мира и сформировать объективную точку зрения на события в стране и за рубежом, нужно следить за несколькими СМИ.

По материалам российских и иностранных СМИ.

Vocabulary

средства массовой информации (СМИ)	the mass media ('means of mass information')
полностью независимый	fully independent
свобода слова	freedom of speech
превращать(ся)/превратить(ся)	to turn into
ежегодный	annual
публиковать/опубликовать	to publish
неправительственный	non-governmental, independent
позволять/позволить	to allow
оценивать/оценить	to assess, to evaluate, to rate
ценность	value
опрос общественного мнения	public opinion poll
цензура	censorship
поддерживать/поддержать	to support
доверять/доверить	to trust
верить/поверить	to believe
выигрывать/выиграть	to win
опустеть	to become empty
заменять/заменить	to substitute
источник	source
владелец	owner
следить	to follow

Colloquialisms and transition words ♦

нужно признать	one has to admit
за редким исключением	with few exceptions
другими словами	in other words
похоже, что	it looks like
дело в том, что	the thing/fact is, that
так что	so

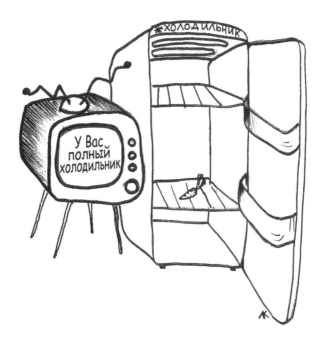

Exercise 1

Ответьте на вопросы.

1 Считает ли эксперт, что СМИ контролируются государством?
2 Каково отношение россиян к свободе слова?
3 Каким источникам информации россияне доверяют больше, российским или зарубежным?
4 Могут ли СМИ быть полностью независимыми и почему?
5 Что нужно делать, чтобы сформировать объективную картину событий?
6 Как вы понимаете метафору «борьба между телевизором и холодильником»?
7 Что такое «информационная война»?

Exercise 2

А Придумайте пять дополнительных вопросов, которые вы хотели бы задать медиа-эксперту.

1
2
3
4
5.

Б Работа в парах.

Задайте эти вопросы вашему партнеру, который будет играть роль эксперта.

Exercise 3

Найдите в диалоге однокоренные слова.

Find derivatives in the text.

1 свободный
2 зависеть
3 публикация
4 правительство
5 владеть
6 общество
7 ценность
8 волна
9 поддержка
10 игра
11 пустой
12 выражение

Exercise 4

Spot the odd one out.

1 свободный, пустой, независимый, неправительственный
2 цена, ценность, оценить, цензура

3 поверить, играть, выиграть, проиграть
4 телевидение, холодильник, газета, радио
5 государство, правительство, общество, власть
6 цензурировать, следить, контролировать, позволять

Exercise 5

А Составьте возможные словосочетания со следующими прилагательными и существительными.

независимый	СМИ
государственный	организация
информационный	ресурсы
общественный	власть
международный	агентство
социально-экономический	точка зрения
правозащитный	источник
объективный	журналистика
пропагандистский	мнение
надёжный	война

Б Составьте предложения с вашими словосочетаниями.

Exercise 6

Закончите предложения.

1 Сейчас очень много говорят о том, что . . .
2 Так ли всё плохо с . . .
3 Наиболее популярные СМИ превратились в . . .
4 Опросы общественного мнения в России показывают . . .

5 Людей больше волнуют . . .
6 Большинство россиян доверяют . . .
7 По результатам опросов . . .
8 Ни для кого не секрет, что . . .
9 Если вы хотите сформировать объективную точку зрения . . .
10 Дело в том, что любые СМИ . . .

Language points ♦

-то/-нибудь
-то and -нибудь can be used after что, кто and какой:

что-то/что-нибудь   something
кто-то/кто-нибудь   someone
какой-то/какой-нибудь   some (or other)

The forms ending in -то are more specific. They relate to things/
people the identity of which is uncertain but whose existence is not
in doubt:

Он что-то принёс.
He has brought something.

Кто-то стучит.
Someone is knocking.

Какая-то девушка вас ищет.
Some girl (or other) is looking for you.

There is an example in the dialogue:

Любая газета от кого-то и чего-то зависит.
Any newspaper depends on someone and something.

Forms in -нибудь are vaguer and imply that the existence of the thing/
person is in doubt. Что-нибудь and кто-нибудь may also translate
'anything' or 'anyone':

Принёс ли он что-нибудь?
Did he bring anything?

Кто-нибудь хочет это?
Does anyone want it?

Может быть, нам окажут какую-нибудь помощь.
Perhaps they will give us some help.

Contrast:

кто-то звонит
someone is ringing (existence known)

если кто-нибудь позвонит
if someone rings (existence hypothetical)

-то/-нибудь may also be added to some adverbs, to similar effect: **где-то/где-нибудь** 'somewhere' (place); **куда-то/куда-нибудь** 'somewhere' (motion); **как-то/как-нибудь** 'somehow'; **когда-то/когда-нибудь** 'some time (or other)':

Он когда-то жил в России.
He lived in Russia at some time or other.

Может быть, мы когда-нибудь встретимся.
Perhaps we will meet some time.

Exercise 7

Select the appropriate word from the brackets and put it into the correct case to complete the sentence.

1 Я (что-то, что-нибудь) читала об этом. 2 Ты писал (кто-то, кто-нибудь)? 3 К тебе приходила (какой-то, какой-нибудь) девушка. 4 Дай мне почитать (что-то, что-нибудь). 5 Он изучает (какой-то, какой-нибудь) язык в университете. 6 Неужели вы не можете научить его (что-то, что-нибудь)? 7 У вас есть (какой-то, какой-нибудь) газеты? 8 Не волнуйтесь, (как-то, как-нибудь) мы решим эту проблему. 9 Это случилось (где-то, где-нибудь) на Севере. 10 Он сейчас разговаривает с (кто-то, кто-нибудь) по телефону.

Exercise 8

Look at the result of the poll conducted by the Public Opinion Foundation, shown below, and answer the questions.

Опрос фонда «Общественное мнение» июнь 2017 г.	
Из каких источников вы чаще всего узнаете новости, информацию?	
Телевидение	79
Новостные сайты в интернете	42
Разговоры с родственниками, друзьями, знакомыми	23
Форумы, блоги, сайты социальных сетей	20
Печатная пресса (газеты, журналы)	20
Радио	18
Другое	1
Затрудняюсь ответить	1
Есть ли источники информации, которым вы доверяете больше, чем остальным? И если да, то каким именно?	
Телевидение	47
Новостные сайты в интернете	16
Печатная пресса (газеты, журналы)	7
Форумы, блоги, сайты социальных сетей	7
Радио	7
Другое	1
Нет источников информации, которым доверяю больше	28
Затрудняюсь ответить	5
Как вы считаете, российские средства массовой информации освещают события, происходящие в России, в целом объективно или необъективно?	
Объективно	47
Необъективно	40
Вы часто или редко встречаете критику российских властей в российских средствах массовой информации?	
Часто	32
Редко	45
Вообще не встречаю	15
Затрудняюсь ответить	8

Vocabulary

освещать события	to cover news events
затрудниться ответить	to find it difficult to answer
источник	source
социальные сети	social network
доверять	to trust

1 What is the most popular source of information for Russians?
2 Which one do they trust most?
3 What is the general level of trust in the media?

4 Do most Russians think that the media give objective information?
5 Is there a lot of criticism of the authorities in the media?

"TASS" – the main Russian news agency. Building in Moscow.

Text 1

> *«Сеть – изобретение социальное не в меньшей степени,*
> *чем технологическое. Сеть живёт благодаря игре в*
> *кошки-мышки между читателями и авторами.»*
>
> *Тим Бернерс-Ли, изобретатель*
> *Всемирной паутины (WWW)*

Телевидение и Интернет

Согласно опросам, среди всех средств массовой информации в России телевидению принадлежит ведущая роль. Вторым по популярности среди СМИ является Интернет (или Рунет – русский сегмент Сети), хотя строго говоря, это средство коммуникации, а не СМИ. Почему телевидение по-прежнему доминирует над Интернетом?

Прежде всего, не всё российское общество имеет доступ к Интернету, хотя ежедневно его посещают 61% жителей (против 9% 10 лет назад).

Другая причина в том, что телевидение проще и доступнее. Достаточно нажать кнопку и вас будут профессионально развлекать и информировать. Чтобы получить информацию из сети Интернет, нужно потратить некоторое время, а также владеть технологией поиска информации. Интернет интересует нас больше как средство развлечения, а не как источник информации.

Ещё одна причина, как это ни парадоксально – разнообразие информации в Сети. С одной стороны, благодаря Интернету одним кликом мыши мы можем получить массу информации. С другой стороны, человек просто не может справиться с информационным потоком, который растёт с каждым днём.

Наконец, огромное значение в плане доверия имеет авторитет. Хорошо известные ведущие, узнаваемые журналисты на телевидении – это те, кого вы ждёте, кому вы доверяете; они уже почти члены вашей семьи. Из-за доступности Интернета любому человеку уровень доверия к Интернету ниже.

В основном новости поступают в Сеть от крупнейших информационных агентств, а интернет-сайты просто перепечатывают их друг у друга. Таким образом, пользователь Интернета получает ту же самую информацию, что и телезритель. Однако, роль Всемирной сети быстро растёт, и никто не сомневается, что будущее за Интернетом.

К сожалению, в авторитарных государствах стало увеличиваться ограничение прав граждан на информацию. В докладе Freedom on the Net, подготовленном правозащитной организацией Freedom House, отмечается, что в 2016 году две трети пользователей Сети живут в странах, правительства которых цензурируют критику властей в Интернете, и почти треть – в странах, где могут посадить в тюрьму за комментарий или репост. Самым популярным оправданием для ограничения свобод в Сети служит борьба с терроризмом. Таким образом, Сеть может быть средством освобождения, а может – средством тотального контроля.

Борьба с Интернетом – это бессмысленная борьба с «наступившим будущим». Можно сказать, что Интернет победит тоталитаризм.

По материалам журнала «Русский репортёр» и других российских СМИ.

Vocabulary

принадлежать	to belong
ведущий	leading (adj.); presenter (n.)
доступ	access
ежедневно	daily
развлекать	to entertain
владеть	to own
поиск	search
мышь (f), мышка	mouse
справляться/справиться	to manage
узнаваемый	recognisable
перепечатывать	to reprint
тот же самый	the same
сеть (f)	net
Всемирная паутина	World Wide Web
будущее	future
ограничение	limit
доклад	report
правозащитная организация	human rights organisation
отмечать	to note
цензурировать	to censor
власть (f)	power
посадить в тюрьму	to imprison
оправдание	justification
бессмысленный	pointless, ridiculous
наступивший	that has arrived

Colloquialisms and transition words ♦

согласно опросам	according to surveys
по-прежнему	still
строго говоря	strictly speaking
как это ни парадоксально	paradoxically, ironically
наконец	at last
таким образом	thus, therefore
никто не сомневается	no one doubts

Exercise 9

Правильно или неправильно?

1 Все опросы общественного мнения показывают, что Интернет стал ведущим источником новостей для россиян.
2 На всей территории России люди имеют доступ к Интернету.
3 Большинство населения умеют пользоваться Интернетом как источником информации.
4 Разнообразие информации в Сети – большое его преимущество перед телевидением.
5 Доверие к Интернету у россиян больше, чем к центральному телевидению.
6 Критика государства в Рунете не подвергается цензуре, в отличие от телевидения.

Exercise 10

Образуйте существительные от следующих слов.
Form nouns from the following words.

1 развлекать
2 цензурировать
3 оправдать
4 докладывать
5 ограничивать
6 искать
7 доступный
8 информировать

9 доверять
10 пользоваться
11 критиковать

Exercise 11

Составьте словосочетания со словом «свобода», обозначающие гражданские свободы.
Объясните значение этих словосочетаний.
Make up word combinations with the word "свобода" which denote civil liberties. Explain the meaning of these word combinations.

пресса   – свобода прессы
слово
выбор
мысль
собрания
передвижение
массовая информация

Language points ♦

друг друга

Note the examples of друг друга 'one another':

Интернет-сайты просто перепечатывают новости друг у друга.
Internet sites copy the news from each other.

Only the second half declines – like the noun друг 'friend':

Они отличаются друг от друга.
They differ from one another.

Они помогают друг другу.
They help one another.

Они ненавидят друг друга.
They hate one another.

If the construction involves a preposition, it is inserted between the two nouns as in the examples from the text.

Exercise 12

Complete the following sentences with an appropriate form of друг друга, adding a preposition if necessary.

1 Они пишут письма . . . 2 Мы думаем . . . 3 Вы разговариваете . . . 4 Они живут далеко . . . 5 Мы получаем помощь . . . 6 Они не интересуются . . . 7 Они любят . . .

Что and кто used as relative pronouns

то, что

Clauses which, in English, are linked by the word 'what' (or 'that which') are linked in Russian by то, что:

Верно то, что несвободная пресса бывает только плохой.
It is true that if the press is not free it can only be bad.

The case of то is governed by its role in the main clause (in the above example it is accusative, object of the verb читаю) and the case of что by its role in the subordinate clause (nominative, subject of verb интересует). Note the forms of то and что in the following examples:

Я слышу о том, что свобода прессы подавляется.
I hear that the freedom of the press is suppressed.

Я не интересуюсь тем, что пишут в этой газете.
I am not interested in what they write in this paper.

Всё не то, чем кажется.
All is not what it seems.

Sometimes то, что translates 'the fact that' or 'that':

Он гордится тем, что его назначили редактором.
He is proud (of the fact) that he has been appointed editor.

It can also translate the English construction preposition + -ing:

Ведущий кончил тем, что покинул канал НТВ.
The presenter finished by abandoning NTV.

То, что figures in the expressions дело в том, что 'the thing/fact is that', беда в том, что 'the trouble is that' and проблема заключается в том, что 'the problem consists in the fact that':

Беда в том, что у нас мало денег.
The trouble is that we have little money.

Дело в том, что в России люди не доверяют иностранным СМИ.
The thing is that people in Russia do not trust the foreign media.

Другая причина в том, что телевидение проще и доступнее.
Another reason is the fact that television is simpler and more accessible.

Words other than **что** may follow the construction **в том**:

Дело в том, <u>как</u> достать деньги.
The problem is how to get the money.

Проблема в том, <u>куда</u> ехать.
The problem is where to go.

Exercise 13

Put **то, что** in the correct case.

1 Он говорил о . . . свобода прессы в России подавляется.
2 Он видит . . . не видят другие. 3 Я верю в . . . демократия
победит. 4 Он закончил свой рассказ . . . задал нам несколько
вопросов. 5 Она всегда гордилась . . . она русская. 6 Он не
виноват в . . . журнал был закрыт. 7 Беда в . . . в России многие
СМИ цензурируются. 8 Люди сомневаются в . . . они получают
объективную информацию.

тот, кто/те, кто

тот, кто and **те, кто** are used to mean 'the one(s) who':

Тот, кто больше всех работает, получит лучшую оценку.
He who/the one who works hardest will receive the best mark.

The case of **тот/те** is decided by their role in the main clause and **кто**
from its role in the subordinate clause:

Я помогу тем, кому трудно найти правильный ответ.
I will help those who have difficulty in finding the right answer.

(**тем** – dative after **помогу** and **кому** – dative before **трудно**.)
There are some examples in both the text and the dialogue:

СМИ зависят от тех, кто даёт им деньги.
The media depend on the ones who give them money.

**Известные ведущие, узнаваемые журналисты на телевидении –
это те, кого вы ждёте, кому вы доверяете.**
Well-known presenters, recognisable journalists on television –
these are the people you look forward to seeing, the ones you trust.

After **те, кто** either the plural or the singular verb may occur:

те, кто работает здесь; те, кто работают здесь
those who work here

Кто may be detached from **тот** and used to introduce a separate clause:

Кто не работает, тот не ест.
He who doesn't work doesn't eat.

Exercise 14

Put **тот, кто** and **те, кто** in the correct case.

A   1 Он обратился (to the one who) стояла рядом. 2 Мне было жаль
(the one to whom) она написала письмо. 3 Она познакомила
меня (with the one who) учился с ней. 4 (The one who) говорит
это, явно глупый человек. 5 Лучше отдать книгу (to the one
who) она нравится.

B   1 Мы (with those who) отстаивает независимость прессы. 2 Этот
канал (for those who) нравятся развлекательные программы.
3 Пресса всегда зависит (from those who) финансирует её. 4
Большинство (of those who) выступал по телевидению, были
политиками. 5 Мы послали приглашение (to those who) хочет
участвовать в программе. 6 (Among those who) смотрит канал
НТВ, много студентов. 7 (Those who) интересует искусство,
смотрят канал «Культура».

Language points ♦

Conjunctions

Care must be taken in Russian not to confuse conjunctions with prepositions. Unhelpfully, in English prepositions and conjunctions are
often identical:

После завтрака мы пошли гулять.
After breakfast we went for a walk.

После того как мы позавтракали, мы пошли гулять.
After we had breakfast we went for a walk.

In the first example, the preposition **после** governs the noun **завтрака**, and in the second the conjunction **после того как** introduces an adverbial clause of time.

There are other similar pairs of prepositions and conjunctions:

Preposition	Conjunction	Meaning
с + genitive	с тех пор как	since
до + genitive	до того как	before
перед + instrumental	перед тем как	before
	прежде чем	before

Exercise 15

Insert **после** or **после того как**, as appropriate.

1. . . . концерта мы пошли в ресторан. 2. . . . она окончила курс, она переехала за границу. 3. . . . мы получили новости, мы позвонили ему. 4. . . . обеда пошёл дождь.

Causal conjunctions

The conjunction **благодаря тому, что** is used to mean 'thanks to, owing to' (positive reasons):

Благодаря тому, что улучшилось экономическое положение, безработица упала.
Thanks to the fact that the economic situation has improved unemployment has fallen.

Contrast the preposition **благодаря** + dative 'thanks to':

Благодаря улучшению экономического положения, безработица упала.
Thanks to the improvement in the economic situation unemployment has fallen.

Из-за того, что means 'owing to, because of, on account of the fact that' in respect of negative circumstances:

> **Из-за того, что наступил экономический кризис, ухудшилась ситуация в независимых СМИ.**
> Because the economic crisis has started the situation in the independent mass media worsened.

Contrast the preposition **из-за** + genitive 'because of, on account of' – often also relating to unfavourable circumstances:

> **Из-за экономического кризиса, ухудшилась ситуация в независимых СМИ.**
> Because of the economic crisis the situation in the independent mass media has worsened.

Note an example in the text of the use of **из-за**:

> **Из-за доступности Интернета любому человеку, уровень доверия к Интернету ниже.**
> Because of the accessibility of the Internet to anybody, the level of trust in the Internet is lower.

This could have been expressed as:

> **Из-за того, что Интернет доступен любому человеку, уровень доверия к Интернету ниже.**
> Because the Internet is accessible to anybody, the level of trust in the Internet is lower.

Exercise 16

A Complete the sentences using either **благодаря** (+ *dat*) or **из-за** (+ *gen*) and put the words in brackets into the appropriate case.

1 В настоящее время Россия не может содержать так много каналов, (тяжёлое экономическое положение) в стране. 2 (Профессиональное мастерство) ведущих, НТВ был очень популярным. 3 Многие газеты скоро закроются (недостаток денег). 4 (Хорошее настроение) он быстро закончил работу. 5 (Цензура) на телевидении, телеведущим теперь трудно работать. 6 Вчера самолёты не летали (плохая погода).

B And now replace these phrases by clauses with **благодаря тому, что** or **из-за того, что**

Example: из-за тяжёлого экономического положения – из-за того, что в стране тяжёлое экономическое положение

Exercise 17

Examine the evening programmes advertised on six Russian television channels and answer the questions in English.

1 What news programmes are on?
2 Are talk shows popular? On which channels are they shown?
3 What sports programmes are on, and on which channel?
4 What is the channel for cultural programmes?
5 What humorous programmes are on?

Первый	Россия 1	НТВ
18:45 "Человек и закон". Общественно-политическая программа с Алексеем Пимановым	19:00 Социально-политическое ток-шоу «60 минут»	19:00 Сегодня
19:50 Телеигра «Поле чудес»	20:00 Вести	19:40 Сериал «Морские дьяволы». Северные рубежи (1-я и 2-я серии)
21:00 Время.	20:45 Вести. Местное время	23:40 Иосиф Кобзон. Моя исповедь
21:30 "Голос". Новый сезон	21:00 Юморина. Бархатный сезон	00:45 Мы и наука. Наука и мы
23:20 Развлекательное ток-шоу "Вечерний Ургант"	23:50 Художественный фильм «Красотки»	01:45 Политическое ток-шоу «Место встречи»

ТВ Центр	Культура	МАТЧ!
18:32 Мелодрама «Люблю тебя любую» (2-я серия)	19:00 Смехоностальгия	17:25 Чемпионат России по футболу. Прямая трансляция "Амкар" (Пермь) - ЦСКА
19:30 "В центре событий" с Анной Прохоровой	19:30 Новости культуры	19:25 Хоккей. КХЛ. Прямая трансляция ЦСКА - "Динамо" (Москва)
20:40 Историческое ток-шоу «Красный проект»	19:45 Искатели (Загадочный полет самолета Можайского)	21:55 Новости
22:00 События	20:35 Линия жизни (Александр Галин)	22:00 Все на Матч!
22:30 Приют комедиантов	21:30 «Эрин Брокович» х/ф	22:40 Документальный фильм «Класс 92»

6 What channel shows feature films?
7 Which channels show Russian series?
8 What entertainment shows are on Channel 1?

Exercise 18

Составьте предложения, используя **те, кто; все, кто** в нужной форме и слова из правой колонки.
Make up sentences using the correct forms of **те, кто; все, кто** and the words from the right-hand column.

Канал «Культуру» смотрят . . . интересуется . . .	спорт
Канал «Матч» – для . . . увлекается . . .	политика
. . . следят за . . ., смотрят программы «Время» и «Вести»	юмор
Программа «Человек и закон» интересна . . . интересуют . . .	новости
«В центре событий» – программа для . . . следит за . . .	молодёжь
Телеигру «Поле чудес» смотрят . . . любит . . .	права человека
Программы «Юморина» и «Смехоностальгия» – для . . . понимает . . .	развлекательные программы
Среди . . . смотрит ток-шоу много . . .	история
Передача «Красный проект» нравится . . . любит . . .	искусство

Русские шутят

На пресс-конференции.
Журналист: «Как вы относитесь к критике?»

Политик: «Положительно. Люблю покритиковать»

* * *

Чем газета лучше телевизора? – Нельзя заснуть, прикрыв лицо телевизором.

* * *

Есть на телевидении вещи совсем не нужные, например, реклама водки.

* * *

Чем больше у нас в стране врагов, тем длиннее программа «Время».

* * *

Папа укладывает четырёхлетнюю дочь спать.
 Девочка почти заснула. Папа шёпотом:
 – Ты, наверное, уже видишь сон про
сказочный лес и разговариваешь с мишкой?
 Дочь сквозь сон:
 – Нет, пока идёт реклама про памперсы и дезодорант.

* * *

Ребенок никак не засыпает. Жена говорит мужу:
 – Включи телевизор. Там министр рассказывает сказку про подъем нашей экономики.

Exercise 19

Translate into Russian.

1 I do not think that the press can be completely independent; a newspaper's policy depends on who the owner of the newspaper is.
2 Most people are interested in the news and watch television to find out about the political and economic situation in the country.
3 Because the Internet is accessible to anybody, the level of trust in the Internet is lower than for television.

4 Unfortunately, the mass media are almost totally controlled by the state.
5 The role of World Wide Web is rapidly growing and nobody doubts that the future belongs to the Internet.
6 Thanks to the professionalism of its presenters, the *Culture* channel has become very popular among those who are interested in art.
7 If you want to form an objective point of view on the events at home and abroad, you need to follow several mass media outlets.

8 КУЛЬТУРНАЯ ЖИЗНЬ РОССИИ

Поэт в России – больше, чем поэт.

Евгений Евтушенко

In this unit you will learn:

▶ about modern trends in Russian culture
▶ about Russia's cultural heritage
▶ about past passive participles
▶ more about the preposition **за**
▶ about words with the root **-каз-**

Text 1

Экранизировать Толстого

Андрей Аствацатуров, российский литературовед и писатель, один из самых популярных преподавателей и лекторов страны, посмотрел все эпизоды телесериала компании Би-би-си «Война и мир», показанного на канале «Кино ТВ», и сравнил экранизацию с романом Льва Толстого.

Просто о сложном. На первый взгляд, это произведение Толстого очень легко экранизировать, потому что там много детальных описаний, куда герой должен посмотреть, куда он должен пойти, что он должен взять со стола: то есть, с одной стороны, даются прямые указания режиссёру. А с другой стороны, в романе Толстой решает определённые стилистические задачи, там существует элемент очень сложного нюансированного психологизма. Он показывает то, что в русской классике называется «диалектикой души». Передать это визуальными средствами не так просто. Нужен какой-то другой киноязык, чтобы донести до аудитории этот импульсный вектор Толстого.

Национальный колорит. Когда я садился смотреть этот сериал, я был готов к обычной наносной «русскости»: балалайки, генералы, которые пьют водку. В этом фильме этого не так много. Видно, что была идея всё-таки снять адекватное кино – не кино на продажу, основанное на стереотипах экзотической страны девятнадцатого века. Но, по моему мнению, они сняли очень современное кино, в котором русские аристократы похожи скорее на современных англичан. У них и манеры такие, и выражение лица такое. Здесь, мне кажется, принципиальное отличие от Толстого: англичане нам предложили очень прямое высказывание. Чтобы это проиллюстрировать, можно сказать, что Толстой пользуется всеми оттенками красного цвета, а здесь просто красный цвет.

Упрощённо, но современно. Если у Толстого герой говорит какие-то, на первый взгляд, двусмысленные вещи: он говорит одно, а, на самом деле, им движет совершенно другое, и при этом в нём зарождается какая-то третья эмоция; то в фильме – одна эмоция и одна точка зрения. С другой стороны, снимать кино о толстовских героях на современном этапе довольно сложно, потому что герои Толстого – это внутренние герои, которые решают комплексные психологические задачи вместе с миром, который вокруг них существует. Такого героя сейчас нет. Сейчас – герой визуальной культуры, герой действия. Сейчас – герой прямого высказывания. Такого героя сформировали режиссёры сериала Би-би-си, и поэтому фильм получился слишком современным. Толстой звучит упрощённо, но современно.

По материалам интервью Андрея Аствацатурова телеканалу «Кино ТВ», 2017.

Vocabulary

произведение	work of art
описание	description
режиссёр	film/theatre director
определённый	certain, definitive
сложный	complex, complicated
средство	means
основанный	based upon
похожий	similar
выражение	expression
предлагать/предложить	to offer
отличие	distinction, difference
оттенок	shade of colour
двусмысленный	ambivalent, with a double meaning
точка зрения	viewpoint
снимать/снять кино	to shoot a film
внутренний	inner
существовать	to exist

Colloquialisms and transition words ♦

на первый взгляд	at first glance
с одой стороны/с другой стороны	on the one hand/on the other hand
всё-таки	nonetheless
скорее	more likely

Exercise 1

Ответьте на вопросы.

1 Чем занимается Андрей Аствацатуров?
2 Почему роман Толстого легко экранизировать?
3 Зачем нужны такие детальные описания в романе?
4 В чём сложность перевода текста романа на язык кино?
5 Как вы понимаете выражение «диалектика души»?
6 Почему сейчас сложно снимать фильм о толстовских героях?
7 Чем отличается современный персонаж от персонажей Толстого?
8 Как Андрей Аствацатуров характеризует результат работы киногруппы Би-би-си?

9 Как обычно передаётся русский колорит в зарубежных фильмах?
10 Что можно сказать об игре актёров в этом сериале?

Exercise 2

Найдите в тексте слова, которые подходят следующим определениям.

1 специалист, изучающий литературу
2 специалист, обучающий студентов в университете
3 крупная форма литературного жанра
4 авторская работа в сфере литературы, музыки или искусства
5 фильм, снятый по литературному произведению
6 человек, который снимает фильм или ставит пьесу в театре
7 персонаж литературного произведения
8 характерный для настоящего времени
9 мнение по определённому вопросу
10 делать фильм
11 детальная градация какого-либо цвета

Exercise 3

Найдите в тексте синонимы к следующим словам и выражениям.

1 инструкции
2 слишком просто
3 амбивалентный
4 недвусмысленное высказывание
5 чувство
6 непросто
7 необычный
8 клише
9 мнение
10 разница
11 использовать

Exercise 4

Прочитайте блог о фестивале «Смена» и ответьте на вопросы.

Зимний книжный фестиваль «Смена» пройдет в Казани 10–11 декабря
Это шестой фестиваль интеллектуальной литературы, организованный Центром современной культуры «Смена».

Его основой станет книжная ярмарка: лучшие российские издательства представят научно-популярную, научную и художественную литературу, которую не найти в рядовом книжном магазине.

1 В чём специфика литературного фестиваля в Казани?
2 Что такое «ярмарка»? Объясните, чем, по вашему мнению, «ярмарка» отличается от «магазина».
3 Какие три вида литературы представлены на фестивале?
4 Какой вид литературы вы предпочитаете? Приведите примеры.
5 Что такое, по вашему мнению, «рядовой» книжный магазин?

Exercise 5

По материалам дискуссии на фестивале «Смена»: *Не пора ли русской прозе умереть?*

На вопрос журналиста отвечают специалисты: книгоиздатель, литературовед и библиотекарь.

Издатель   Идея национальной литературы устарела, как устарела логика чемпионата мира по футболу. Что такое национальная команда? Там сейчас играют игроки разных национальностей и гражданств. Я не думаю, что можно говорить о смерти русской или английской литературы. Интереснее поговорить о кризисе каких-то литературных форматов, например, о кризисе жанра романа, который, безусловно, налицо.

Литературовед	С моей точки зрения, идея об интернационализации современной литературы совершенно правильна. Современные английские, немецкие или французские романы мало чем отличаются. Надо сказать, что русская проза кажется в этом контексте немного странной – менее профессиональной. Когда читаешь британских авторов, сразу понимаешь, что они заканчивали курсы литературного мастерства. Вот они учились по таким-то матрицам, всё очень корректно и понятно. В России мало авторов, которые закончили литературный институт, и в этом есть преимущество.
Библиотекарь	Мне кажется, что кризис литературы можно связать с кризисом гуманитарного общества. Мы живём в очень негуманитарное время, поэтому интерес к литературе падает. Если говорить о жанре романа, мне кажется, что романы всё-таки продаются; их сейчас больше покупают, чем сборники рассказов.

Vocabulary

издатель	publisher
безусловно	unconditionally
налицо	in place, present
связать	to link, to connect

Примите участие в дискуссии.

1 С чьим мнением вы согласны? Обоснуйте вашу точку зрения.
2 Вы согласны, что концепция национальной литературы устарела? Почему?
3 Вы согласны, что жанр романа сейчас неактуален? Почему? Приведите примеры.
4 Вы согласны с концепцией интернационализации современной литературы? Приведите примеры.
5 Должен ли хороший писатель заканчивать литературный институт?

6 Знание литературных канонов – это преимущество или недостаток для писателя?

7 Вы согласны с тем, что мы живём в очень негуманитарное время? Почему?

8 Как это сказывается на интересе к литературе? Обоснуйте вашу точку зрения.

9 Вы предпочитаете читать романы или сборники рассказов? Обоснуйте ваш ответ.

Language points ♦

Words with the root -каз-

Казаться – 'to appear' (**мне кажется** – 'it seems to me') – the reflexive form of the old verb **казать** – 'to have an appearance of' (**иметь вид**).

Nowadays the main meaning of this verb is associated with **сказать** – to say, but the origin of the word is to create a visual impression: **являться/иметь вид.**

Etymologically the root -**каз**- is related (via mutation of vowels and consonants) to the root -**чез**-. Therefore, the words **казаться** 'to appear' and **исчезать** 'to disappear' happen to be the closest to the original meaning.[1]

Exercise 6

Match the verbs with the root -**каз**- with their English translation.

казаться	сказать	рассказать	показать	доказать
заказать	указать	приказать	наказать	подсказать

to order	to book	to show	to prove	to tell
to prompt	to penalise	to say	to appear	to indicate

 ## Dialogue (Audio 8.1)

A conversation between a journalist and a theatre director.

Константин Богомолов – один из ведущих российских театральных режиссёров. На его спектаклях зрители часто вскакивают с криками: «Скандал! Позор!» Но тем не менее никто не уходит, и все остаются досматривать спектакль. Богомолов известен своими работами в МХТ (Московском Художественном театре) имени Чехова, а с 2014 года он стал режиссёром московского театра «Ленком».

A   Listen to the recorded conversation. Outline (in English) the following points:

1   The essence of Bogomolov's dispute with critics.
2   Bogomolov's idea of not losing a contemporary pulse.
3   Bogomolov's views on professionalism in the art of theatre.
4   Bogomolov's theatrical aesthetics.
5   Bogomolov's views on creativity.

Б   Прочитайте диалог и выполните задания к нему.

Transcript of Dialogue

Журналист	Вы очень популярны среди зрителей. Почему, вы думаете, вас так не любят критики?
Режиссёр	Мне кажется, что это связано с нелюбовью к тому, что выходит за границы любой канонической системы.

ЖУРНАЛИСТ	Вы часто работаете с классическими текстами. Как вы делаете их современными? Это, наверное, довольно сложно?
РЕЖИССЁР	С моей точки зрения, это довольно просто. Во-первых, надо всё время сомневаться. Ты теряешь пульс времени, когда ты становишься мастеровитым, когда театр становится не высказыванием, не выражением каких-то определённых идей, а деланием спектакля.
ЖУРНАЛИСТ	То есть профессионализм в театре только мешает?
РЕЖИССЁР	Да, мастеровитость превращает высказывание во что-то стерильное, отдалённое от времени, в котором ты живёшь, от его боли и его нерва. Как бы парадоксально ни казалось, но именно немолодые артисты более открыты новому.
ЖУРНАЛИСТ	Ваша театральная эстетика часто вызывает непонимание. Постановка под названием «Князь» по «Идиоту» Достоевского стала одной из самых скандальных на российской сцене.
РЕЖИССЁР	Театр – это самостоятельное искусство. Театр существует не для того, чтобы пересказывать литературные произведения и проводить чтение по ролям. Текст здесь является таким же элементом спектакля, как музыка, костюмы и декорации. Режиссёр создаёт произведение, в котором текст – это элемент, а не догма и не канон, который нужно правильно передать в соответствии с какими-то коллективными мифами о том, каким должен быть Чехов, Шекспир или Достоевский.
ЖУРНАЛИСТ	Для кого вы работаете, какова ваша аудитория?
РЕЖИССЁР	Для себя и для тех, кто меня понимает. Творчество – это очень простая вещь. Это умение заинтересовать своими идеями других. Если это получается, значит вы удачно ведёте диалог с аудиторией.
ЖУРНАЛИСТ	А как же задача нести свет в массы и сеять разумное, доброе, вечное?
РЕЖИССЁР	Если вы начинаете работать для других, вы начинаете думать о компромиссах, о том, чтобы понравиться, и это смерть для человека творческого.

По материалам интервью Константина Богомолова телепрограмме «Личное время», 2013.

Vocabulary

среди	among
зритель	spectator
сомневаться/усомниться	to have doubts
терять/потерять	to lose
мешать/помешать	to be a hindrance
превращать/превратить	widespread
самостоятельный	free-standing
создавать/создать	to create
в соответствии	in accordance
творчество	creativity
получаться/получиться	to turn out

Colloquialisms and transition words ◆

тем не менее	nevertheless
сеять разумное, доброе, вечное	to disseminate all the intelligent, the good, the eternal; a proverbial quote from the poem 'To the Sowers' («Сеятелям», 1877) by Nikolai Nekrasov, which highlights the duty of the Russian educated classes to enlighten people.

Exercise 7

A Закончите предложения.

1 Спектакли Богомолова часто критикуют, потому что . . .
2 Чтобы сделать классический текст современным, надо . . .
3 Мастеровитость превращает высказывание во что-то . . .
4 Как бы парадоксально ни казалось, но именно немолодые артисты . . .
5 Спектакль «Князь» по «Идиоту» Достоевского стал . . .
6 Театр – это самостоятельное . . .
7 Театр существует не для того, чтобы . . .
8 Режиссёр создаёт произведение, в котором текст – это . . .
9 Творчество – это умение . . .
10 Если режиссёр начинает работать для других, он начинает думать о . . .

Б Придумайте пять дополнительных вопросов, которые вы хотели бы задать российскому режиссёру.

1
2
3
4
5

В Работа в парах. Задайте эти вопросы вашему партнёру, который будет играть роль режиссёра.

Language points ♦

Participles

Past passive participles are normally formed from the perfective verb. They are the equivalent of English participles ending in -ed (if the verb is regular!). In Russian the ending is -анный, -енный, -ённый or -тый. Only transitive verbs (those which can take a direct object) form past passive participles.

How to form past passive participles

Endings in -нный

1 Verbs ending in -ать, -ять replace the -ть by -нный: заработать – заработанный 'earned'.

2 Second conjugation verbs ending in -ить or -еть and first conjugation verbs ending in -сти, -зти take -енный, or -ённый if the ты form of the future perfective is stressed on the ending: предложить – предложишь – предложенный 'offered'; решить – решишь – решённый 'decided'; ввезти – ввезёшь – ввезённый 'imported'.

But note: найти – найдёшь – найденный 'found'; пройти – пройдёшь – пройденный.

Where there is a consonant change in the я form of the future perfective, this will also occur in the past passive participle: пригласить – приглашу – пригласишь – приглашённый 'invited'.

Endings in -тый

A small number of verbs of the first conjugation take the ending -тый. These include many monosyllabic verbs and their compounds, verbs ending in -оть, -уть, -ыть and -ереть: взять – взятый 'taken'; принять – принятый 'accepted'; закрыть – закрытый 'closed'; убить – убитый 'killed'; запереть – запертый 'locked' (note the loss of -e- in this kind of verb).

Exercise 8

Form the past passive participle from the following verbs.

основать, показать, оплатить, купить, оценить, поставить, использовать, предложить, осуществить, перевести, пригласить, подписать, приготовить, развить, принять, приобрести, найти, ввести, зарегистрировать, разрешить, открыть, удовлетворить.

How to use past passive participles

Participles decline like adjectives and agree in number, gender and case with the noun they describe:

Она отказалась от места, предложенного ей вчера.
She rejected the position offered to her yesterday.

Они нужны каждой компании, занятой продажами.
They are needed by every company engaged in sales.

Past passive participle and the passive voice

A short version of the participle can be used to form the passive. It has only one -н- and endings like a short adjective:

Место было предложено ей вчера.
The position was offered to her yesterday.

Она была принята на работу.
She was accepted for the job.

Контракт будет подписан завтра.
The contract will be signed tomorrow.

Note how the stress moves to the end in participles ending in -ённый:

Марина не будет приглашена на интервью.
Marina will not be invited to the interview.

Note also that the instrumental case is used to express the agent by whom or by which an action is performed:

Пьеса была поставлена русским режиссёром.
The play was produced by a Russian director.

Землетрясением было разрушено много зданий.
Many buildings were destroyed by the earthquake.

Exercise 9

Form the past passive participle of the verb in brackets. Do not forget to use the perfective verb.

1 Актёр (занимать/занять) в спектакле. 2 Предпочтение было (отдавать/отдать) российской балерине с опытом. 3 После интервью она была (приглашать/пригласить) в театр. 4 Если испытательный срок будет (проходить/пройти), вам будет (предлагать/предложить) работа в музее. 5 Контракт будет (подписывать/подписать) в среду. 6 Для него специально (находить/найти) место в труппе театра. 7 Были (покупать/ купить) все билеты на фестиваль российского кино. 8 Было (решать/решить) предложить ему эту роль. 9 В статье было (отмечать/отметить) её умение играть как в кино, так и на сцене. 10 Билеты были (приобретать/приобрести) в кассе музея. 11 На фестивале будут (показывать/показать) лучшие фильмы года.

In some examples participles are used just like adjectives:

образованная женщина	educated woman
заслуженный артист	renowned actor
дипломированный специалист	a qualified specialist
дипломировать	to award a diploma
определённый ответ	definite answer
неслыханный успех	an unprecedented success

Note also:

шансы быть принятыми
the chances of being accepted

(**принять** 'to accept' – **принятый** – past passive participle)

Принятыми is in the instrumental case after the verb **быть** like an adjective, rather than in the short form, which might be expected for a past passive participle.

Contrast:

Рабочее место может быть найдено.
A job might be found.

(**найти** 'to find' – **найденный** – past passive participle)

Some past passive participles are used as nouns: **данные** 'data'; **заключённый** 'a prisoner'.

Exercise 10

Change the active sentences into the passive using past passive participles with instrumental case.

1 Директор подписал контракт о постановке балета. 2 Она перевела роман Толстого за три месяца. 3 Журнал открыл специальный сайт для иностранных читателей. 4 Коллеги рекомендовали её как отличного специалиста по русскому искусству. 5 Театр опубликовал объявление в газете неделю назад. 6 Критики оценили фильм как слабый. 7 Правительство ввело новый закон о музеях страны. 8 Российские режиссёры завоевали самые престижные призы на фестивале.

Exercise 11

Read the text. Form the past passive participle of the verb in brackets; use the short form where appropriate. Then summarise the text (in English), mentioning the following points:

• Location of the State Russian Museum
• Historic background of the museum

- The present-day collection
- The citizen's comments

В центре Санкт-Петербурга на площади Искусств находится всемирно известный Государственный Русский музей. Это один из крупнейших музеев русского искусства, (основать) _____ сто двадцать лет назад.

Музей занимает целый комплекс зданий, (построить) _____ в стиле итальянского классицизма и (соединить) _____ между собой. Главное из них – Михайловский дворец – одно из красивейших зданий Петербурга. Решение превратить Михайловский дворец в музей было (принять) _____ императором Александром III. В это время в Эрмитаже уже не хватало места для (расположить) _____ там коллекций западных и русских мастеров, и Император посчитал нужным сделать отдельный музей, (отвести) _____ специально для работ русского искусства. В 1898 году, уже после его смерти, желание царя было (выполнить) _____ императорской семьёй. В Михайловском дворце было (открыть) _____ 37 залов, и первые посетители музея увидели коллекцию произведений русского искусства, (собрать) _____ Александром III и его семьёй.

За прошедшие годы коллекция значительно расширилась: в неё вошли произведения, (подарить) _____ разными коллекционерами, а также работы, (купить) _____ музеем. (Составить) _____ из 382000 экспонатов, коллекция рассказывает о тысячелетней истории отечественного искусства. Музею принадлежит одна из лучших коллекций картин, (создать) _____ русскими художниками, и крупнейшее в стране собрание скульптуры. Многие россияне считают, что коллекция, (представить) _____ в музее является энциклопедией русского искусства, и неудивительно, что каждый год музей посещает почти полтора миллиона туристов из разных городов России и всего мира.

Exercise 12

В Санкт-Петербурге на площади Искусств находится Михайловский театр оперы и балета.

- Посмотрите в интернете, почему театр носит такое название.
- Посмотрите на афишу театра. Какие спектакли вам знакомы? Расскажите, о чём они.

Language points ♦

Preposition corner

За + accusative/instrumental

A reminder of some familiar uses of за + instrumental meaning 'behind' or 'beyond' in relation to place:

за домом	behind the house
за горами	beyond the mountains
за границей	abroad (over the border)
за дверью	outside/behind the door

But remember: идти/ехать/выйти за дом; за горы; за реку; за ворота; за угол; за границу; за город; за дверь. Note not only the use of the accusative case after verbs of motion but also that the stress moves to за before certain nouns.

In the dialogue you will notice the phrase: за компьютером 'at the computer'.

Note some similar examples:

за рулём	at the wheel
за обедом	at lunch
за столом	at the table

All the above examples relate to за used as a preposition of place. There are also examples in the dialogue of за + accusative used as a preposition of time, meaning 'during the course of':

За эти два года я многому научилась.
During these two years I learnt a lot.

За три года я освоила много программ.
In three years I mastered a lot of programmes.

За is used with до to mean 'before':

за час до начала интервью.
an hour before the start of the interview.

Note, however, the following examples of за + instrumental:

день за днём	day after day
за исключением	with the exception

За + accusative may also be used to mean 'for' after verbs referring to payment, reward, thanks, criticism:

благодарить (по-) за	to thank for
хвалить (по-) за	to praise for
платить (за-) за	to pay for
критиковать за	to criticise for
голосовать (про-) за	to vote for

After nouns and adjectives related to these verbs за + accusative is also used:

благодарный/благодарность за
grateful/gratitude for

плата за проезд
fare

Note also за (+ accusative) и против 'for and against'.
'For' in the sense of 'to fetch' is translated by за + instrumental:

посылать/послать за врачом
to send for the doctor

заходить/зайти за другом
to call for a friend

идти/пойти за помощью
to go for help

Note also:

смотреть за детьми
to look after children

Exercise 13

Choose between accusative and instrumental cases after the preposition **за.**

«**Гражданин поэт-Господин хороший**» – это продолжение популярного проекта «Гражданин поэт». Все помнят, как в 2011 на канале «Дождь» актёр Михаил Ефремов и писатель и поэт Дмитрий Быков начали делать пародии на тему классиков русской литературы. Выпуски этого проекта были реакцией на самые актуальные политические новости недели. За (эта сатира) _____ проект часто критиковали, и в 2012 году программа закрылась. Однако за (этот год) _____ она стала необычайно популярной среди зрителей в России и за (граница) _____. В 2011 за (своя работа) _____ Быков и Ефремов получили премию «Политпросвет». По просьбам зрителей программу возродили. Новый формат – это не только пародии на классику, за (последнее время) _____ в программу вошли и карикатуры, и советские хиты, и шансон.

Exercise 14 (Audio 8.2)

A Прослушайте запись. **Политическая сатира: из цикла «Господин хороший»** (автор Андрей Орлов, читает (в оригинале) Михаил Ефремов).

Стихотворение написано о праздновании Дня Победы 9 мая 2016 года, когда в глаза бросалось почти полное отсутствие иностранных лидеров на военном параде.

Пародия на тему популярного стихотворения Евгения Евтушенко «Со мною вот что происходит . . . » (1957).

Евгений Евтушенко	Пародия
Со мною вот что происходит: ко мне мой старый друг не ходит, а ходят в мелкой суете	Со мною вот что происходит: Страна немало производит Снарядов, танков и ракет, Им примененья дома нет. И мне, скажите, бога ради,

разнообразные не те.
И он
не с теми ходит где-то
и тоже понимает это,
и наш раздор необъясним,
и оба мучимся мы с ним.

Смотреть их только на параде?
Ещё при этом – одному?
Нет, я реально не пойму!
Я через год на День Победы,
И тут я правду говорю,
К вам, лично в гости сам приеду
На том, на что сейчас смотрю.

Б   Найдите в интернете полный текст стихотворения Евгения Евтушенко «Со мною вот что происходит . . . ».

В   Найдите информацию об этом стихотворении. Почему оно так популярно среди россиян?

Г   Прочитайте пародию проекта «Господин хороший».Что вы думаете об этой пародии? Обоснуйте ваш ответ.

🎧 Exercise 15 (Audio 8.3)

Interpreting: an English journalist wants to conduct an interview with a Russian literature expert. You are asked to interpret in both languages.

Журналист	What can you say about the actors who performed in the BBC film-series based on Tolstoy's novel *War and Peace*?
Литературовед	В целом, это лица современного кинематографа, очень похожие друг на друга.
Журналист	That is to say, they do not have any dramatic individuality.

ЛИТЕРАТУРОВЕД	Да, когда я начал смотреть фильм, я бы никогда не понял, что это Анатоль Курагин, а это князь Андрей Болконский.
ЖУРНАЛИСТ	But don't you think that this is because Russian viewers still remember the famous film-epic created by Sergei Bondarchuk in 1966–67. They know it very well, and now they watch the new film through the prism of the old canon.
ЛИТЕРАТУРОВЕД	Может быть, вы правы. Всё это очень талантливо и очень современно, и нужен какой-то молодой зритель для этого фильма, у которого ещё не сформированы литературные стереотипы.
ЖУРНАЛИСТ	Tolstoy is very popular among British readers. In all surveys, he usually comes in the top five most readable classics. How do you explain this?
ЛИТЕРАТУРОВЕД	Философия и этические взгляды Толстого тесно связаны с английской гуманистической традицией, с английской философией и религиозными идеями.
ЖУРНАЛИСТ	Was he familiar with British culture? For instance with the novels of Dickens?
ЛИТЕРАТУРОВЕД	Толстой очень хорошо знал эту культуру. Возможно поэтому его произведения так важны для Британии. В них есть элемент британской этики, и британцы там видят что-то своё.
ЖУРНАЛИСТ	Do you think that after this BBC series there will be a growth of interest in Tolstoy's writings and, perhaps, in Russian culture?
ЛИТЕРАТУРОВЕД	Литературная мода очень быстро меняется, но этот телесериал, безусловно, может стать таким катализатором, особенно для молодёжи.

Exercise 16

Русская культура богата крылатыми выражениями, пословицами и поговорками. Что означают эти поговорки? Выберите правильный ответ.

1	«Семь бед – один ответ» говорят, когда	А	идут на риск
		Б	знают ответ на все вопросы
		В	слишком много проблем
2	«У страха глаза велики» говорят, когда	А	глаза расширены от ужаса
		Б	чувство опасности помогает лучше понять ситуацию
		В	видят опасность там, где её нет
3	«Нет худа без добра» говорят,	А	если результат доброго дела оказался хуже, чем предполагали
		Б	когда находят что-то хорошее в неприятной ситуации
		В	если видят, что добрый человек худой и бледный
4	«От добра добра не ищут» говорят, когда	А	ищут что-то хорошее в плохой ситуации
		Б	не хотят делать добро
		В	не хотят менять существующего положения
5	«Не в свои сани [sledges] не садись» говорят, когда советуют	А	не браться за непосильное дело
		Б	всегда знать заранее, куда ехать
		В	не принимать приглашения незнакомых людей

Exercise 17

«Маша и Медведь» – российский мультипликационный сериал, созданный студией «Анимаккорд». Третий сезон стартовал в 2015; новые серии очень популярны среди маленьких зрителей. Придумайте ваш рассказ по этим картинкам.

Exercise 18

Translate into Russian.

1 The crisis of the novel as a genre is linked to the overall crisis of humanistic society.
2 On the contrary, in my view nowadays novels sell better than collections of stories
3 To be contemporary, one needs to be permanently in doubt.
4 Can you start shooting the film in a week's time?
5 I would like you to watch the new BBC series *War and Peace* and to compare it with the novel.
6 The opinion of theatre critics often differs from that of the viewers.
7 From the director's viewpoint, theatre is a free-standing domain of art.

Note

1 *Этимологический словарь русского языка для школьников*, Москва, 2009, с. 125.

9 ДЕМОГРАФИЯ

Мамы разные нужны,
Мамы всякие важны.
Сергей Михалков

In this unit you will learn:

▶ about Russia's demographic problems
▶ how to form and use numerals
▶ how to use **нужен** meaning 'to need'
▶ about words with the roots – **род-, -муж-, -жен-, -мерт-, -брак-**

Text 1

Как помочь нашему аисту?

Формально численность населения России за последние годы не сокращается, а продолжает расти уже восемь лет подряд. По данным Росстата (Федеральной службы государственной статистики), в 2017 году население России составило 146,8 миллиона человек против 146,5 миллиона в 2016 и 146,3 миллиона человек в 2015. Но демографическая проблема в России остается, так как даже нынешняя численность, почти 147 миллионов – это очень мало для такой территории.

В начале 2000-х среди демографов существовало мнение, что для нормального функционирования экономики страны население должно быть примерно 500 миллионов. Сейчас эта цифра кажется совершенно нереальной. Самый понятный простому человеку аспект демографической проблемы – сокращение численности трудоспособного населения по отношению к пенсионерам. При нынешнем пенсионном возрасте в стране – 55 лет для женщин и 60 для мужчин, уже к середине следующего десятилетия число работающих и нетрудоспособных россиян (малолетних и пенсионеров) сравняется, то есть у государства просто могут кончиться деньги на пенсии и пособия, поскольку эти деньги берутся из налогов работающего населения.

Государство уже давно старается ввести меры, стимулирующие граждан иметь больше детей. Самая известная мера – материнский капитал, единовременная выплата, которая даётся при усыновлении или рождении второго, третьего или любого последующего ребёнка (только гражданина России). Материнскому капиталу уже десять лет – программа работает с 1 января 2007 года. Рождаемость с тех пор немного выросла, смертность немного уменьшилась, но никакого принципиального роста населения не произошло.

К сожалению, в мире нет удачного опыта государственного стимулирования рождаемости, хотя такая проблема существует во многих западных странах. Как показывает практика, в такой ситуации на уровне государства, скорее, нужно думать не о количестве детей, а о качестве жизни. В регионах, где многодетные семьи составляют часть культурной и религиозной традиции (таких в России немало), рождаемость растёт по-прежнему активно, и специально увеличивать её с помощью государственных мер, пожалуй, не стоит. Там существует другая проблема: где работать молодым людям. Регионы с наиболее высокой рождаемостью (например Кавказские) – это лидеры по уровню безработицы.

Кстати, и само по себе повышение качества жизни не приводит к автоматическому повышению рождаемости. Чаще происходит наоборот, и наиболее низкая рождаемость там, где всё хорошо с экономикой, а религиозные традиции не так сильны, чтобы стимулировать многодетность.

По материалам сайта «Газета.ру», май 2017.

Vocabulary

численность (f) населения	number of population
подряд	in a row, one after another
составлять/составить	to constitute
нынешний	present
почти	almost
примерно	approximately
трудоспособный	of working age
равняться/сравняться	to be equal
пособие	allowance

поскольку	because
стараться/постараться	to try/to attempt
рождаемость (f)	birthrate
смертность (f)	mortality
опыт	experience
количество	quantity
качество	quality

Colloquialisms and transition words ♦

стоит/не стоит	to be worth it/not to be worth it
хотя	although
наоборот	on the contrary

Exercise 1

Ответьте на вопросы.

1 Как изменилась численность населения России за последние восемь лет?

2 По мнению демографов, какова должна быть численность населения России для нормального развития страны?

3 Какая демографическая проблема стоит сейчас перед российским обществом?

4 Каков сейчас пенсионный возраст в России?

5 Почему низкий пенсионный возраст ведёт к демографическим проблемам?

6 Какие меры ввело государство, чтобы стимулировать рождаемость?

7 Каковы результаты этих мер?

8 Сравните демографические проблемы России и стран Западной Европы.

9 Какие есть пути решения этих проблем?

10 Как связаны демографические проблемы с экономикой региона или страны?

Exercise 2

Найдите в тексте слова, которые подходят следующим определениям.

1 количество людей, которые живут на данной территории
2 специалист, который занимается проблемами изменения численности населения
3 возрастная группа людей, которые способны работать
4 люди, которые по возрасту могут не работать
5 деньги, которые государство собирает с населения на различные социальные нужды
6 количество детей, родившихся в год на 1000 человек
7 количество умерших в год на 1000 человек
8 знания и практические навыки, полученные в результате какой-либо деятельности/работы
9 семья, в которой много детей
10 процент трудоспособных людей, у которых нет работы

Exercise 3

А Найдите пары синонимов.

1 сокращаться	сегодняшний
2 расти	потому что
3 нынешний	выплата
4 десятилетние	один раз
5 поскольку	успешный
6 пособие	молодёжь
7 единовременно	уменьшаться
8 удачный	как всегда
9 по-прежнему	увеличиваться
10 молодые люди	декада

Б Составьте 10 предложений со словами из левой колонки.

Language points ♦

Numerals

When a written text, such as the one above on demography, contains a lot of numerals it can be an aid to understanding. However, producing correct Russian using numerals poses particular problems. First, there is the question of which case to put the noun into after the numeral. Second, needed particularly when using numerals in spoken Russian, there is the matter of which case the numeral itself goes into.

Cases after cardinal numerals

By now you are probably familiar with the following:
один/одна/одно 'one' is an adjective and agrees in gender with the following noun: один стол; одна книга; одно окно. There is even a plural for plural only nouns: одни ножницы. Два (masc. and neut.) and две (fem.) 'two'; три 'three'; четыре 'four' and оба (masc. and neut.) and обе (fem.) 'both' are followed by the genitive singular of the noun and genitive plural (masc. and neut.) or nominative plural (fem.) of the adjective: два больших стола; три интересные книги. Пять 'five' and above are followed by the genitive plural of both noun and adjective; пять больших столов. The case following compound numerals is determined by the last element: двадцать две интересные книги.

However, these rules only apply if the numeral itself is in the nominative case, or the inanimate accusative. Numerals decline if the structure of the sentence requires it, e.g., after prepositions. After a numeral in a case other than the nom./acc. the noun and adjective will go into the plural of the same case: семья с пятью маленькими детьми 'a family with five small children'. Only два/две, три, четыре, оба/обе have an animate accusative, and this is not used in compound numerals: я знаю двух девушек; я знаю двадцать две девушки. All elements of a compound number decline: с пятидесяти пяти до шестидесяти четырёх 'from fifty-five to sixty-four'; в возрасте пятидесяти восьми лет 'at the age of fifty-eight'. Numerals used to tell the time similarly decline: в два часа 'at two'; с двух часов 'since/from two o'clock'. *The complete declension of cardinal numerals is in the Grammar Reference.*

Exercise 4

Write out the numerals putting the nouns and adjectives in the correct case.

1 Женщины составляют 53 (процент), а мужчины 47 (процент) населения России. 2 В 1992 году сокращение населения отмечалось на 44 (территория) России, а в 93 году уже в 68 из 79 (российский регион). 3 В период с 1897 года по 1924 год прирост населения составил более 22 (миллион) человек. 4 Семья с 3–5 (ребёнок) большая редкость в России. 5 Без миграции численность населения России сократилась бы до 140 (миллион) человек уже к 2000 году. 6 Согласно демографам численность населения России снизится к 2010 году до 133 (миллион) человек. 7 Невский экспресс способен развивать скорость до 200 км. в час. 8 Стоимость авиабилета в Москву от 199 (доллар). 9 Мне очень нравится книга «От 2 до 5».

Collective numerals

Collective numerals двое 'two'; трое 'three'; четверо 'four', are followed by the genitive plural. They can conveniently be used with plural only nouns that have no genitive singular: трое часов 'three clocks'; четверо суток 'four days and nights'. Collective numerals cannot be used in compounds, so пара or штука is used: двадцать три пары часов 'twenty-three clocks'.

Forms also exist for five to ten: пятеро, шестеро, семеро, восьмеро, девятеро, десятеро. Collective numerals are often found with animate masculine nouns, with люди and дети: двое мужчин 'two men'; пятеро детей 'five children'; шестеро друзей 'six friends'.

Note also the expressions: нас было трое 'there were three of us'; мы/нас двое 'we two'; комната на двоих 'room for two'; на своих двоих 'on your own two feet/on foot'.

Exercise 5

Replace cardinal numerals by collective ones.

1 В семье (четыре ребёнка). 2 Мы работали (два дня и две ночи). 3 Среди нас было (три девушки). 4 (Пять солдат) были посланы в Чечню. 5 (Семь спортсменов) получили медали. 6 (Шесть студентов) записались на курсы русского языка.

Quantitative nouns

These consist of единица 'one'; двойка 'two'; тройка 'three'; четвёрка 'four'; пятёрка 'five'; шестёрка 'six'; семёрка 'seven'; восьмёрка 'eight; девятка 'nine'; десятка 'ten'. They are used principally for playing cards: десятка треф, бубен, червей, пик 'the ten of clubs, diamonds, hearts, spades' and in the five point Russian marking scale where тройка is satisfactory and пятёрка is excellent. Note also how семёрка is used to translate 'the Seven (advanced industrial nations)'.

Other numerical expressions

You may find the following expressions useful:

вдвое/втрое больше
twice/three times as much

в два/три/четыре раза больше
twice/three/four times as big

Contrast the expressions вдвоём, втроём meaning 'two/three together':

Они живут вдвоём.
The two of them live together.

Exercise 6

Insert the right word двое, вдвоём, вдвое.

1 Они поехали в Россию . . . 2 В этом году в Россию приехало . . . больше беженцев, чем в прошлом году. 3 . . . спортсменов заняли первое место.

трое, втроём, втрое

4 . . . друзей решили поехать на Кавказ. 5 Они всё делают . . . 6 Её зарплата . . . больше, чем его.

Indefinite numerals

Несколько 'several', сколько 'how many' and столько 'how many' decline like plural adjectives and agree with the nouns they describe:

из нескольких данных 'from several statistics'. **Много** 'many, much' and **немного** 'not many' decline in both the singular and the plural; **во многом** 'in many respects'; **во многих местах** 'in many places'. **Мало** 'few' does not decline.

Exercise 7

Put **много, немного, несколько, сколько** in the right case.

1 По мнению (несколько) демографов России грозит демографическая катастрофа. 2 Во (много) развитых странах продолжительность жизни очень высокая. 3 Проблема была решена в течение (несколько) дней. 4 (Несколько) семьям мы помогли деньгами и одеждой. 5 У (много) беженцев нет даже одежды. 6 На конференции я познакомилась с (несколько) новыми русскими. 7 Со (сколько) студентами вы разговаривали? 8 Его имя известно (много). 9 У (немного) студентов есть такие возможности.

Человек after numerals

After **несколько, сколько** and **столько** use **человек** as the genitive plural of **человек** and after **мало, много, немало, немного** use **людей**. **Человек** is also used after numerals where there is no adjective, **людей** is more common where there is an adjective: **десять человек** 'ten people'; **десять хороших людей** 'ten good people'.

Exercise 8

Decide when to use **человек** or **людей**.

1 Население России 140 млн . . . 2 Много . . . погибло во время войны. 3 Сколько . . . учится в вашем университете? 4 В нашей группе 12. . . 5 У некоторых . . . нет даже самого необходимого. 6 У нескольких . . . было по три книги. 7 В Москве я встретил несколько . . . из Англии.

Fractions and decimals

The feminine form of the ordinal number is used to express a fraction, the words **часть** or **доля** being understood: **одна шестая** 'one sixth'; шесть десятых 'six tenths'. Треть 'a third' and четверть 'a quarter' are commonly used instead of the corresponding fractions: две трети instead of две третьих 'two thirds'; три четверти instead of три четвёртых 'three quarters'.

Decimals are expressed by using the fractions for tenths, hundredths and thousands: одна целая и пять десятых '1.5'; ноль целых и сорок восемь сотых '0.48'; шесть целых и четыреста восемьдесят семь тысячных '6.487'.

Fractions and decimals are always followed by the genitive singular: 69,6 года. Note that Russian uses a comma instead of a decimal point.

Exercise 9

Проанализируйте таблицу «Продолжительность жизни в России» и ответьте на вопросы.

1 В какой стране самая высокая продолжительность жизни?
2 Какой разрыв между продолжительностью жизни мужчин и женщин в Японии, в Германии, в Великобритании и в России?
3 В какой стране самый большой разрыв?
4 Как менялась продолжительность жизни мужчин и женщин в России в течение последних 20 лет. Как вы можете это объяснить?

ТАБЛИЦА 9.1

Продолжительность жизни в России в сравнении с лидирующими странами мира

Рейтинг	Страна	Всё население	Мужчины	Женщины
1	Андорра	82,75	80,4	85,1
2	Япония	82,15	78,7	85,6
3	Сан-Марино	82	78,4	85,6
4	Сингапур	82	79,3	84,7
5	Франция	81	77,7	84,3

Рейтинг	Страна	Всё население	Мужчины	Женщины
24	Германия	79,05	76	82,1
26	Великобритания	78,75	76,2	81,3
30	США	78,1	75,2	81
129	Россия	66,05	59,1	73
	1989–1990гг.	69,1	63,7	74,3
	1995	64,5	58,1	71,5
	2000	65,3	59,0	72,2
	2010	68,9	63,0	74,8

По данным Всемирной организации здравоохранения и Росстата, 2016.

Dialogue (Audio 9.1)

A conversation between a journalist and a specialist on contemporary Russian society.

A Listen to the recorded conversation. Outline (in English) the following points:

1 A demographic profile of the average Russian in 1992.
2 A demographic profile of the average Russian nowadays.
3 The average family size.
4 The issues affecting the birthrate in Russia (name two issues).

Б Прочитайте диалог и выполните задания к нему.

Transcript of Dialogue

ЖУРНАЛИСТ Недавно в старом журнале я нашла довольно интересный демографический портрет россиянина, опубликованный весной 1992 года, то есть в самом начале постсоветских реформ.

СПЕЦИАЛИСТ Это интересно, статистика в то время была не очень надёжной, но всё равно давайте посмотрим.

ЖУРНАЛИСТ	Тогда средняя продолжительность жизни россиянина составляла около сорока лет. Впрочем, типичный житель – это даже не россиянин, а россиянка. В России тогда женщин было больше, чем мужчин почти на 10 миллионов. Самое распространённое имя у мужчин было Александр, а у женщин – Анастасия. Скажите, изменилось ли что-нибудь за все эти годы?
СПЕЦИАЛИСТ	По большому счёту, не изменилось. Типичный россиянин – это женщина, и женщин в России по-прежнему на 10–12 миллионов больше, чем мужчин. По данным Росстата, в России сейчас проживает более 79 миллионов женщин и примерно 68 миллионов мужчин. Кстати, имя Александр по-прежнему является самым популярным, а вот среди женских имён на первое место вышла София.
ЖУРНАЛИСТ	А как изменился средний возраст?
СПЕЦИАЛИСТ	И моложе россиянка тоже не стала. Ей сейчас свыше 40 лет. Можно сказать, что типичная россиянка – долгожитель, и живёт она в среднем до 77 лет. Это много по сравнению со средней продолжительностью жизни русских мужчин, которые, в большинстве своём, так и не доживают до 67 лет.
ЖУРНАЛИСТ	Поэтому, увы, Россию по-прежнему называют «страной вдов». А каково сейчас семейное положение молодых россиян?
СПЕЦИАЛИСТ	Почти такое же, как было 25 лет назад. Средний размер семьи – три-четыре человека, как и в других странах Европы. Разводы остаются серьёзной проблемой, и мать-одиночка сейчас – довольно распространённое явление по всей России.
ЖУРНАЛИСТ	Что, конечно, отрицательно влияет на индекс рождаемости в стране?
СПЕЦИАЛИСТ	И не только это. Например, квартирный вопрос стоит очень остро.
ЖУРНАЛИСТ	Но ситуация значительно улучшилась по сравнению с 1992 годом. Тогда более 12% россиян жили в общежитиях, и почти 9% – в коммуналках. Сейчас в коммуналках осталось не более трёх процентов россиян.

СПЕЦИАЛИСТ	Всё так, но больше половины молодого населения, как и раньше, живёт вместе со своими родителями. Интересно, что четверть из них живёт у родителей вместе со своей женой и мужем. И это не потому, что они так любят своих родственников, а просто купить или снять своё жильё им не по карману.
ЖУРНАЛИСТ	Понятно, ипотечный кредит получить трудно, и мечта о собственном доме и зелёном пригороде для большей части россиян так и остаётся мечтой.
СПЕЦИАЛИСТ	Да, поэтому, как видите, надо учитывать целый комплекс факторов, чтобы разобраться в демографических проблемах.

По материалам интервью с Дмитрием Цискарашвили, специалистом по современному российскому обществу, Тринити Колледж, Дублин, март 2017.

Vocabulary

надёжный	reliable
средний	average
продолжительность жизни	life expectancy
около	about, approximately
распространённый	widespread
вдова/вдовец	widow/widower
положение	status
развод	divorce
остро	acutely
снимать/снять жильё	to rent
мечта	dream
часть (f)	part, proportion
учитывать/учесть	to take into consideration
разбираться/разобраться	to gain understanding, to sort out

Colloquialisms and transition words ♦

всё равно	all the same
впрочем	however
по большому счёту	generally speaking

| увы | alas |
| не по карману | unaffordable, out of pocket |

Exercise 10

А Закончите предложения.

1 Сейчас типичный россиянин – это . . .
2 Женщин в России на 10–12 миллионов . . .
3 Средняя продолжительность жизни женщин в России . . .
4 Типичный россиянин, как правило, редко доживает до . . .
5 Россию называют «страной вдов», потому что . . .
6 Мать-одиночка – это распространённое явление, потому что . . .
7 На индекс рождаемости в стране также влияет . . .
8 Сейчас в коммунальных квартирах живёт не более . . .
9 Больше половины молодого населения России живёт вместе . . .
10 Это происходит потому, что . . .

Б Придумайте пять дополнительных вопросов, которые вы хотели бы задать специалисту по современному российскому обществу.

1
2
3
4
5

В Работа в парах. Задайте эти вопросы вашему партнёру, который будет играть роль специалиста по современному российскому обществу.

Exercise 11

Проблемы родителей и детей часто обыгрываются в сказках. Придумайте рассказ по этим картинкам.

Exercise 12

ТАБЛИЦА 9.2

Прирост населения в России (на 1000 человек населения)

Годы	1990	1995	2000	2004	2008	2010	2012	2014	2015	2016
Число родившихся	13,4	9,3	8,7	10,4	12,0	12,5	13,3	13,3	13,3	12,9
Число умерших	11,2	15,0	15,3	15,9	14,5	14,2	13,3	13,1	13,0	12,9
Естественный прирост	2,2	−5,7	−6,6	−5,5	−2,5	−1,7	0,0	0,2	0,3	−0,01

По данным Росстата, май 2017.

Проанализируйте таблицу «Прирост населения в России» и ответьте на вопросы.

1 В каком году наблюдался самый большой прирост населения в России?
2 Когда прирост населения стал отрицательным?
3 Как вы можете объяснить такое явление?

Language points ♦

Нужен

Нужен (*m*), **нужна** (*f*), **нужно** (*n*), **нужны** (*pl*) is a short adjective. Used together with the dative it translates 'to need':

Нам нужно лучшее здравоохранение.
We need a better health service.

Клинике нужны опытные врачи.
The clinic needs experienced doctors.

In the past and future tenses the form of the verb **быть** will vary according to the subject:

Клинике нужны будут опытные врачи.
The clinic will need experienced doctors.

Another way of expressing the same idea is to use the verb to need **нуждаться в** (+ *prep*).

России нужна демографическая политика.
Россия нуждается в демографической политике.
Russia needs a demographic policy.

Exercise 13

Decide who needs what by putting **нужен** in the right form.

1 Мне . . . время. 2 Ему . . . словарь. 3 Нам . . . виза. 4 Им . . . журналы. 5 Больнице . . . новое оборудование. 6 Мне . . . учебник русского языка. 7 Театру . . . актёры. 8 Ему не . . . газета. 9 России . . . демографическая политика.

Now put these sentences first in the past and then in the future tense.

Word building

Words with the root род 'birth, tribe, nature'

Note that д changes to ж or жд in some words.

Nouns: род 'family, tribe, type'; роды 'childbirth'; народ 'people'; порода 'breed'; родина 'native land'; родня 'relatives'. Note the use of *suffixes* on the following nouns, indicating a person: родитель 'parent'; родственник 'relative'.

Abstract nouns: родство 'relationship'; рождаемость 'birthrate'.
Action: рождение 'birth'.
Adjectives: родной 'native'; родовой 'ancestral'.
Verbs: рожать/родить 'to give birth'; родиться 'to be born'.

Note the *prefixes* on the following words, all of which give a clue to their meaning: возрождение 'rebirth, renewal, renaissance'; возродить 'to regenerate' (воз-/вос- 'up'); зародиться 'to be conceived'; зародыш 'embryo' (за- 'start of an action'); переродиться 'to be transformed, regenerate' (пере- 'trans-, re-'); безродный 'without kin' (без-/бес- 'without'); природа 'nature' (при- 'beside, attached'); урод 'monster' (у- 'away').

Род **combined with other roots**

однородный 'homogeneous'; инородный 'foreign (иной 'other'); двоюродный брат 'first cousin' (два 'two'); детородный возраст (дети 'children') 'childbearing age'.

Some other roots that appear in this unit

Words with the root муж 'man, male'

Nouns: муж 'husband'; мужчина 'man'; мужик 'peasant' мужество 'courage'.
Adjectives: мужской 'men's, male, masculine'; мужественный 'courageous'.
Verbs: мужать/возмужать 'mature'; мужаться 'take heart' (predominantly in imperative: мужайтесь).

Combined with за-: 'acquisition': замужем 'married' (of a woman); выйти замуж за + acc. 'to marry' (of a woman); замужняя 'married woman'.

Words with the root -жен-

Nouns: жена 'wife'; женщина 'woman'; жених 'bridegroom, fiancé'; женитьба 'marriage'.
Adjectives: женский 'women's, female'; женственный 'feminine'; женатый 'married' (of a man).
Verbs: женить 'to marry (off)'; жениться на + *prep.* 'to marry' (of a man), 'to get married' (of a couple).

Combined with other roots: женоненавистник 'misogynist' (ненависть– 'hatred'); женоподобный 'effeminate' (подобный 'like').

Words with the root -мерт- 'death'

Nouns: смерть 'death'; смертный 'mortal'; смертность 'mortality'.
Adjectives: мёртвый 'dead'; смертельный 'mortal, fatal'.
Verbs: умереть 'to die'.

Words with the root -брак- 'marriage'

(note where к changes to ч)

Nouns: брак 'marriage, married state'; бракосочетание 'marriage service'.
Adjective: брачный 'marriage, conjugal'.

Exercise 14

Choose the right phrase or word to fill the gap in the following sentences.

жениться(по-), выйти замуж, женатый, замужняя, брак.

1 В прошлом году он . . . на знакомой студентке. 2 Она . . . за нового русского. 3 Наконец, они решили . . . 4 Говорят, что . . . мужчины живут дольше. 5 У . . . женщин по-прежнему мало времени на отдых. 6 В России сейчас очень популярны . . . с иностранцами.

 **Exercise 15**

Крылатые выражения и поговорки.

А   Выберите правильный ответ.
Б   Составьте предложения с этими выражениями.

1	Какая птица приносит детей?	А	ворона
		Б	аист
		В	курица
2	В каких овощах обычно находят детей?	А	в капусте
		Б	в моркови
		В	в картошке
3	Поговорка «у семи нянек дитя без глазу» означает, что	А	семь нянек для ребёнка – это мало
		Б	воспитание детей – это дело родителей, а не нянек
		В	плохо, когда слишком много людей решают один вопрос
4	Поговорка «яблоко от яблони недалеко падает» означает, что	А	дети часто живут с родителями
		Б	как ни старайся, от семьи не убежишь
		В	дети похожи на родителей
5	«Муж – голова, а жена – шея» означает, что	А	муж умнее жены
		Б	муж толстый и круглый, а жена тонкая и гибкая
		В	жена манипулирует мужем

 **Exercise 16 (Audio 9.2)**

Interpreting: an English journalist wants to conduct an interview with an expert on Russian contemporary society. You are asked to interpret in both languages.

ЖУРНАЛИСТ	According to statistics, the mortality rate among women in Russian is much lower than among men. Why do you think women live longer?
СПЕЦИАЛИСТ	Почти во всех странах женщины живут дольше мужчин. Но нигде нет такого большого разрыва между ними, как в России – 10–12 лет. Это вдвое больше, чем в большинстве западных стран.
ЖУРНАЛИСТ	Do women on average care more about their health? Maybe in Russia they do not drink and do not smoke; are they all fond of sports?
СПЕЦИАЛИСТ	Не думаю. Чаще всего типичная россиянка ведёт нездоровый образ жизни: злоупотребляет алкоголем, курением, мало двигается.
ЖУРНАЛИСТ	However, one can say the same about men. How do all these factors influence one's life expectancy?
СПЕЦИАЛИСТ	Согласно статистике, те, кто много курит, живут на 8 лет меньше по сравнению с теми, кто не курит. Те, кто пьёт, ещё лет на 8 меньше.
ЖУРНАЛИСТ	What about other factors, for instance divorce or the type of one's work? They say that Russian men are yet again more affected than women are.
СПЕЦИАЛИСТ	Так и есть. Женатые мужчины в возрасте 50 лет могут ещё прожить в среднем 23 года, а разведённые – только 18 лет. Но вы правы в том, что надо учитывать весь комплекс факторов.

Exercise 17

Для поддержки многодетных семей директор Института демографии разработал проект федерального закона «О статусе многодетных семей». Авторы предлагают многодетным семьям бесплатное жильё в передовых по качеству жизни, специализированных городках демографического будущего (газета «Известия», май 2017).

Придумайте рассказ по этой картинке.

Exercise 18

Translate into Russian.

1   The demographic situation in Russia is very serious: the birthrate is in decline and life expectancy is falling.
2   In many European countries the number of women is higher than the number of men. That can be explained by the fact that female life expectancy is several years greater than male.
3   According to the data of the Russian Federal Statistics Office, in the year 2017 the population of Russia constituted almost 147 million people.
4   In the opinion of demographers a low birthrate is characteristic of Western countries where the quality of life is better.
5   In order to stop the decline in population Russia needs a demographic policy.
6   Smoking and drinking are the main reasons why Russian men have such a low life expectancy.
7   I do not believe that married men live longer than divorced men.

10 ОБРАЗОВАНИЕ

Науки юношей питают,
Отраду старым подают.

Михаил Ломоносов

In this unit you will learn:

▶ about current challenges in Russian education
▶ how to form and use the present passive participle
▶ more about the preposition **по**
▶ words with the root – **уч-/-ук-**

Text 1

Движемся в сторону «образования для жизни»

Уже около 15 лет в стране продолжается либеральная реформа образования – срок более чем достаточный, чтобы оценить её результаты и реальные последствия. Наибольшее количество споров вызывают 2 пункта.

Первый – так называемый единый государственный экзамен (ЕГЭ), проводимый взамен выпускных и вступительных экзаменов. Все выпускники, каждый в своей школе, в один и тот же день сдают один и тот же экзамен: математика и русский язык обязательны, остальные три экзамена сдаются в зависимости от специализации. Результаты тестирования являются основанием не только для получения аттестата об окончании школы, но и для поступления в ВУЗ. В зависимости от количества баллов (максимальный результат ЕГЭ – 100 баллов), выпускники могут получить бюджетное (бесплатное) или платное место (или вовсе не пройти по конкурсу).

Статистика результатов ЕГЭ, в задачу которого входит не только оценить грамотность школьников, но и умение применять знания на практике, показывает позитивную динамику: количество абитуриентов, не набравших минимального балла, снизилось почти на 2%, если говорить о русском языке, и почти на 3% – о математике. По словам директора Центра оценки качества образования, нет оснований для смены тренда, потому что российская школа движется как раз в сторону «образования для жизни».

Однако, по мнению многих экспертов, эффективность системы образования упала более чем в два раза. Об этом говорят результаты международных школьных олимпиад. Количество медалистов среди российских школьников стало значительно меньше, и это весьма информативный показатель, который говорит, конечно, не об отсутствии интеллектуальных талантов у детей, а о кризисе системы их подготовки.

Второй пункт – переход российских ВУЗов на Болонскую систему, предполагающую четырёхлетнее обучение в высшей школе (напомним, что раньше обучение в ВУЗе продолжалось 5–6 лет). По мнению ректора МГУ Виктора Садовничего, такой переход был ошибкой. Главная проблема в том, что будущему бакалавру нужно три-четыре года заучивать практические профессиональные алгоритмы при отсутствии теоретических основ. Магистром же становятся после двух лет углублённого изучения теории, когда значительная часть практических навыков уже полузабыта.

Руководители других ведущих университетов, таких как Высшая школа экономики, наоборот, видят в Болонской системе много хорошего. Для университетов – это возможность обеспечить академическую мобильность студентов и преподавателей, согласовать требования к качеству программ. Для каждого студента – это возможность формировать свою образовательную программу, в зависимости от задач профессионального развития, которые он перед собой ставит. Можно сказать, что это процесс согласования интересов и требований будущего развития образования как совместного общеевропейского, так и глобального.

По материалам интернет-изданий «Русская правда», 2017 и «Свободная пресса», 2016.

Vocabulary

последствие	consequence
вызывать/вызвать спор	to provoke an argument
единый государственный экзамен	common state examination
взамен	instead of
выпускной экзамен	final examination
вступительный экзамен	entrance examination
выпускник	graduate
обязательный	compulsory
основание	basis
аттестат об окончании школы	school leaving certificate
ВУЗ (высшее учебное заведение: университет или институт)	higher education institution (HEI)
балл	score
умение	know-how
применять/применить	to apply
абитуриент	applicant (to university)
навык	skill
обеспечивать/обеспечить	to provide
согласовывать/согласовать	to agree, to put in accordance
требование	requirement, demand
развитие	development
совместный	joint, collaborative

Colloquialisms and transition words ♦

в зависимости от	depending on
как раз	just, exactly as it happens
весьма	fairly

Exercise 1

Ответьте на вопросы.

1 Какие два пункта в постсоветской реформе образования вызывают наибольшее количество споров?
2 Что означает единый государственный экзамен?
3 Какие экзамены обязательны?
4 Какова динамика результатов ЕГЭ за последнее время?
5 Почему введение ЕГЭ беспокоит многих специалистов?
6 Какие студенты будут учиться бесплатно?
7 Кто должен платить за образование?
8 Какие изменения произошли в системе высшего образования?
9 Каковы негативные последствия перехода на Болонскую систему?
10 Каковы преимущества (позитивные аспекты/достоинства) Болонской системы?

Exercise 2

Найдите в тексте слова, которые подходят следующим определениям.

1 учащийся, который заканчивает школу
2 учащийся, который собирается поступить в университет
3 необходимый/нужный для всех
4 сертификат об окончании школы
5 высшее учебное заведение
6 экзамен, который нужно сдать для поступления в ВУЗ
7 неправильное действие
8 практическое умение что-то делать
9 скрупулёзное, методическое и детальное изучение
10 сделанный/созданный вместе

Exercise 3

А Найдите пары синонимов.

1 продолжаться	упасть
2 взамен	базис
3 развитие	несогласие
4 весьма	конкуренция
5 снизиться	длиться
6 конкурс	результат
7 основание	прогресс
8 последствие	унифицированный
9 спор	вместо
10 единый	довольно

Б Составьте 10 предложений со словами из левой колонки.

Exercise 4

Study this example from the examination in Russian language. See how well you can do. Use a dictionary, if necessary.

Единый экзамен

Тест по русскому языку

Прочитайте предложения:

А. Его язык удивителен. Б. Я помню, что когда я в первый раз начал читать Чехова, то сначала он показался мне каким-то странным, как бы нескладным. В. Благодаря своей искренности, Чехов создал новые, совершенно новые, по-моему, для всего мира формы писания, подобных которым я не встречал нигде. Г. Но как только я вчитался, этот язык захватил меня.

1 В каком порядке должны следовать эти предложения, чтобы получился текст?

1) А,Б,Г.В. 2) Б,Г,А,В. 3) В,Б,А,Г. 4) Г,В,А,Б.
Укажите предложение с пунктуационной ошибкой.

2 В каком слове ударение на 2-м слоге?

1) Облегчить. 2) Принял. 3) Переданный. 4) Балуется

Exercise 5

Международная программа по оценке образования учащихся (*Programme for International Student Assessment, PISA*) – это тест, оценивающий грамотность школьников в разных странах мира и умение применять знания на практике. Проводится раз в три года среди 15-летних детей. Тест проводит Организация экономического сотрудничества и развития в консорциуме с ведущими международными научными организациями.

А Проанализируйте, как изменились результаты *PISA* теста российских школьников с 2000 года.

По материалам «Российской газеты», февраль 2017.

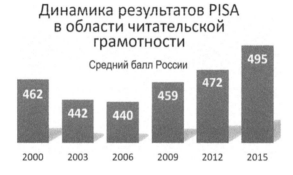

Динамика результатов PISA
в области читательской
грамотности

Средний балл России

2000	2003	2006	2009	2012	2015
462	442	440	459	472	495

Б Проанализируйте диаграмму и сравните результаты PISA теста
в России и других странах мира.

По данным Организации экономического
сотрудничества и развития, 2015.

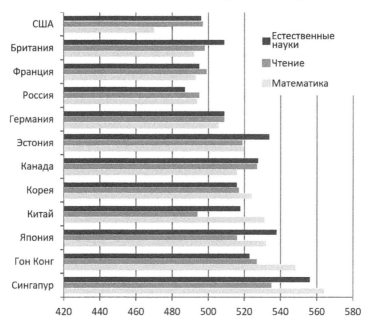

Present passive participle

As with the participles discussed in earlier units, the present passive
participle is a verbal adjective.

How to form present passive participles

Add -ый to the first person plural (мы form) of the present tense of the
verb: получать – получаем – получаемый '(being) received'.

Нести and вести change the -ё- in the first person plural ending to -о- in
the participle: нести – несём – несомый 'carried'. Verbs ending in -авать
take the ending -аваемый: давать – даём – даваемый '(being) given'.

This participle is generally only formed from transitive verbs (i.e.
those taking a direct object). However, there are a small number of
verbs which govern the instrumental case which have present passive
participles: руководить – руководимый 'led, directed'; управлять –
управляемый 'managed'; командовать – командуемый 'commanded'.

A considerable number of verbs do not have a present passive participle. These include:

- many monosyllabic verbs, e.g. бить, брать, есть, знать, класть, лить, мыть, петь, пить;
- irregular first conjugation verbs, e.g. писать, прятать;
- many second conjugation verbs: готовить, держать, платить, смотреть, ставить, строить.

The problem of there being no present passive participle can frequently be overcome by forming the participle from a compound of the verb: платить – оплачивать – оплачиваемый 'being paid for'.

Exercise 6

Form present passive participles from the following verbs.

получать, привлекать, создавать, любить, уважать, вносить, осуществлять, оплачивать, ввозить, предлагать, проводить, изучать, финансировать, использовать

How to use present passive participles

They decline like adjectives and agree in number, gender and case with the noun they describe:

Зарплаты, получаемой российским учителем, часто не хватает даже на пищу.
The wages received by a Russian teacher are often not enough even for food.

Several present passive participles are now frequently used as adjectives:

любимый	favourite
так называемый	so-called
уважаемый	respected, dear

Some adjectives (usually negative) are formed like present passive participles, but from the perfective verb:

несовместимый	incompatible
неповторимый	unique

неразличимый	indistinguishable
недопустимый	not permissible
несравнимый	incomparable
независимый	Independent (formed from the imperfective)

Единый тест несовместим с жёстким отбором.
A single test is incompatible with rigorous selection.

Note the use of the short form. Present passive participles themselves are rarely found in the short form.

Some present passive participles are used as nouns: **обвиняемый** 'the defendant'; **слагаемое** 'item, component'.

Exercise 7

Replace the infinitives in brackets by the appropriate forms of the present passive participle.

1 В 1985 году начался новый период советской истории, (называть) перестройкой. 2 Кафедру русского языка, (возглавлять) известным лингвистом, знают во всей стране. 3 Пушкин, (любить) людьми всех возрастов – самый популярный поэт в России. 4 Методика преподавания иностранных языков, (использовать) в этом университете, является самой современной. 5 Многие товары, (ввозить) в Россию, облагаются пошлиной. 6 В печати много говорилось о новых школьных программах, (финансировать) государством. 7 Суммы, (вносить) родителями за образование детей, весьма значительны. 8 Стипендии, (получать) студентами, не хватает даже на учебники.

Passive voice

Note that the present passive participle may *not* be used to form the passive voice. Use either the reflexive verb (*see Unit 4*) or the short form of the past passive participle (*see Unit 8*). Note the use of the instrumental when a reflexive verb is used to convey a passive meaning. It translates to 'by':

Преподаватели пишут учебник.
The lecturers are writing a textbook.

Учебник пишется преподавателями.
The textbook is being written by lecturers.

Exercise 8

Replace the active construction with a passive construction.

Example: В крупных городах России строят метро. → В крупных городах России строится метро.

1 Вчера по телевизору передавали интересные новости. 2 Русский язык преподают во многих английских университетах. 3 Лучшим студентам выдают стипендию. 4 В России готовят новую реформу образования. 5 Родители оплачивают высшее образование в зависимости от их дохода. 6 Лучших студентов принимают в институт без экзаменов. 7 Для строительства новых зданий московский мэр приглашает иностранных специалистов.

Transitive and intransitive pairs

Remember that reflexive verbs are intransitive and cannot be followed by a direct object:

Я начинаю работу в шесть.
I start work at six.

Работа начинается в шесть.
Work starts at six.

Exercise 9

Decide which verb to use in the following sentences.

1 Ситуация изменила/изменилась в лучшую сторону. 2 Он окончил/окончился университет с отличием. 3 Средняя зарплата в стране в последнее время увеличила/увеличилась. 4 Экономическое положение в России будет улучшать/улучшаться. 5 Реформа образования продолжает/продолжается вызывать много споров. 6 Лекции начинают/начинаются в 9 часов утра. 7 С каждым годом государство сокращает/сокращается расходы на образование. 8 Зарплата учителей всё время уменьшает/уменьшается. 9 Экзамены кончили/кончились в июне. 10 Единый экзамен проводит/проводится по всей стране.

Exercise 10

Put the adjectives and participles in the correct form: long or short.

Московский государственный университет

12-го января 1755 года (великая/велика) _____ императрица Елизавета Петровна подписала «Указ об образовании университета». Этого дня долго ждал (замечательный/замечателен) _____ учёный-энциклопедист Михаил Васильевич Ломоносов. Университет был создан по его проекту и сейчас носит его имя.

Московский университет не был (похожий/похож) _____ на другие университеты того времени: в его структуре не было богословского факультета. Все студенты, поступившие в университет, два первых года должны были учиться на философском факультете, (предлагаемый/предлагаем) _____ курс состоял из таких дисциплин, как философия, математика, физика, география, филология и другие. После философского факультета студенты могли выбрать или юридический факультет, или медицинский, где среди (изучаемые/изучаемы) _____ предметов значительное место занимали химия и биология. Преподавание велось на двух языках: русском и латинском (незнание латыни раньше было (недопустимое/недопустимо) _____ для Академии).

Самым популярным студенческим праздником был «Татьянин день». Он был (любимый/любим) _____ всеми: и студентами, и преподавателями; он считался днём рождения Московского университета. Праздник отмечался 25-го января: утро начиналось торжественным собранием в университете, затем (шумная/шумна) _____ толпа студентов шла по улицам, распевая «Gaudeamus igitur». С 70-х годов прошлого века хозяин ресторана «Эрмитаж», француз Оливье, в этот день отдавал студентам (огромный/огромен) _____зал своего ресторана для гуляния. В этот весёлый день «Эрмитаж» принадлежал студентам и их гостям – (уважаемые/уважаемы) _____ профессорам, писателям, адвокатам. Студенты пели и танцевали; при этом (интересный/интересен) _____ тот факт, что полиция не имела права их трогать.

Многие годы в Московском университете «Татьянин день» не отмечался; считалось, что он (несовместимый/несовместим) _____с советской моралью, но в 1992 году традиция была возрождена, и этот праздник сейчас по-прежнему (популярный/ популярен) _____как у студентов, так и у преподавателей.

🎧 Dialogue (Audio 10.1)

An interview with a group of foreign students studying at the Saint Petersburg State University (SPGU).

A   Listen to the recorded conversation. Outline (in English) the following points:

1   The general trend regarding the number of foreign students studying in Russian universities.
2   The profile (specialisation, country of origin) of students taking part in the conversation.
3   The reasons for and advantages of studying in a Russian university.
4   Exchange programmes available for foreign students.

Б   Прочитайте интервью и выполните задания к нему.

Transcript of Dialogue

ЖУРНАЛИСТ   На вопрос, приезжают ли иностранные студенты учиться в Россию, статистика отвечает утвердительно: на протяжении последних десяти лет их число постоянно растёт.

Студент 1	Я приехал учиться в Россию, потому что здесь образование лучше, чем на Западе.
Журналист	Представьтесь, пожалуйста.
Студент 1	Я студент-химик из Ливии.
Студент 2	Я студент-математик из Китая. В мире много людей с российским высшим образованием, и все они отличные специалисты.
Журналист	Многие иностранные учащиеся объясняют свой выбор тем, что в России они получают глубокое образование: студентам даются системные фундаментальные знания. Что вы думаете? Откуда вы приехали?
Студентка 3	На филологическом факультете СПГУ замечательная подготовка: каждый предмет изучается здесь последовательно, полно и очень детально.
Журналист	А это не слишком занудно?
Студентка 3	Совсем нет. Результат такого обучения – широкая специализация, что очень важно в современном обществе. Я забыла сказать, что я из Италии.
Журналист	Некоторые студенты-иностранцы говорят, что выбрали российский университет потому, что интересуются русской наукой и культурой, поэтому учёба в России для них привлекательнее, чем в других странах.
Студентка 4	И плата за обучение в российских университетах намного ниже, чем в университетах Европы и США.
Журналист	Вы думаете, что именно поэтому в последние десять лет в российских ВУЗах стали учиться граждане из Западной Европы? В начале 1990-х годов это считалось редчайшим событием.
Студентка 4	Да, я математик, и я из Германии. Насколько мне известно, западноевропейская молодёжь всё чаще приезжает в Россию учиться по договорам, которые заключаются между университетами Великобритании, Франции и Германии и российскими ВУЗами, как например: Санкт-Петербургский и Московский университет, Московский институт международных отношений.
Журналист	Согласна, такие программы сейчас работают очень успешно.

По материалам интервью со студентами СПГУ, июнь 2017.

Vocabulary

утвердительно	affirmatively
на протяжении	during
постоянно	constantly
представляться/представиться	to introduce oneself
последовательно	systematically, methodically
полно	comprehensively
привлекательный	attractive
именно	precisely
считаться	to be considered
событие	event
заключать/заключить	to sign a deal/agreement

Colloquialisms and transition words ♦

занудно	boring
совсем нет	not at all

Exercise 11

A Закончите предложения, выберите правильный ответ.

1 Сейчас число иностранных студентов, которые учатся в России (*постоянно растёт; постоянно падает; неизвестно*).

2 Иностранные студенты приезжают учиться в Россию, потому что люди с российским высшим образованием (*хорошо говорят по-русски; могут быстро найти работу; отличные специалисты*).

3 В России студенты получают (*системную фундаментальную подготовку; узкую специализацию; большую стипендию*).

4 Результат обучения в российских университетах – (*минимальное время для получения степени бакалавра; широкая специализация; хорошо сфокусированное узкоспециальное образование*).

5 На филологическом факультете СПГУ замечательная (*стипендия; подготовка; студенческая жизнь*).

6 На филологическом факультете СПГУ каждый предмет изучается (*последовательно, но слишком детально; последовательно и полно; полно и занудно*).

7 Для некоторых студентов-иностранцев российское образование привлекательно, потому что они интересуются (*изучением русского языка; русской кухней, и здесь всегда можно вкусно поесть; русской наукой и культурой*).

8 Обучение в российских университетах (*бесплатное; дешевле, чем в университетах Европы и США; дороже, чем в университетах Европы и США*).

9 Между российскими ВУЗами и университетами Великобритании, Франции и Германии заключаются (*договоры о совместных учебных программах; торговые договоры; договоры о культурном обмене*).

10 Такие договоры работают (*редко; успешно; только в столичных университетах*).

Б Придумайте пять дополнительных вопросов, которые вы хотели бы задать студентам СПГУ.

1	
2	
3	
4	
5	

В Работа в парах. Задайте эти вопросы вашему партнёру, который будет играть роль студента СПГУ.

Exercise 12

Study the advertisement for Moscow State Technical University and answer the questions in English.

1 Name the different faculties of the Moscow State Technical University.

2 How does the University characterise the education it offers?

3 What branches of engineering is it possible to specialise in?

4 What is the educational philosophy of the University?

5 How long do the basic courses last?

6 What are the prospects for graduates?

ФАКУЛЬТЕТЫ:	
	МОСКОВСКИМ ГОСУДАРСТВЕННЫЙ ТЕХНИЧЕСКИЙ УНИВЕРСИТЕТ им. Н.Э. БАУМАНА

ФАКУЛЬТЕТЫ:

- Информатика и системы управления
- Инженерный бизнес и менеджмент
- Машиностроительые технологии
- Роботехника и комплексная автоматизация
- Радиоэлектроника и лазерная техника
- Биомедицинская техника
- Специальное машиностроение
- Энергетическое машиностроение
- Оптико-электронное машиностроение
- Аэрокосмический
- Радиотехнический
- Ракетно-космической техники

Сегодняшний мир – мир профессионализма, и если Вы хотите, чтобы это был мир для Вас, мы приглашаем Вас на учебу в МГТУ им. Н.Э. Баумана

✓ лидер российских технических университетов

✓ первоклассное образование в первоклассном университете, которому присвоен статус особо ценного культурного объекта РФ

✓ готовит инженеров по всем основным направлениям, а также инженерному бизнесу и менеджменту

✓ имеется возможность получения второй специальности: инженера-менеджера, инженера-эколога, референта-переводчика, бакалавра по информатике

✓ система образования в МГТУ – широкая эрудиция плюс высокий профессионализм

✓ основной курс обучения - 6 лет

✓ наши выпускники пользуются постоянным спросом отечественных и зарубежных фирм

Language points ♦

Word building

Note the following words with the root **-уч-/ук-**, all of which are related to learning.

Nouns: **учёба** 'studies'; **ученик** 'pupil'; **учебник** 'textbook'; **наука** 'science'; **учёность** 'learning'; **учитель** 'teacher'; **учение** 'studies'; **учащийся** (participle in origin) 'student'; **училище** 'school, college'.

Adjectives: **учёный** 'learned' (also used as the noun 'scientist'); **учебный** 'educational'; **учительский** 'teachers'; **научный** 'scientific'.

Verbs: **учить** (вы-) (+ *acc*) 'to learn'; **учить** (на-) (+ *acc*, + *dat*) 'to teach', **учиться** (на-) (+ *dat*) 'to learn'; **учиться в** (+ *prep*) 'to study at'; **отучиться** 'to finish studies'; **отучиться от** (+ *gen*) to break the habit'.

Exercise 13

Select from the brackets the most appropriate word to complete each sentence.

(обучение, учиться, научила, учебных, учил, отучился, учатся, учебного, учить, учителей)

1 Не все студенты в России . . . бесплатно. 2 Он . . . от бутылки ради здоровья. 3 Плата за . . . вызывает трудности у тех, у кого нет средств. 4 Зарплаты . . . очень низкие. 5 Нелегко . . . в престижном ВУЗе, как МГТУ. 6 Жизнь . . . меня этому. 7 МГТУ одно иа самых лучших высших . . . заведений в Москве. 8 Без современного . . . плана институт не привлекает студентов. 9 Мне нравится . . . английский язык. 10 20 лет он . . . детей русскому языку.

Preposition corner

По + dative

along, through, around

по дороге, по стране, по полу, по улицам
along the road, through the country, around the floor, around the streets

down

вниз по реке, по лестнице
down the river, the staircase

by (means of)

по почте, по телефону
by post, by telephone

by, through

по праву, по происхождению
by right, by origin

по глупости, по ошибке, по его вине
through stupidity, by mistake, through his fault

по приглашению, по профессии
by invitation, by profession

according to, in, for

по моим часам, по моему мнению
according to my watch, in my opinion

по Толстому, по какой причине?
according to Tolstoy, for what reason?

at

по крайней мере, по какой цене?
at least, at what price?

in, on the subject of

учебник по географии
textbook on geography

чемпион по теннису
tennis champion

специалист по русскому языку
Russian language specialist

at, in, on, for (with the plural of the noun)

по утрам, по выходным дням
in the mornings, at weekends

по праздникам, по понедельникам
on holidays, on Mondays

по целым часам
for hours on end

Note also:

по адресу	concerning, directed towards
по поводу	on the subject of
судить по	to judge by
скучать по	to miss
тосковать по	to long for

По + accusative

up to (place)

по пояс
up to the waist

up to and including (time)

по первое мая
up to and including 1st May

each
with numerals, especially 2, 3, 4

по два стола
two tables each

However, **по** + dative is used with nouns:

Мы получили по письму.
We received a letter each.

Numerals above five take accusative or dative with the noun in the genitive plural:

по пять/по пяти часов
five hours each

По + prepositional

on, at the time of, after

по смерти, по приезде, по возвращении
on the death of, on arrival, on return

по окончании курса, по получении визы
on finishing the course, on receipt of a visa

Exercise 14

Put the nouns in the appropriate case after **по**.

1 Уже шесть часов по (мои часы). 2 Мы плывём вниз по (река). 3 Они сидели по (пояс) в воде. 4 Каждый получил по (подарок). 5 По (получение) паспорта он переехал в Америку. 6 Конференция состоится с первого по (третье) февраля.

Exercise 15

Проходной балл в космос

В этом году университеты получат 408 тысяч бюджетных мест в бакалавриате и магистратуре. Больше всего бюджетных мест получит педагогика - 36 тысяч. Медицина и сельское хозяйство - по 25 тысяч, экономика - 23 тысячи, 21 тысячу получит строительство.

В МГУ впервые пройдет набор на новый космический факультет - 30 человек в магистратуру на четыре программы.

«Российская газета» 20.06.2017

Прочитайте отрывок из статьи в «Российской газете».

1 Что такое бюджетные места?
2 Что можно сказать о государственной политике в области образования?
3 Зачем МГУ новый космический факультет?
4 Почему на этом факультете нет бакалавриата?

Exercise 16

Что? Где? Когда?

А Выберите правильный ответ.

Б Составьте предложения с этими словами и выражениями.

1 Как называется государственная ежемесячная денежная выплата студентам?	А пособие Б подаяние В стипендия
2 Как называется лицо, стоящее во главе управления университетом?	А универсал Б ректор В директор

3	Единый государственный экзамен (ЕГЭ) сдают	А Б В	школьники студенты ВУЗов преподаватели
4	«Тяжело в учении, легко в бою» говорят, когда	А Б В	советуют пойти на службу в армию советуют выбрать между интеллектуальной и физической работой хотят ободрить того, кому трудно в незнакомом деле
5	«Расставить точки над «i»» означает	А Б В	быть внимательным к деталям написать текст аккуратно и красиво внести полную ясность

Exercise 17

Придумайте рассказ по этой картинке.

Exercise 18 (Audio 10.2)

Interpreting: an English journalist wants to conduct an interview with a representative of the Russian Ministry of Education and Science (Минобрнауки РФ). You are asked to interpret in both languages.

Журналист	According to media sources, Russia is about to launch a new project concerning export of education programmes.
Представитель Минобрнауки РФ	Это принесёт серьёзную прибыль нашим университетам.
Журналист	At present, there are approximately 200,000 foreign students studying in Russian universities, and in three years, there will be 310,000.
Представитель Минобрнауки РФ	Да, вы правы, именно такие данные приводятся в утверждённом паспорте приоритетного проекта «Развитие экспортного потенциала российской системы образования».
Журналист	And how are you going to develop this project? I believe that educational orientation should start from school. You must be considering some educational programmes for foreign school-children, for instance, during their holiday stay in such well-known international summer-camps like 'Orlenok' and 'Artek'.
Представитель Минобрнауки РФ	Да, к маю 2018 года международные группы появятся в «Океане», «Артеке» и «Орлёнке», а к 2019 году во многих ВУЗах откроются летние программы образования для иностранных школьников.
Журналист	But you will need special infrastructure for this project. Some special centres must be established at the universities where foreign students will be catered for all the way through their studies.

ПРЕДСТАВИТЕЛЬ МИНОБРНАУКИ РФ	Да, в ВУЗах откроются международные центры, куда пригласят высококвалифицированных специалистов. Они будут кураторами студентов-иностранцев со дня приезда в нашу страну на подготовительные языковые курсы до дня устройства на работу.
ЖУРНАЛИСТ	Do you know whether these programmes will be state subsidised?
ПРЕДСТАВИТЕЛЬ МИНОБРНАУКИ РФ	Университеты и колледжи, у которых есть международные совместные программы, получат государственные субсидии. А талантливым выпускникам-иностранцам будет проще найти работу в России.
ЖУРНАЛИСТ	Yes, and I also read that there will be a unified internet platform for all foreigners who would like to study in Russia, with a very user-friendly navigation system. All information about Russian universities and other educational organisations which welcome foreign applicants will be collected there.

По материалам «Российской газеты», июнь 2017.

Exercise 19

Translate into Russian.

1 The introduction of a nation-wide Common State Examination caused many arguments.
2 Some experts believe that the standard of education is falling.
3 Others think that there is no need to change the trend, as Russian education is moving towards 'education for life'.
4 Only those students who gained the highest marks in this exam will receive a grant and thus free education.
5 The Chancellor of MGU believes that the transition to the Bologna system in higher education was a mistake.

6 It is worth getting back to the old system of 5–6 years of studies, where students received in-depth and broad education in all subjects.
7 Other experts, on the contrary, consider that the new system opens new possibilities of pan-European and global education.

11 РОССИЙСКОЕ ОБЩЕСТВО. СРЕДНИЙ КЛАСС

Кому живётся весело, вольготно на Руси?

Николай Некрасов

In this unit you will learn:

▶ about the structure of Russian society
▶ how to form and use the subjunctive
▶ how to create conditional clauses

Text 1

«Серединка на половинку»

Средний класс можно определить известной русской поговоркой «серединка на половинку»: это ещё не олигархи, но уже и не пролетариат. Точное определение дать довольно трудно. Признаками среднего класса обычно считается хорошее образование, достойная и устойчивая карьера и стабильный доход. При этом для того, чтобы проанализировать уровень благосостояния, социологи обычно спрашивают, на что хватает денег в семье, и, исходя из этого, сортируют по очень простой градации:

1 Не хватает на еду – ниже прожиточного минимума, или уровня бедности.
2 Хватает только на еду и ежедневные расходы – бедные.

3 Хватает и на жизнь, и на досуг, но на крупные покупки надо копить – средний класс.

4 Могут себе позволить любую покупку в любое время – богачи.

По оценкам Института социологии Российской академии наук (РАН), к среднему классу в России сегодня можно отнести около 20% россиян, а в городском населении – все 30%. Однако, по мнению экспертов Центра социальной политики Института экономики РАН, эти данные не соответствуют действительности, и, несмотря на значительные изменения в экономике страны, реальная доля представителей среднего класса в России за последние годы почти не изменилась – не более 7%, как и десять-пятнадцать лет назад.

Распространённое понимание среднего класса как социальной группы между богатым и бедным населением обманчиво. При такой трактовке в средний класс попадают семьи, для которых характерен ежемесячный доход 13 тысяч рублей на человека, 21 кв. метр общей площади, а также половина автомобиля на всех. Очевидно, что это пародия на реальный средний класс в западных странах, где для попадания в этот слой обычно нужен устойчивый месячный доход в 2–2,5 тысячи долларов на человека, не менее 40 кв. метров общей площади и 2–3 машины на семью. Эксперты считают, что доходы выше среднего, высокий социальный статус, квалификация и самоидентификация со средним классом ещё не являются гарантией вхождения в этот слой. В реальности средний класс сейчас вряд ли превышает 7% (против почти половины населения в США), так как у большей части тех, кто туда себя записал, не хватает ресурсов, чтобы устойчиво отличаться от тех, кто находится в группе ниже среднего.

До кризиса попасть в средний класс было довольно просто. Зарплаты тогда росли. А теперь доля таких «среднеклассников» оказалась «фальшивой». Значительный процент офисных работников сейчас уже считаться средним классом не может. Они не могут себе позволить купить новый айфон с зарплаты и вынуждены выбирать между Крымом и Сочи вместо Италии. Тоже неплохо. Для сравнения, у бедняков (а их в России более 70%) и этого выбора нет.

По материалам газеты «Комсомольская правда», 2017.

Vocabulary

определять/определить	to define
определение	definition
достойный	worthy, respectable
устойчивый	steady
доход	income
благосостояние	wellbeing, prosperity
хватать	to suffice, to be enough
расход	expense
прожиточный минимум	a living wage
досуг	leisure
копить	to save
относить/отнести к	to relate to
действительность	reality
значительный	considerable
доля	part
представитель	representative
обманчивый	deceptive
попадать/попасть	to fall into (certain category)
слой	layer
зарплата	salary, earnings

Colloquialisms and transition words ♦

исходя из этого	on that basis, based on that
очевидно	evidently
вряд ли	hardly

Exercise 1

Ответьте на вопросы.

1 Как обычно определяют средний класс?
2 Каковы типичные признаки среднего класса?
3 Как социологи обычно определяют уровень благосостояния?
4 Какие градации существуют по уровню благосостояния?
5 Каков процент россиян, которые имеют признаки среднего класса?
6 На сколько реальны эти данные?
7 Как изменилась доля среднего класса за последние годы, по мнению экспертов Центра социальной политики Института экономики РАН?
8 Сравните характеристики среднего класса России и аналогичной социальной группы западных стран.
9 Каков сейчас в реальности процент среднего класса в России?
10 Почему этот реальный процент значительно ниже данных социологических опросов?
11 Как связан процент среднего класса с экономической ситуацией в России?

Exercise 2

Найдите в тексте слова, которые подходят следующим определениям.

1 идиоматическая фраза, которую обычно используют в определённом контексте
2 деньги, которые приходят в семью
3 деньги, которые нужны, чтобы жить на границе бедности
4 деньги, которые уходят на различные нужды
5 люди, у которых мало денег
6 свободное от работы время
7 собирать деньги
8 люди, у которых много денег
9 одна сотая часть
10 человек, у которого есть характерные признаки данной социальной группы

Exercise 3

Найдите в тексте синонимы к следующим словам и выражениям.

1 характеристика
2 респектабельный
3 стабильный
4 мне достаточно
5 реальность
6 часть
7 большой
8 обычный
9 иллюзорный
10 интерпретация
11 понятно без комментариев
12 социальная группа/класс
13 заработок

Exercise 4

Социологи считают, что есть целая серия факторов, по которым люди относятся к среднему классу. Среди них: доходы выше среднего, наличие сбережений, высшее образование, работа, не связанная с физическим трудом, и, наконец, просто идентификация себя со средним классом.

- Люди, для которых характерны почти все данные признаки, попадают в ядро среднего класса. По мнению экспертов, ядро среднего класса – это около 5% населения страны.
- Социологи также определяют полуядро среднего класса – тех, кто соответствует лишь нескольким критериям. К этой группе можно отнести около 22% населения.
- Общая доля среднего класса в российском обществе – где-то 27%.

По материалам русской службы Би-би-си, апрель 2017.

Vocabulary

наличие	presence
сбережения (*pl*)	savings
ядро	nucleus

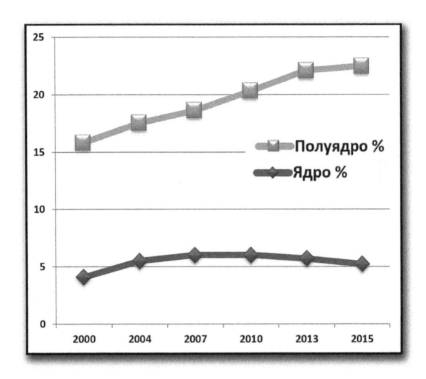

Проанализируйте диаграммы роста среднего класса в России и ответьте на вопросы.

1 Как изменялась доля ядра среднего класса среди россиян с 2000 по 2017 год?
2 Как изменялась доля полуядра среднего класса среди россиян с 2000 по 2017 год?
3 Как можно объяснить различие в этих тенденциях роста?
4 Как эти изменения связаны с экономической ситуацией в России?
5 Каковы стереотипы среднего класса в вашей стране?
6 Как они отличаются от российских стереотипов?
7 Почему наличие среднего класса в стране является важным индикатором её развития?

Dialogue (Audio 11.1)

A conversation between a journalist and a specialist on contemporary Russian society.

A Listen to the recorded conversation. Outline (in English) the following points:

1 The average salary in Russia and other sources of income.
2 The most preferred places of work.
3 The most preferred ways of saving money.
4 The index of happiness in Russia; name the main factors.

Б Прочитайте диалог и выполните задания к нему.

Transcript of Dialogue

ЖУРНАЛИСТ В газетах много пишут о российских бедных, улучшился ли уровень жизни типичного россиянина?

СПЕЦИАЛИСТ На этот вопрос довольно трудно ответить, ведь денежные доходы населения – вещь относительная. Статистике здесь доверять нельзя, так как всем известна значительная роль теневой экономики в России.

ЖУРНАЛИСТ Вы имеете в виду, что часть россиян часто подрабатывает на стороне, а налогов, конечно, не платит?

СПЕЦИАЛИСТ Да, хотя введённый при Путине единый подоходный налог не такой уж высокий – 13%.

ЖУРНАЛИСТ Какую же зарплату надо иметь по российским меркам, чтобы не относить себя к категории бедных?

СПЕЦИАЛИСТ Официально средняя зарплата по стране до уплаты налогов – где-то 36 тысяч рублей в месяц. Кроме того, многие россияне сдают в аренду свою недвижимость и получают от этого в среднем около 2 тысяч рублей. Деньги, конечно, небольшие, но всё-таки . . .

ЖУРНАЛИСТ А где мечтает работать средний россиянин?

СПЕЦИАЛИСТ Большинство мечтает работать в Газпроме: по статистике 22%; затем по популярности идёт работа в Администрации Президента и, наконец, в МВД – 11%. То есть работа в бюджетном секторе по-прежнему в почёте.

ЖУРНАЛИСТ Стал ли богаче типичный россиянин?

СПЕЦИАЛИСТ Трудно сказать. Россиянин стал больше доверять банкам, особенно «Сбербанку», где он хранит большую часть своих сбережений. Однако самое любимое дело – это хранить деньги дома: в часах или под матрасом. Так что судите сами.

ЖУРНАЛИСТ	Интересно, а что влияет на настроение россиян? Вот четверть века назад на первом месте было наличие денег, вернее сказать, их отсутствие, дела на работе, здоровье и погода.
СПЕЦИАЛИСТ	Почти то же самое. Настроение типичного россиянина определяется ежедневными, обычными делами. Политические новости и культурная жизнь, походы в кино и в театры на его настроение значительно не влияют.
ЖУРНАЛИСТ	Пишут, что по индексу счастья, который регулярно анализирует Всероссийский институт общественного мнения, более 80% россиян считают себя счастливыми. Что обычно они имеют в виду?
СПЕЦИАЛИСТ	На вопрос, что делает вас счастливыми, они обычно отвечают: семья, дети, хорошая работа, здоровье и благополучие – своё и своих близких.

По материалам интервью с Дмитрием Цискарашвили, специалистом по современному российскому обществу, Тринити Колледж, Дублин, март 2017.

Vocabulary

недвижимость	estate, property
хранить/сохранить	to keep
настроение	mood
благополучие	wellbeing

Colloquialisms and transition words ♦

иметь в виду	to mean, to have in mind, to imply
по российским меркам	by Russian standards
в почёте	is in favour
судите сами	judge for yourselves

Exercise 5

A   Правильно или неправильно? Обоснуйте ваш ответ.

1   Денежные доходы россиян за последние годы сильно выросли.
2   Подоходный налог в России сравнительно невысокий – 13%.
3   Поэтому все россияне всегда платят налоги.

4 Официально средняя зарплата по стране около 100 тысяч рублей в месяц.

5 Работать в Администрации Президента сейчас очень престижно.

6 А вот органы внутренних дел сегодня не в почёте, поэтому там никто работать не хочет.

7 Как и раньше, россияне не доверяют банкам и предпочитают хранить деньги дома под матрасом.

8 Россияне совсем не меркантильны и мало думают о деньгах.

9 На их настроение значительно влияет политика и культурная жизнь.

10 По данным Администрации Президента, индекс счастья в России довольно высок – 80%.

Б Придумайте пять дополнительных вопросов, которые вы хотели бы задать специалисту по современному российскому обществу.

1	
2	
3	
4	
5	

В Работа в парах. Задайте эти вопросы вашему партнёру, который будет играть роль специалиста по современному российскому обществу.

Language points ◆

Subjunctive

The subjunctive in Russian is formed by putting the particle **бы** with the past tense:

он написал бы/писал бы
he would have written/he would write

It is possible for the **бы** to precede the verb:

я бы подумал
I should think

The subjunctive can be used to express desirability:

мне хотелось бы
I would like/I would have liked

Вы бы мне сказали
you should have told me

я пошёл бы
I would like to go/I would have gone

это было бы отлично
that would be excellent

Conditional clauses

Clauses introduced by **если** 'if' fall into two types:

1   If the condition is capable of being fulfilled, the subjunctive is *not* used. Where the verb in the main clause is in the future then the verb in the clause introduced by **если** will also be in the future, unlike in English, where it would be in the present:

> **Мы не будем играть в саду, если пойдёт дождь.**
> We won't play in the garden if it rains.

It is, of course, possible to find tenses other than the future after **если**:

Если тебе не нравится юбка, купи новую.
If you don't like the skirt buy a new one.

2   Where a condition is hypothetical the subjunctive mood is used in both the main clause and in the conditional clause. In this case the conditional clause is introduced by **если бы** followed by the past tense. Remember that **бы** is used only with the past tense:

> **Если бы не было кризиса, то не сократилось бы количество рабочих мест.**
> If there had been no crisis, then the number of jobs would not have declined.

The use of **то**, 'then', to introduce the main clause in this kind of sentence is quite common.

It is possible for the main clause to precede the **если** clause:

Количество рабочих мест не сократилось бы, если бы не было кризиса.

Exercise 6

Create single sentences out of two simple sentences using the future tense.

Example: **У меня есть деньги. Я еду за границу. – Если у меня будут деньги, (то) я поеду за границу.**

1 Лето жаркое. Мы живём на даче.
2 Я сдаю математику. Я поступаю в технический университет.
3 Российские дороги улучшаются. В Россию ездит много туристов.
4 У него хорошая зарплата. Он покупает квартиру в центре.
5 У меня есть счёт в банке. Я вкладываю капитал в ценные бумаги.
6 Она бросает курить. Она чувствует себя лучше.
7 Российские газеты независимые. Они публикуют всю информацию.
8 На фестивале показаны российские фильмы. Зрители знают, как развивается кино в России.
9 У меня есть время. Я еду в круиз по Волге.

Exercise 7

Replace the future tense in the following sentences with the subjunctive.

Example: **Если у меня будет время, (то) я пойду в кино. – Если бы у меня было время, (то) я пошёл бы (пошла бы) в кино.**

1 Если экономика заработает, то средний класс обязательно увеличится. 2 Если он окончит университет, у него будет хорошая работа. 3 Если цены на нефть не будут падать, российский рубль станет сильнее. 4 Если не будет проведена реформа образования, уровень образования упадёт. 5 Если будет введена всеобщая плата за университетское образование, пострадают многие люди. 6 Если государство хочет повысить уровень образования, оно сохранит частные школы. 7 Если этот вуз будет престижным, в него будет большой конкурс. 8 Если у студента есть стремление учиться, он закончит университет с отличием.

Exercise 8

Examine the survey conducted by Russia's Institute of Social and Economic Problems, and answer the questions in English.

1 How do English and Russian concepts of poverty differ with respect to food?
2 Contrast English and Russian views on leisure and poverty.

3 How do expectations with regard to the purchase of clothing differ between the Russian and the English?
4 What household appliances do each consider necessary?
5 Name two areas of life which Russians refer to but are not mentioned in the English list at all.

Английская семья считает себя бедной, если:	2001 – российская семья считает себя бедной, если:	2017 – российская семья считает себя бедной, если:
• Не может отапливать жильё. • Нет отдельной спальни для каждого ребёнка. • Нет ковров для пола. • Нет возможности красиво организовать Рождество. • Нет стиральной машины. • Не может покупать новую одежду для всех членов семьи. • Ест мясо или рыбу только через день. • Не может позволить расходы, связанные с отдыхом или хобби. • Нет сада перед домом.	• В семье недоедают. • Ест мясо или рыбу реже двух раз в неделю. • Не может приобретать в необходимом количестве предметы гигиены. • Нет и не может приобрести холодильник, самую простую мебель, даже черно-белый телевизор. • Не может давать детям деньги на питание в школе, оплачивать детсад и ясли. • Не может покупать детям новую одежду и обувь по мере их роста.	• Хватает денег только на еду. • Не могут оплатить коммунальные услуги. • Нет денег на жизненно важные лекарства, которые прописал врач. • Нет денег купить хорошую одежду. • Должны постоянно брать деньги в долг. • У детей нет шансов получить хорошее образование, а у взрослых – повысить квалификацию. • Не могут поехать в отпуск, пойти в театр или в кино.

По материалам газеты «Аргументы и факты», 2001, «Российской газеты», 2013 и русской службы Би-би-си, 2017.

Language points ♦

Чтобы

Чтобы is followed by either the infinitive or the past tense. **Чтобы** may *not* be followed by any other tense.

Чтобы + infinitive

This construction is used to translate 'in order to, so as to':

> Я позвонила, чтобы рассказать тебе новости.
> I rang (in order) to tell you the news.

'In order' is often omitted in English. In Russian **чтобы** is sometimes omitted after verbs of motion:

> Я пришла рассказать тебе новости.
> I came to tell you the news.

Чтобы + past tense

It can be seen from the above example that **чтобы** can only be used with the infinitive where both clauses have the same subject. Where the subject of each verb is different, **чтобы** + past tense is used and translates 'so that, in order that':

> Я позвонила, чтобы ты рассказал мне новости.
> I rang so that you could tell me the news.

Чтобы + past tense after хотеть

Note the difference between the two examples:

> Я хочу работать.
> I want to work.

> Я хочу, чтобы ты работал.
> I want you to work.

In the first example the subject of the two verbs is the same, and **хотеть** is followed by the infinitive. Where the subject of the verbs is different, as in the second example, **хотеть** is followed by **чтобы** + past tense.

Other verbs expressing desirability are similarly followed by чтобы + past tense when the subject of the two verbs is different. These include: требовать/потребовать 'demand'; ждать 'to wait for'; предлагать/предложить 'to suggest':

> Он потребовал, чтобы мы ушли.
> He demanded that we leave.

Note the construction after настаивать/настоять 'to insist':

> Он настоял на том, чтобы мы ушли.
> He insisted that we leave.

After приказывать/приказать 'to order' and советовать/посоветовать 'to advise', it is possible to use either чтобы + past tense or dative + infinitive:

> Он приказал, чтобы мы ушли.
> He ordered that we leave.

> Он приказал нам уйти.
> He ordered us to leave.

Similarly, after просить/попросить 'to ask, request', either the construction with чтобы or accu\sative + infinitive may be used:

> Он попросил, чтобы мы ушли.
> He asked that we leave.

> Он попросил нас уйти.
> He asked us to leave.

Note: do not confuse просить/попросить ('to ask for a favour') with спрашивать/спросить 'to ask a question':

> Он спросил меня, знаю ли я Петра.
> He asked me if I know Peter.

Exercise 9

Change the sentences using хотеть, чтобы. Make the noun in brackets the subject of the second verb.

> *Example:* Я хочу поехать в Россию (мой друг) – Я хочу, чтобы мой друг поехал в Россию.

1 Я хочу купить машину (мой муж). 2 Он хочет поступить в университет (его дочь). 3 Она хочет приобрести путёвку в дом отдыха (её родители). 4 Он хочет принадлежать к среднему классу (все учителя). 5 Мы хотим купить дачу (наш сосед). 6 Они хотят вкладывать деньги в ценные бумаги (рабочие). 7 Он хочет получить хорошее образование (все дети).

Чтобы + past tense after impersonal expressions denoting desirablity and undesirability

Expressions such as **желательно** 'it is desirable'; **важно** 'it is important'; **лучше** 'it is better'; **невозможно** 'it is impossible'; **невероятно** 'it is inconceivable'; **не может быть** 'it cannot be'; **надо, нужно** 'it is necessary'; and **главное** 'the main thing is' are also followed by **чтобы** + past tense:

Желательно, чтобы он не приходил.
It is desirable that he should not come.

Нужно, чтобы он пришёл.
It is inconceivable that he should come.

Главное, чтобы ему нравилась работа.
The main thing is that he should like the job.

Exercise 10

Complete the sentences using the phrase in brackets with **чтобы** + past tense.

1 Очень важно (учитель образованный человек). 2 Очень важно (у детей равные возможности на образование). 3 Очень важно (студентам нравится учиться). 4 Надо (благосостояние людей повысится). 5 Надо (все люди имеют работу). 6 Надо (у людей сбережения). 7 Надо (все богатые платят налоги). 8 Невозможно (в России нет хороших дорог). 9 Невозможно (он опоздает на поезд). 10 Невероятно (она напишет роман). 11 Невероятно (она бросит курить). 12 Не может быть (у него жена). 13 Не может быть (у неё нет мужа).

Whoever, whatever etc.

Кто, что, где, куда, как, какой combine with **бы + ни** + past tense to translate 'whoever, whatever, wherever (place), wherever (motion), however, whichever':

Что бы ты ни сказал, я не соглашусь.
Whatever you said I wouldn't agree.

Где бы мы ни жили, нам всё больше нравится наш родной город.
No matter where we may have been living we have always liked our home town best.

Such sentences may also be rendered using the appropriate form of the indicative:

Что ты ни скажешь, я не соглашусь.
Whatever you say I won't agree.

Exercise 11

Translate the phrases in brackets into Russian.

1 (Whatever you say), всё остаётся прежним.
2 (Wherever they worked), они всегда были счастливы.
3 (Whenever she thinks about him), она всегда начинает плакать.
4 (Wherever my husband goes), он всегда посылает мне открытки.
5 (However difficult it was), мы должны найти его.
6 (Whenever I saw her), она всегда была одета по последней моде.

Exercise 12

A Как развлекаются богатые россияне.

По словам пресс-секретаря Союза Туриндустрии, россияне «считаются одними из самых выгодных туристов, потому что тратят в 3 раза больше денег, чем туристы других стран. Как бы дорого это ни стоило, они заказывают экскурсии, посещают SPA-комплексы, оставляют крупные суммы в барах. Никакие другие иностранцы так не тратятся на отдыхе». («Правда.ру»)

✓ Восхождение на Килиманджаро - $2000

✓ «Охота» на голубого марлина - $300 в день

✓ Ловля пираний в дельте Амазонки - $5180

✓ Охота на антилоп в Южной Африке - $390 в день

✓ Индивидуальный тур по священным местам Гималаев - от $2000

✓ Свадьба в Венеции (регистрация брака, свадебный кортеж на гондолах с музыкантами, праздничный ужин для гостей) - $12 - 15 тысяч

Answer the questions in English.

1 Describe the wedding in Venice the rich aspire to.
2 What kind of fishing and hunting trips are described?
3 Which two trips to mountains are mentioned?

Б Придумайте рассказ по этой картинке.

 Exercise 13 (Audio 11.2)

Interpreting: an English journalist wants to conduct an interview with a Russian contemporary society expert. You are asked to interpret in both languages.

Журналист	Do you think that the level of wellbeing of the average Russian has increased in the last twenty years?
Специалист	Конечно, например, по количеству покупаемых товаров длительного пользования, в основном импортных, прогресс очевиден.
Журналист	What do you mean? When you say 'evident', are you basing this on some definitive statistics?
Специалист	По количеству телевизоров, холодильников и стиральных машин россияне находятся в той же позиции, что и жители Западной Европы. И самое главное, что теперь каждая третья семья имеет свой автомобиль.
Журналист	If they can afford all this, they must consider themselves rich enough by Russian standards, mustn't they? Just one example from the newspapers: 25 years ago, 55 people out of 100 considered that their income was barely sufficient to meet their basic needs; nowadays it is 35 out 100 who think that.
Специалист	Пример правильный, так что судите сами.
Журналист	With this general increase in wellbeing, does this mean that the Russians have become much more patriotic? It is believed that nowadays the average Russian puts his trust in Putin and does not favour the United States.
Специалист	Типичный современный россиянин, действительно, считает себя патриотом. Но под патриотизмом он понимает то, что любит родную природу, интересуется своей историей и регулярно ходит на выборы.
Журналист	What about the attitude towards the West? Does this new patriotism have an impact on that?
Специалист	Надо сказать, что Америка сегодня не в почёте. Но, с другой стороны, почти три четверти россиян считает, что России надо сближаться с Западом.

Exercise 14

Проблема жилья очень актуальна для современной России; решением этой проблемы занимаются даже популярные герои русских сказок, как, например, Баба-яга.

Придумайте рассказ по этим картинкам.

 **Exercise 15**

Крылатые выражения и поговорки.

А Выберите правильный ответ.

Б Составьте предложения с этими выражениями.

1	Какой молочный продукт используется для характеристики лучшей части общества?	А масло Б молоко В сливки

2	Фраза «вывести на чистую воду» означает	А	спасти из воды
		Б	раскрыть чьи-то тёмные дела, махинации
		В	хорошо вымыть
3	Фраза «уйти в кусты» означает	А	потерять дорогу
		Б	выйти на пенсию
		В	уйти от ответственности
4	Фраза «обвести вокруг пальца» означает	А	обмануть
		Б	не поздороваться
		В	делать странные знаки
5	Фраза «унести ноги» означает	А	украсть
		Б	убежать
		В	уйти тихо, без шума
6	Фраза «умыть руки» означает	А	отказаться от ответственности
		Б	отказаться от денег
		В	закончить дело
7	Фраза «ни пуха, ни пера» – это	А	выражение радости
		Б	пожелание удачи
		В	приветствие

Exercise 16

Translate into Russian.

1 Sociologists are still arguing over whether a middle class exists in Russia.
2 There is a big difference between the Russian and British middle classes.
3 If the economic situation gets worse in Russia many people will lose their jobs.
4 If only I had money I would travel all over the world.
5 The majority of so-called new Russians became rich thanks to their connections with the Soviet government.
6 I want my son to study at Moscow university; I want him to study English.
7 He asked me to buy a Russian newspaper for him.
8 A Russian family considers itself poor if it cannot afford to buy fruit and sweets for its children.

12 ЭКОНОМИКА

Экономика должна быть экономной
– таково требование времени.

Леонид Ильич Брежнев

In this unit you will learn:

▶ about economic situation in Russia
▶ about a variety of impersonal expressions
▶ about negative pronouns and adverbs

Text 1

Коротко о главном

Россия – богатейшая страна, однако экономика страны переживает не лучшие времена. Результаты аналитической работы, проведённой Росстатом, демонстрируют продолжение процесса медленного падения темпов роста экономики (на 3,7% за последний год). Происходит это без значительных эксцессов и катастроф, но на изменение в тенденции пока рассчитывать нечего. Посмотрим, на какие факторы обращают сегодня внимание аналисты.

К осени 2016 года Россия пришла с сокращением долларового эквивалента ВВП на 40% по сравнению с 2013 годом – в цифрах это составляет около 8,2 тыс. долларов на душу населения. В таблице стран это конец седьмого десятка, рядом с Турцией, Мексикой и Суринамом. Эти показатели не слишком позитивны, но ещё далеки от катастрофических: зона «цветных революций», в которой находились в моменты дестабилизации Египет, Сирия, Украина и большинство других стран, переживших периоды нестабильности, начинается на уровне около 6 тыс. долларов номинального ВВП (на душу населения).

В ближайшее время приходится ожидать продолжения постепенного падения основных экономических показателей, так как драйверы роста отсутствуют, предпринимательская активность сокращается, а бюджет не в состоянии скомпенсировать отсутствие частного капитала в сфере инвестиций. Инфляцию также не удастся удержать на ожидаемом правительством уровне – 4–5%; однако она не превысит 6–7%: резервные фонды и относительно высокая цена на нефть дадут возможность правительству проводить жёсткую монетарную политику.

У российской экономики две базовые проблемы: риски, несоразмерные возможностям получения дохода, и блокировка регулированием. Самая примитивная (но очень практичная) модель экономики говорит о том, что рост происходит там, где предприниматели и инвесторы видят позитивную разницу между уровнем ожидаемых доходов и уровнем ожидаемых рисков от инвестиций или старта проектов. В России сегодня негде и не из чего ожидать сверхприбылей. Это страна среднего дохода, здесь фактически не осталось ниш для высокомаржинального бизнеса, особенно сейчас, когда доходы жителей падают.

Экономика России не уникальна: «голландская болезнь», пережитая ею, имеет вполне типичные симптомы. Однако ответить на экономические вызовы правительство России решило не попыткой реформировать экономику страны, а курсом на удержание уровня дефицита бюджета в краткосрочной перспективе, в том числе за счёт перспективы долгосрочной. В результате, Россия пока далека от экономического краха, но медленно движется в его сторону. Если удастся избежать катастрофических сценариев, связанных с ошибками в экономической политике или внешними факторами, у России есть экономический запас прочности на период от шести до десяти лет и более.

По материалам статьи Андрея Мовчана «Коротко о главном: российская экономика в XXI веке».

Vocabulary

состояние	state of events, position
рост	growth
рассчитывать на	to count upon (*something or somebody*)
ВВП (валовой внутренний продукт)	GDP
на душу	per capita
показатель	indicator
приходится что-то делать	being obliged to do something
отсутствовать	to be absent
предприниматель	entrepreneur
удаваться/удаться	to manage to do something
относительно	relatively
жёсткий	strict
несоразмерный	incongruous
разница	difference
прибыль (*f*)	profit
вызов	challenge
краткосрочный	short term
долгосрочный	long term

Colloquialisms and transition words ♦

быть в состоянии что-то сделать	to be in the position of doing something
в том числе	including
за счёт	at the expense of
запас прочности	safety factor

Exercise 1

А Ответьте на вопросы.

1 Как можно охарактеризовать сегодняшнюю ситуацию в российской экономике?
2 Что можно сказать о росте российской экономики за последние несколько лет?
3 С точки зрения ВВП, каков рейтинг российской экономики?
4 Какой вывод можно сделать по этим показателям?
5 Каковы причины постепенного падения основных экономических показателей?
6 Каков рост инфляции в России, и с чем это связано?
7 Каковы базовые проблемы российской экономики?
8 Почему в России сегодня негде и не из чего ожидать сверхприбылей?
9 Как российское правительство пытается решить экономические проблемы?
10 На сколько оптимистичен прогноз экспертов на ближайшее время?

Б Обсудите:

1 Что такое «голландская болезнь».
2 Как этот термин применим к российской экономике.

Exercise 2

Найдите в тексте слова, которые подходят следующим определениям.

1 самый хороший
2 увеличение в размере/значении
3 недалеко
4 играющий важную роль, определяющий
5 бизнесмен/антрепренёр
6 иметь возможность что-то сделать
7 вырасти больше определённого уровня
8 денежная сумма, получаемая государством или человеком в результате какой-либо деятельности
9 огромная суперприбыль
10 случайное неправильное действие
11 действующий короткое время
12 сделать так, чтобы этого не произошло

Exercise 3

Найдите в тексте антонимы к следующим словам:

1 беднейший
2 не очень важный
3 рост
4 радикальный
5 присутствие
6 низкий
7 мягкий
8 расход
9 внутренний
10 долгосрочный

Exercise 4

- Проанализируйте и сравните диаграммы роста ВВП (%) в России, Китае и США.
- Обсудите прогноз роста ВВП на 2018 год.

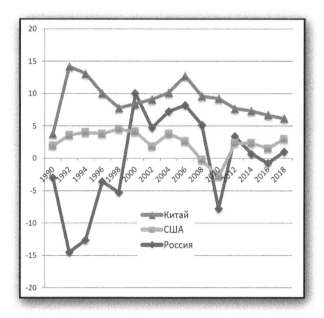

По данным Организации экономического сотрудничества и развития (OECD), апрель 2017.

1 Что можно сказать об изменении ВВП в России с 1990 по 2017 год?
2 Когда наблюдалось замедление экономического развития страны?
3 Какие события повлияли на экономический спад?
4 Когда наблюдался быстрый рост экономики России?
5 Каковы причины этого роста?
6 Сравните тенденции развития экономики России, Китая и США.
7 Каков краткосрочный прогноз развития экономики в этих странах?

🎧 Dialogue (Audio 12.1)

A conversation between a journalist and an economist.

A Listen to the recorded conversation. Outline (in English) the following points:

1 The changes in the Russian economy over the last 25 years.
2 In terms of its indicators, should Russia be classified as a developed or developing economy?
3 The present-day problems of the Russian economy.
4 The impact of the 2008 crisis on the Russian economy.
5 Perspectives of Russia's economic collaboration with the West.

Б Прочитайте диалог и выполните задания к нему.

Transcript of Dialogue

Журналист	Прошло более 25 лет с момента распада Советского Союза. Как изменилась экономическая ситуация в России?
Эксперт-аналитик	Более 250 млрд долларов находится у населения в банках и, возможно, не меньше наличными. Эти показатели, конечно, зависят от региона страны, но нельзя не согласиться, что общий уровень благосостояния сейчас выше, чем при советском режиме.

ЖУРНАЛИСТ	Тем не менее у граждан экономическая ситуация позитивных эмоций не вызывает.
ЭКСПЕРТ-АНАЛИТИК	Это связано с экономической нестабильностью; дефолт 1998 года, падение рубля 2014 года так быстро не забываются, и это совсем не связано с экономическими показателями.
ЖУРНАЛИСТ	С точки зрения экономических показателей, можно ли классифицировать Россию как развитую или как развивающуюся страну?
ЭКСПЕРТ-АНАЛИТИК	Это слишком общая формулировка. Интеллектуальной инфраструктуре и креативной динамике России можно только позавидовать. С этой точки зрения, она очень сильно отличается от так называемых развивающихся стран.
ЖУРНАЛИСТ	Чтобы выйти из нефтегазовой зависимости, требуется диверсифицировать экономику страны. Об этом много говорят, но почему-то этого пока не происходит.
ЭКСПЕРТ-АНАЛИТИК	Основной причиной являются высокие цены на нефть, которые держались очень долгое время. Ни один здравомыслящий предприниматель не отказался бы от продажи нефти в такой ситуации. И в 2013 рост доходов населения превышал рост ВВП.
ЖУРНАЛИСТ	Некоторые экономисты считают, что Россия вышла из общего экономического кризиса 2008 года не хуже многих западных партнёров, что говорит о правильной экономической политике страны. Вы с этим согласны?
ЭКСПЕРТ-АНАЛИТИК	И да, и нет. Эта политика сработала в моменты кризисов 2008 и 2014 годов, создавая возможность для буферирования бюджетных дефицитов. В то же время она повышала стоимость привлечения бизнесом денег, инвестирование снижалось, а формирование капитало-зависимых или требующих сложной инфраструктуры отраслей становилось практически невозможным.

ЖУРНАЛИСТ	Является ли сейчас Россия перспективным экономическим партнёром для западных стран?
ЭКСПЕРТ-АНАЛИТИК	Во всём, что не зависит от санкционных режимов, ситуация является вполне стабильной. При этом негативных экономических действий по отношению к России, как, например, антидемпинговые пошлины, свобода торговли, сегодня не больше, чем по отношению к другим странам, в том числе и развитым.

По материалам интервью с Джудит Шапиро, Лондонская Высшая Школа Экономики и Политических Наук, февраль 2017.

Vocabulary

наличные деньги	cash
завидовать/позавидовать	to envy
требовать/потребовать	to require, to demand
здравомыслящий	sane
отказываться/отказаться	to refuse
привлечение	attraction
отрасль *(f)*	branch
пошлина	tax/duty (trade)

Exercise 5

A Правильно или неправильно? Обоснуйте ваш ответ.

1 Даже сейчас в России резервный фонд в три раза ниже, чем ожидаемый объём импорта.

2 Нельзя не согласиться, что уровень благосостояния в России зависит от региона страны.

3 Негативное отношение к экономической ситуации связано не с экономическими показателями, а с отсутствием стабильности и неуверенностью в завтрашнем дне.

4 С точки зрения интеллектуальной инфраструктуры, Россия не сильно отличается от так называемых развивающихся стран.

5 России требуется инновационная модернизация в сфере креативности и интеллектуальных структур.

6 Инновационная модернизация в сфере креативности и интеллектуальных структур всегда поддерживалась государственными системами.

7 При высоких ценах на нефть, которые держались очень долгое время, страна не должна была отказываться от её продажи.

8 Россия вышла из общего экономического кризиса 2008 года не хуже многих западных партнёров, что говорит о правильной экономической политике страны.

9 С точки зрения экономического партнёрства, ситуация для российских экономических компаний сейчас намного хуже, чем для компаний других стран.

10 Это касается даже тех аспектов, которые не зависят от санкционного режима в отношении России.

Б Придумайте пять дополнительных вопросов, которые вы хотели бы задать экономисту-эксперту.

1
2
3
4
5

В Работа в парах. Задайте эти вопросы вашему партнёру, который будет играть роль экономиста-эксперта.

Exercise 6

А Прокомментируйте изменение ВВП Российской Федерации 1996–2017 и ответьте на вопросы.

Диаграмма А. ВВП Российской Федерации в текущих ценах, млрд долл. США

По данным Всемирного Банка.

Note: ППС (паритет покупательной способности) – purchasing power parity (PPP).

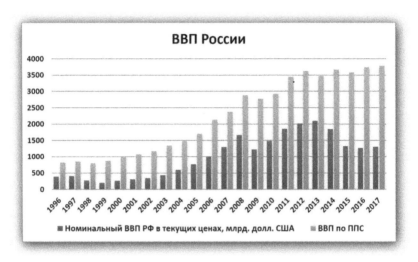

1 Объясните своими словами, что такое ВВП.
2 Объясните своими словами, что такое ППС.
3 Как менялся номинальный ВВП России в течение последних 20 лет?
4 Как менялся ВВП по ППС в течение последних 20 лет?

Б Сравните ваш анализ Диаграммы А с данными по изменению темпов роста экономики России 1996–2016 (Диаграмма Б).
С какими факторами (экономическими, политическими) можно связать эти изменения?

Диаграмма Б

B Прокомментируйте график изменения положения России в мировой экономике.

Диаграмма B

место России в мировой экономике

1 Как изменилось это положение за последние несколько лет?
2 Как менялось это положение с 1996 по 2016 год?
3 Каков ваш прогноз на будущее относительно темпов роста экономики России?

Language points ♦

Impersonal expressions

There are a large number of impersonal constructions in Russian, which involve the use of the dative and/or the infinitive.

Expressions of possibility

Можно/возможно 'it is possible'

Можно предсказать постепенный рост российской экономики.
It is possible to predict a gradual growth of the Russian economy.

Можно (but not возможно) may also be used in the sense of 'it is permitted':

Можно здесь курить?
May one smoke here?

Нельзя/невозможно 'it is impossible'

Нельзя + perfective and невозможно mean 'it is impossible':

Нельзя/невозможно решить все важные экономические проблемы.
It is impossible to resolve all economic problems.

Нельзя + imperfective means 'it is forbidden, not permitted':

Нельзя повышать цены.
It is forbidden to raise prices.

Exercise 7

Decide whether to use можно or нельзя:

1. . . говорить громко в библиотеке. 2. . . подвести некоторые итоги. 3. . . вводить платное образование. 4. . . воспользоваться данными статистики. 5. . . курить во время полёта. 6. . . заказать билет через интернет. 7. . . ездить без билета.

Expressions of necessity

Надо/нужно 'it is necessary'

Нам надо/нужно диверсифицировать экономику страны.
We need to diversify the country's economy.

Note the use of было/будет:

Нам надо было/будет диверсифицировать экономику страны.
We had to/will have to diversify the country's economy.

In the negative, надо and нужно have differentiated meanings:

Не надо фокусироваться на добыче нефти и газа.
One should not (it is necessary not to) focus on the extraction of oil and gas.

Не нужно фокусироваться на добыче нефти и газа.
It is not necessary to focus on the extraction of oil and gas.

Приходиться/прийтись 'to be obliged to, to have to'
The third person singular neuter (оно form) is used impersonally with the dative:

Компаниям приходится фокусироваться на добыче нефти и газа.
The companies have to focus on the extraction of oil and gas.

Им придётся фокусироваться на добыче нефти и газа.
They will have to focus on the extraction of oil and gas.

Государству пришлось отменить финансовую помощь малым
бизнесам.
The government was obliged to abolish help for small businesses.

> Следует, следовало 'ought to, should, it is fitting'
> Similarly, the third person singular neuter (оно form) of
> следовать ('to follow') is used impersonally with the dative:

Вам не следует так говорнть.
You should not talk like that.

Этого следовало ожидать.
It was to be expected.

Мне следовало бы сделать это немедленно.
I should have done it straight away.

In contrast должен 'must', обязан 'obliged' and вынужден 'forced' are
not used impersonally, but agree in number and gender with the subject:

Она должна (была/будет) работать в нефтяной компании.
She must (had to/will have to) work in an oil company.

Вы должны были бы нас предупреднть.
You ought to have warned us.

Онн обязаны вам помочь.
They are obliged to help you.

Государство было вынуждено контролировать инфляцию.
The state was forced to control inflation.

Exercise 8

Replace **должен** by using the word in brackets in the right form and
tense.

1 Я должен ехать в Россию (приходиться). 2 Отец должен был
купить билет на самолёт (прийтись). 3 Мать должна будет

идти пешком (прийтись). 4 Ты не должна возвращаться поздно (следовать). 5 Вы должны сдать экзамен (обязан). 6 Профессор должен открыть частную клинику (приходиться). 7 Он не должен был соглашаться со мной (следовать). 8 Государство должно заботиться о гражданах (обязан). 9 Вы не должны приходить сюда (следовать). 10 Ты не должна была встречать его (следовать).

Expressions of success and luck

Certain of these expressions also use the third person of verbs impersonally with the dative.

Удаваться/удаться 'to be successful'

Нам удалось снизить инфляцию.
We succeeded in reducing inflation.

Надеюсь, что тебе удастся решить эту проблему.
I hope that you will be successful in resolving this problem.

Note that **удаваться/удаться** can also be used with a third person subject:

Эта процедура не всегда удаётся ему.
He does not always have success with this procedure.
(lit. This procedure is not always successful for him.)

Везёт/повезло 'in luck, lucky'
The third person singular neuter (**оно** form) of **везти/повезти** is also used with the dative to denote luck:

Ему повезло.
He was in luck.

Тебе везёт в жизни.
You are lucky in life.

Exercise 9

Replace the existing verb **мочь/смочь** with the verb **удаваться/удаться** in the appropriate form.

Example: **Она смогла достать билет на оперу.** → **Ей удалось достать билет на оперу.**

1 Я смог купить массу книг. 2 Я думаю, что малый бизнес сможет выжить в условиях кризиса. 3 Мы можем добежать до дома. 4 У него есть время, он смог сходить в магазин. 5 Вы смогли позавтракать? 6 Она никогда не могла писать без ошибок.

Expressions denoting feelings

You are already familiar with the use of short form neuter adjectives with the dative to express certain feelings: **нам весело** (from **весёлый**) 'we are cheerful'; **им холодно** (from **холодный**) 'they are cold; **мне стыдно** (from **стыдный**) 'I am ashamed'; **студентам скучно** (from **скучный**) 'the students are bored'; **ему больно** (from **больной** 'sore') 'it hurts him'.

In addition there are a number of other impersonal predicates similarly used:

жаль/жалко 'sorry for'

> **Ему жаль бедных пенсионеров.**
> He is sorry for the poor pensioners.

Note the use of the accusative for the person he is sorry for.

> **Мне жаль смотреть на тебя.**
> It grieves me to look at you.

лень 'too lazy'

> **Мне лень идти.**
> I am too lazy/can't be bothered to go.

пора 'it is time'

> **Нам пора идти.**
> It is time for us to go.

Note that any of these expressions can be made past or future by using **было/будет**: **ему было больно** 'it hurt him'; **нам будет жаль** 'we will be sorry'.

There are also impersonal expressions denoting feelings formed from the third person singular neuter (**оно** form) of verbs.

Надоесть (perf.)

> **Мне надоело работать.**
> I'm sick of work.

Не хватать/хватить

> **Нам (or у нас) не хватает времени.**
> We are short of time.

Этого нам ещё не хватало!
That's all we needed!

Недоставать/недостать

Ему недостаёт денег.
He is short of/lacks money.

Note the use of the genitive after **не хватать** and **недоставать**.

In addition, several reflexive verbs can be used impersonally with the dative:

Мне хотелось спать.
I wanted to sleep.

Нам кажется, что всё в порядке.
It seems to us that everything is in order.

Ему осталось только согласиться.
All that was left to him was to agree.

Ей исполнилось 50 лет.
She is fifty.

Exercise 10

Use the most appropriate word from those given below to complete the sentences.

(осталось, исполнится, надоело, хочется, лень, жаль, пора, хватает)

1 Из-за жары мне было . . . работать. 2 Уже шесть часов: . . . идти. 3 Нам . . . только отказаться от этого плана. 4 Туристам было . . . бедных крестьян. 5 Ему не . . . опыта для такой работы. 6 Во вторник мне . . . 21 год. 7 Мне очень . . . увидеть этот фильм. 8 Ему . . . работать в институте.

Language points ◆

Некого, нечего

These expressions meaning respectively 'there is no one' and 'there is nothing' are used with the infinitive and may also be used with the dative:

Некого спросить.
There is no one to ask.

Нечего делать.
There is nothing to do.

Ему некого спросить.
He has no one to ask.

Нам нечего делать.
We have nothing to do.

Некого/нечего decline like **кто** and **что**, and their case depends on the verb governing them:

Ей некому помогать.
She has no one to help.

Нам нечем заниматься.
We have nothing to occupy us.

When **некого/нечего** are used with a preposition, it comes between **не** and the rest of the word:

Ему не с кем поговорить.
He has no one to talk to.

Им не о чем думать.
They have nothing to think about.

Note that the form **нечто** is used with prepositions taking the accusative, otherwise the accusative form is **нечего**:

Нам не на что смотреть.
We have nothing to look at.

Нам нечего есть.
We have nothing to eat.

The word **некто** means 'someone':

Некто пришёл.
Someone has arrived.

Негде, некуда, некогда

These adverbs, meaning respectively 'there is nowhere' (place); 'there is nowhere' (motion); 'there is no time', are used in the same way as **некого/нечего**:

Нам негде жить.
We have nowhere to live.

Им некуда идти.
They have nowhere to go.

Нам некогда отдыхать.
We have no time to relax.

Note that **некогда** also means 'once upon a time':

Он некогда жил в Москве.
He once lived in Moscow.

All the above expressions can be made past or future by using **было** or **будет**:

Нам не с кем будет разговаривать.
We will have no one to talk to.

Им некуда было идти.
They had nowhere to go.

Exercise 11

Choose an appropriate word from the list and then put the sentences in the past and future tense.

(некуда, нечего, негде, некого, некогда, нечем, не о чем, не на кого, не с кем, не к кому)

1 Мне . . . ходить. 2 Ему . . . жить. 3 Ей . . . делать. 4 Матери . . . смотреть телевизор. 5 Мне . . . говорить с тобой. 6 Ему даже . . . пойти в пивную. 7 Мне . . . пригласить в кино. 8 Ребёнку . . . есть суп. 9 Мне . . . надеяться. 10 Ей . . . зайти по дороге домой.

Exercise 12

Прокомментируйте данные экономического прогноза, опубликованные Министерством экономического развития РФ в конце 2016 года.

Год	Рост ВВП%	Инфляция %	Средняя цена на нефть за баррель
2015	–3,7	12,9	$51,23
2016	–0,2	5,5	$41,9

Год	Базовый прогноз: при $40 за баррель		Консервативный прогноз: при $25 за баррель	
	Рост ВВП%	Инфляция%	Рост ВВП	Инфляция%
2017	0,8	4,9	−0,4	6
2018	1,8	4,5	0,7	5,5
2019	2,2	4	1,6	5,1

По материалам сайта Минэкономразвития.

1 Что можно сказать о темпах роста экономики России по прогнозу Минэкономразвития?
2 По вашему мнению, насколько реален прогноз Минэкономразвития?
3 Что такое базовый прогноз?
4 Что такое консервативный прогноз?
5 Почему нужны оба типа прогноза?
6 Что можно сказать о характере экономики России по данному прогнозу?

Exercise 13 (Audio 12.2)

Interpreting: you are asked to interpret in both languages at a press conference given by one of the World Bank's economists on the recent economic forecast published by the Ministry of Economic Development of the Russian Federation.

Журналист   Год подходит к концу, и недавно были опубликованы данные по прогнозам темпов роста российской экономики. Вы думаете, что стоит серьёзно относиться к таким прогнозам?

Экономист   Quantitative evaluation of Russian economy has always been a difficult task. Prior to 1991 one could not use Russian statistics, as they were shaped according to completely different principles, which are not used in modern statistics.

Журналист   За последние годы ситуация как-то изменилась? Или российская статистика всё ещё далека от мировых стандартов?

Экономист   Statistics have become more adequate in the recent years, but they still have some considerable issues to resolve.

Журналист   Вы имеете в виду такие факторы, как теневая экономика, непрозрачность налоговой системы и засекреченность оборонного бюджета?

Экономист   Yes, there has always been a sizeable shadow economy in Russia. This concerns not only its direct form, such as unaccounted profits, but also the common practice of increasing prices in the state-subsidised sectors of the economy.

Журналист   В 2014 году Росстат сообщил, что существенно пересмотрел методику и значительно увеличил долю неформального бизнеса в ВВП.

Экономист   In the 1990s the proportion of the shadow businesses in Russia exceeded those that were officially registered. By 2014 this proportion was reduced to 10%. However it remains unclear how one can officially estimate the proportion of unofficial businesses.

Журналист   Сложности, наверное, вызывает и оценка ВВП? За 2000–2015 годы рыночный курс доллара США к рублю колебался в диапазоне от 140 до 60%.

Экономист   Certainly, due to the lack of economic transparency, there is also a huge problem in applying the coefficient of PPP to the country's economic indicators. I therefore think that it is worth treating all these economic forecasts as a trend rather than a given fact.

🎧 Exercise 14 (Audio 12.3)

А   Прослушайте запись. **Политическая сатира: из цикла «Гражданин поэт»** (автор Дмитрий Быков, читает (в оригинале) Михаил Ефремов).

Стихотворение написано на тему хрестоматийного романа Александра Пушкина *Евгений Онегин* (Глава X, 1830).

Тряслися грозно Пиренеи.
Египет трясся и Тунис,
NASDAQ дрожал ещё сильнее,
И Доу-Джонс катился вниз;
Народы Ближнего Востока
Теснят правителей жестоко,
И разгулявшийся ислам
Им добавляет по мозгам . . .
Других, конечно, раздражает
Такая дерзость – но не нас:
Нам это выгодно как раз,
Поскольку нефть подорожает.

Б   Найдите полный текст десятой главы романа Пушкина в интернете.

В   Найдите информацию об этом романе. Почему стихи Пушкина так популярны среди россиян?

Г   Что вы думаете об этой пародии? Обоснуйте ваш ответ.

🎲 Exercise 15

Что? Где? Когда?

А Выберите правильный ответ.
Б Составьте предложения с этими словами и фразами.

1	Как называется сумма денег, которую государство собирает с населения на общественные нужды?	А Б В	залог налог подлог
2	Дефолт 1998 года вошёл в историю современной России под названием	А Б В	красная суббота чистый четверг чёрный вторник
3	Как в народе называют представителей социального класса СНГ, разбогатевших в 1990-е годы?	А Б В	нефтерусские новорусские великорусские
4	Поговорка «по одёжке протягивай ножки» означает	А Б В	живи по своим доходам и возможностям по одежде виден статус человека размер одежды надо выбирать аккуратно
5	Когда говорят «не по карману», это означает	А Б В	слишком заметно, трудно спрятать слишком тяжело, не удержать слишком дорого, не по средствам
6	«Копейка рубль бережёт» говорят как совет	А Б В	менять крупные деньги на мелкие положить копейку рядом с местом, где хранятся деньги быть экономным, не тратить деньги без необходимости

Exercise 16

Придумайте рассказ по этой картинке.

Exercise 17

Translate into Russian.

1 At present the Russian economy is experiencing many difficulties: there is a lack of investment in the high-technology sectors.

2 The cost of diversification away from the oil and gas based economy is very high, but I do not think we can do without it in the present situation.

3 State assistance is essential for all high-technology areas of the economy, which require complex infrastructure.

4 I think state financing should remain accessible to all small businesses, and I do agree that they should have a choice of alternative methods of funding.

5 I am so sorry for old age pensioners in Russia; they worked hard all their lives, and now their pension is often lower than the minimum wage.

6 We are pleased that foreign investors succeeded in creating their companies in Russia thanks to their enormous energy and practical experience.

7 I am so fed up with everything; I have nothing to do, nowhere to go, nobody to talk to.

8 I hope the Russian government will succeed in getting out of its present crisis.

13 РЕЛИГИОЗНОЕ РАЗНООБРАЗИЕ

На бога надейся, а сам не плошай.

Пословица

In this unit you will learn:

- about religious diversity
- how to form and to use perfective and imperfective gerunds
- how to write sentences in the negative.

Text 1

Кто не верит, пусть проверит

Из учебников истории мы знаем о России как о православной империи: большинство населения тогда, действительно, принадлежало к Русской православной церкви (РПЦ), во главе которой стоял сам царь. Вплоть до 1905 года переход из православия в другую религию был категорически запрещён, и попытки выхода из православной веры рассматривались как уголовное преступление. Более того, ограничивались в правах даже те православные, которые отказывались принадлежать к государственной церкви; они известны как старообрядцы. Говоря о них, можно назвать многих известных русских меценатов, промышленников и филантропов, например, таких, как Морозовы и Третьяковы. Что касается других вероисповеданий, государство проявляло некоторый прагматизм, разрешая населявшим страну народам исповедовать свои религии на местах (например, ислам и иудаизм), но сильно ограничивая эти народы в правах и свободе передвижения (например, в отношении проживания в крупных городах).

Несмотря на то, что в годы советской власти (1917–1991) все религии находились под жёстким контролем и страдали от репрессий, религиозное многообразие в какой-то мере сохранялось. Это сразу проявилось в период либерализации при Горбачёве. А после принятия закона о свободе религии в 1990 году опросы социологов стали показывать, что большинство людей устойчиво идентифицирует себя с традиционными религиями своих предков – православных, мусульман, иудеев или буддистов. В это же время получили распространение так называемые новые религиозные учения. Некоторые из них пришли из других стран: например, мормоны из Америки, а Кришнаиты из Индии. Однако появлялись и росли свои новоявленные вероучения, как например: Церковь Последнего Завета («Движение Виссариона») или Родноверие. Никто никогда не предполагал, что их будет так много.

Само по себе религиозное многообразие – это скорее хорошо. Для многих современных людей важен процесс духовного поиска и возможность выбора конфессий, в которых они могут выразить себя и найти отражение своей жизненной позиции, своих сомнений и своих философских взглядов на мир. Однако по ряду причин существуют и проблемы. Начнём с того, что некоторые, хотя и очень немногие, могут слишком далеко заходить в своих религиозных исканиях и вступать в конфликт с обществом. Есть и такие, кто оправдывает религией насилие и терроризм. Во-вторых, в отношении многих религий в обществе могут существовать определённые предрассудки, которые дают о себе знать в различных формах социальных конфликтов. Наконец, есть у этого вопроса и политический оттенок. В попытках укрепить свою власть политики разных направлений могут использовать свои связи с крупными религиозными институтами, дискриминируя меньшинства и используя веру как средство пропаганды, манипуляции и политического давления.

По материалам интервью с Маратом Штериным, Королевский Колледж, Лондон, февраль 2017.

Vocabulary

православный	Orthodox
запрещённый (запрещать/запретить)	forbidden (to forbid)
вера	faith
уголовное преступление	criminal offence
ограничивать/ограничить	to restrict
промышленник	industrialist
старообрядцы	old believers
вероисповедание	confession
проявлять/проявить	to manifest
разрешать/разрешить	to permit
исповедовать религию	to practise religion
страдать/пострадать	to suffer
сохраняться/сохраниться	to be preserved
предок	ancestor
духовный	spiritual
насилие	violence
предрассудок	prejudice
укреплять/укрепить	to strengthen
связь (f)	connection

Colloquialisms and transition words ♦

вплоть до	up until
в какой-то мере	to some extent
сам по себе	in itself
скорее хорошо	on balance/overall it is good

Exercise 1

Ответьте на вопросы.

1 Какую веру исповедовало большинство населения в царской России?
2 Какие законы существовали в отношении выхода из православной веры?
3 Какова была религиозная политика в отношении ислама и иудаизма в царской России?
4 Каков был статус религии в годы советской власти?
5 Когда впервые стало заметным религиозное многообразие?
6 Какую роль играла религия в формировании постсоветской национальной идентичности?
7 Какие новые религии распространились в постсоветское время?
8 Почему многие современные люди приходят к религии?
9 Какие проблемы связаны с религиозным разнообразием?
10 Как используется религия некоторыми политиками?

Exercise 2

Найдите в тексте слова, которые подходят следующим определениям.

1 книга, по которой изучают определённый предмет
2 люди, которые проживают на определённой территории
3 активно не хотеть что-то делать
4 быть членом некоторой группы/организации
5 хорошо известный
6 бизнесмен в индустриальной сфере
7 следовать определённому религиозному канону
8 большое количество альтернативных вариантов
9 умерший родственник, основатель рода
10 занимать всё больше и больше места в пространстве (территориальном или общественном)
11 становиться больше по размеру/значению

12 мнение, основанное на стереотипах, чаще всего принимаемое на веру со слов других людей
13 делать что-то, чтобы получить пользу
14 признать правым, поступившим правильно
15 сделать сильнее

Exercise 3

Найдите в тексте антонимы к следующим словам:

1 меньшинство
2 разрешён
3 вход
4 запрещать
5 мягкий
6 материальный
7 мелкий
8 обвинить

Exercise 4

Проанализируйте диаграммы религиозного многообразия в России и ответьте на вопросы.

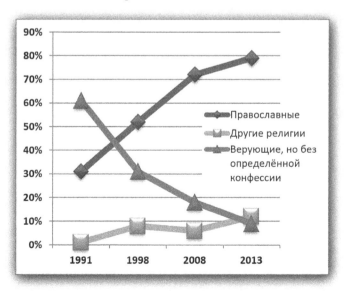

По данным PEW Центра и Российской академии наук, 2013.

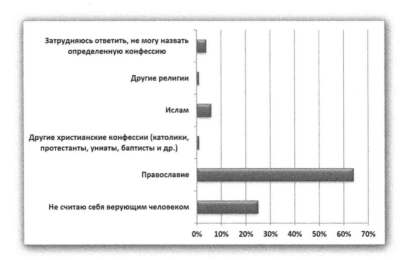

По данным Фонда «Общественное мнение», июнь 2013.

1 Как изменилось число православных в России с 1991 по 2013 год?
2 Что можно сказать о росте религиозности в России?
3 Чем можно объяснить рост религиозности в России?
4 Что можно сказать об изменении религиозного разнообразия в России?
5 Сравните тенденции роста религиозности после распада СССР и в последнее время?

Dialogue (Audio 13.1)

A conversation between a journalist and a sociologist.

A Listen to the recorded conversation. *Outline (in English) the following points:*

1 The links between the Russian state and the Russian Orthodox Church.
2 State attitude towards religious pluralism in Russia.
3 The impact of the introduction of religious studies as a part of the Russian school curriculum (pros and cons).

4 The attitude of the young generation towards religious pluralism.

Б Прочитайте диалог и выполните задания к нему.

Transcript of Dialogue

Журналист	Многие считают, что религия в России тесно связана с государством. Вы с этим согласны?
Социолог	Российские законы и Конституция предписывают равное отношение государства ко всем религиям и отделение религиозных институтов от государства.
Журналист	Да, но на практике – вы думаете, что государство поддерживает религиозное разнообразие в российском обществе?
Социолог	Русская православная церковь и государство сотрудничают всё теснее; чиновники и даже суды всё чаще принимают решения не в пользу религиозных меньшинств и открыто поддерживают либо православие, либо ислам в регионах, где мусульмане составляют большинство. Несмотря на это, Россия остаётся чрезвычайно религиозно разнообразной страной. Я уверен, эта тенденция будет сохраняться.
Журналист	А введение закона о преподавании религиозной культуры в школе как-то связано с формированием религиозного плюрализма в России?
Социолог	И да, и нет. Да, потому что идея ввести это преподавание частично оправдывалась необходимостью противостоять влиянию иностранных и новых религий.
Журналист	А почему «нет»?
Социолог	Закон даёт огромные преимущества Русской православной церкви, хотя формально родители имеют право требовать, чтобы их детям преподавали исламскую или еврейскую культуру, если это в традициях семьи. А самое главное, учебники написаны так, что в некоторых из них открыто говорится о превосходстве православия, и у многих детей фактически нет возможности знакомиться с другими религиями.

| ЖУРНАЛИСТ | Это очень интересно, тем не менее, по данным статистики, религиозное разнообразие преобладает именно среди молодёжи. |
| Социолог | Да, молодые люди имеют тенденцию интересоваться разнообразными формами религии в гораздо большей степени, чем люди старшего поколения. Кроме того, у них гораздо больше возможностей знакомиться с этими формами, например, в путешествиях или через интернет. Поэтому я думаю, что молодые поколения будут продолжать оставаться той средой, через которую российское общество будет религиозно обогащаться и отвечать на вызовы религиозных инноваций. |

По материалам интервью с Маратом Штериным, Королевский Колледж, Лондон, февраль 2017.

Vocabulary

суд	court
чрезвычайно	extraordinarily
превосходство	superiority

Exercise 5

A Правильно или неправильно? Обоснуйте ваш ответ.

1 Российское государство тесно сотрудничает с Русской православной церковью.

2 В результате этого Россия не является религиозно разнообразной страной.

3 Идея ввести преподавание религиозной культуры в школе связана с пропагандой православия как российской государственной религии.

4 Религиозное разнообразие преобладает среди людей старшего поколения.

5 У молодёжи гораздо больше возможностей знакомиться с новыми формами религии, например, через интернет.

6 Молодые поколения будут продолжать оставаться той средой, через которую российское общество будет обогащаться религиозными инновациями.

Б Придумайте пять дополнительных вопросов, которые вы хотели бы задать социологу-эксперту.

1	
2	
3	
4	
5	

В Работа в парах. Задайте эти вопросы вашему партнёру, который будет играть роль социолога-эксперта.

Language points ◆

Gerunds

Gerunds are verbal adverbs that can be substituted for adverbial clauses beginning with 'when', 'while', 'since', 'after', etc. Like some participles, they may be used to translate the English **-ing** form. Unlike participles, they are indeclinable.

Работая в Москве, я заинтересовалась религиозным плюрализмом в России.
Working in Moscow, I became interested in religious pluralism in Russia.

The gerund **работая**, 'working', substitutes for the adverbial clause **когда я работала** 'when I was working'.

The imperfective gerund

You will also find the imperfective gerund referred to as the present gerund.

How to form the imperfective gerund

Take the third person plural (**они** form) of the present tense and replace the last two letters by **-я**:

работать – работают – работая 'working'
говорить – говорят – говоря 'talking'

The imperfective gerund of verbs ending in -авать ends in -авая: давать – дают – давая 'giving'.

The imperfective gerund of reflexive verbs ends in -ясь: пользоваться – пользуются – пользуясь 'using, enjoying'.

As a result of the spelling rule the ending is -а after ж, ч, ш, щ: держать – держат – держа 'holding'.

The imperfective gerund of быть is будучи.

The imperfective gerund is generally stressed on the same syllable as the first person singular (я form): думаю – думая 'thinking'. There are, however, exceptions: сижу – сидя 'thinking'; стою – стоя 'standing'; лежу – лёжа 'lying'.

A considerable number of common verbs have no imperfective gerund. These include many verbs with monosyllabic infinitives: бить, брать (беря exists but is rarely used), есть, ждать, петь, пить and irregular verbs: бежать, ехать, писать, хотеть.

Where a verb does not have an imperfective gerund, it may be possible to form the gerund from one of its compounds without altering the meaning too much: (пить) выпивать – выпивая 'drinking up'; (ждать) ожидать – ожидая 'waiting for, expecting'.

How to use imperfective gerunds

An imperfective gerund is used to express an action performed at the same time and by the same subject as the main verb of the sentence:

> Разговаривая с русскими каждый день, он много узнаёт о жизни в России.
> Talking to Russians every day, he learns a lot about life in Russia.

The alternative construction, using an adverbial clause instead of a gerund would read:

> Так как он разговаривает с русскими каждый день, он много узнаёт о жизни в России.
> Since he talks to Russians every day, he learns a lot about life in Russia.

It would also be possible to express the same idea using two main clauses:

> Он разговаривает с русскими каждый день и много узнаёт о жизни в России.
> He talks to Russians every day and learns a lot about life in Russia.

Provided the action of the gerund takes place at the same time as the action of the main verb, an imperfective gerund may be used in a sentence referring to events in the past and future, as well as the present:

Разговаривая с русскими каждый день, он много узнавал о жизни в России.
Talking to Russians every day, he was learning a lot about life in Russia.

Разговаривая с русскими каждый день, он будет много узнавать о жизни в России.
Talking to Russians every day, he will be learning a lot about life in Russia.

There are some further examples of imperfective gerunds based on the text *Кто не верит, пусть проверит*:

Говоря о них, можно назвать многих известных русских промышленников и филантропов.
When speaking of them, one can mention many well-known industrialists and philanthropists.

Государство проявляло и прагматизм в отношении основных народов империи, разрешая им исповедовать свои религии на местах.
The state displayed a certain pragmatism regarding the main ethnic groups of the Empire, allowing them to follow their own beliefs.

Пытаясь оправдать и укрепить свою власть, политики разных направлений могут использовать свои связи с крупными религиозными институтами.
In an attempt to (attempting to) strengthen their power, the politicians of various trends may use their connections with the major religious institutions.

The above example shows that a Russian gerund will not always be neatly translated by the English -ing form.

Note the use of the negative gerund to translate 'without. . . -ing':

Они создали религиозную группу, не имея никакой определённой цели.
They created a religious group without having any set goal.

Она вышла из комнаты, не говоря ни слова.
She left the room without saying a word.

Exercise 6

Form the imperfective gerund from the following verbs.

вспоминать, рассчитывать, создавать, чувствовать, благодарить, идти, приходить, нести, возвращаться, путешествовать, оказываться, любоваться, становиться, голосовать, набирать, быть, находиться.

Exercise 7

Replace the adverbial clauses with imperfective gerunds.

1 Когда я нахожусь в России, я всегда путешествую по «Золотому кольцу». 2 Хотя он жил всю жизнь в Америке, он оставался русским писателем. 3 Когда они создавали новую партию, они разработали новую программу. 4 Когда директор разговаривает со студентами, он всегда советует много работать. 5 Когда он возвращался из Москвы, он вспомнил, что он забыл паспорт. 6 Пока она слушает музыку, она забывает обо всём. 7 Так как он учился и работал за границей, он не знал российских проблем. 8 Так как он ненавидел войну, он отказался участвовать в ней.

The perfective gerund

You will also find the perfective gerund referred to as the past gerund.

How to form the perfective gerund

The perfective gerund is formed by replacing the -л from the masculine singular form of the perfective past tense by -в: кончить – кончил – кончив 'having finished'.

Reflexive verbs take the ending -вшись: подвергнуться – подвергнулся – подвергнувшись 'having been subjected to'.

Verbs ending in -ти, including prefixed forms of вести, везти, идти and нести have a perfective gerund ending in -я. Form it in the same way as the imperfective gerund, but using a perfective verb: подойти – подойдут – подойдя 'having approached'; вывезти – вывезут – вывезя 'having exported'.

Exercise 8

Form the perfective gerund from the following verbs.

создать, набрать, проголосовать, стать, сказать, пойти, принести, уехать, оказаться, вернуться, ввезти, съесть, найти, жениться, назвать

How to use the perfective gerund

A perfective gerund is used to express an action performed by the same subject as the main verb of the sentence *prior* to the action of the main verb:

Встретившись с русскими, он много узнал о жизни в России.
Having met Russians, he had learnt a lot about life in Russia.

The alternative construction using an adverbial clause would read:

После того как (так как) он встретился с русскими, он много узнал о жизни в России.
After (because) he had met Russians, he knew a lot about life in Russia.

Provided the action in the gerund takes place before the action of the main verb, a perfective gerund may be used, whatever the tense of the main verb:

Встретившись с русскими, он узнает много о жизни в России.
Having met Russians, he will have learnt a lot about life in Russia.

There are some further examples of perfective gerunds based on the text *Кто не верит, пусть проверит*:

Обратив на себя внимание специалистов ещё во время перестройки при Горбачёве, это явление стало особенно заметным после принятия закона о свободе религии в 1990 году.
Having drawn the attention of the specialists back at the time of Gorbachev's perestroika, this phenomenon became especially noticeable after the law on the freedom of religion was passed in 1990.

Вступив в конфликт с обществом, они оправдывают религией насилие и терроризм.

Having entered into conflict with society, they justify violence and terrorism by means of religion.

Exercise 9

Replace the adverbial clauses with perfective gerunds.

1 Если вы приедете в Москву, вы не узнаете города. 2 После того как он вернулся из поездки по России, художник написал прекрасные картины. 3 Так как он родился в России, он хорошо знал русскую культуру. 4 Когда он познакомился с ней, он был поражён её знаниями. 5 После того как она вышла замуж за него, она бросила свою работу. 6 Только когда вы прочитаете текст, вы сможете ответить на вопросы. 7 Если ты сдашь экзамены, ты поступишь в университет. 8 Так как они отказались участвовать в соревнованиях, они были вынуждены уехать домой. 9 Так как она почувствовала себя плохо, она легла на кровать.

Exercise 10

Replace the verbs in brackets with suitable gerunds (imperfective or perfective).

В память Андрея Первозванного

(Находиться) _____ в списке самых почитаемых русскими православными святых, Андрей Первозванный занимает особое место в истории России. (Забегать) _____ вперёд, скажем, что его имя носит высший в современной России орден. Боевые корабли Российского флота, (выходить) _____ в море, гордо несут на мачте флаг с изображением Андреевского креста.

(Уноситься) _____ в прошлое, посмотрим, кто такой был апостол Андрей Первозванный. Апостолами (от греческого «апостолос» – «посол») называют 12 первых учеников Христа; самым же первым за Сыном Божьим последовал Андрей, (получить) _____ за это прозвание «Первозванный». (Нести) _____ людям слово Божье, апостол Андрей проповедовал христианство в разных странах. (Пройти) _____ всю Малую Азию, Фракию, Македонию и Крым, он оказался в Причерноморье. Побывал Андрей и на земле, где впоследствии возникла Русь, и, (дойти) _____ до Днепра, поставил крест. По преданию несколько веков спустя на этом месте возник Киев, (положить) _____ начало всему русскому государству. (Не избежать) _____ мученической участи, в декабре 62 года н.э. (примерно) апостол за свою проповедническую деятельность был казнён. 13-го декабря Русская православная церковь чтит апостола Андрея Первозванного, (отдавать) _____ дань его памяти. Святой Андрей Первозванный почитался Петром Первым как любимый святой и небесный патрон; (взойти) _____ на престол, он назвал его именем первый русский орден. В 1917-м году большевики упразднили орден, (отнести) _____ его к пережиткам царизма.

(Пролежать) _____ в забвении 75 лет, орден восстановлен в 1998 году как высшая государственная награда постсоветской России. (Считаться) _____ одним из центральных событий года, церемония награждения орденом происходит в Соборном зале храма Христа Спасителя. (Следовать) _____ традиции, первыми кавалерами ордена Святого Апостола Андрея Первозванного стали лучшие люди России: академик Дмитрий Лихачёв и конструктор-оружейник Михаил Калашников. (Подтвердить) _____ верность духовным корням, российское правительство учредило фонд Апостола Андрея Первозванного. Фонд занимается укреплением государственности и возрождением духовных ценностей Отечества, (содействовать) _____ также упрочению союза государств, дружественных России. Председатель совета фонда Егор Строев подчеркнул важность их деятельности, (заявить) _____, что общество, не имеющее духовных корней, не имеет будущего: «За тысячелетие, (выдержать) _____ много невзгод, наша страна осталась великой державой, при этом всегда была вера в Бога и в святую Россию».

Gerunds as prepositions

Some gerunds are used as prepositions. These include **судя по +** dative 'judging by' (note the different stress on the gerund – **судя**); **благодаря** + dative 'thanks to' (note **благодаря** + accusative – gerund 'thanking'); **несмотря на** + accusative 'despite'; **исключая** + accusative 'including'; **не исключая** + genitive 'excluding'; **не считая** + genitive 'not counting'; **считая с/от** + genitive 'starting with':

> **Судя по статистическим опросам, большинство людей идентифицирует себя с традиционными религиями своих предков.**
> Judging from statistical surveys, the majority of people identify themselves with the traditional religions of their ancestors.

> **Благодаря принятию закона о свободе религии в 1990 году, религиозное многообразие в России стало более заметным.**
> Thanks to the freedom of religion law passed in 1990, religious diversity in Russian became more noticeable.

The negative

Examine the following sentence taken from the text *Кто не верит, пусть проверит:*

> **Никто никогда не предполагал, что их будет так много.**
> No one ever imagined that there would be so many of them.

What the sentence literally says in Russian is:

> *No* one *never* did *not* imagine. . .

In a Russian negative sentence not only is the verb negated by the presence of **не**, but all words such as 'anyone', 'anything', 'ever', 'anywhere', 'any', 'either . . . or' are translated as **никто** 'no one', **ничто** 'nothing', **никогда** 'never' **нигде/никуда** 'nowhere', **никакой** 'no/not any', **ни . . . ни** 'neither . . . nor', respectively.

Look at these other examples:

Ни одна из религий не преследуется государством.
No religion is persecuted by the state.

Note the use of the genitive after the negative verb.

Фактически дети не имеют никакой возможности знакомиться ни с другими религиями, ни с их историческим контекстом.
As a matter of fact children have no opportunity to familiarise themselves with either different religions or their historical contexts.

The genitive also follows **нет** meaning 'there is not'.

When **никто, ничто** and **никакой** are used with a preposition, the preposition comes between the first syllable and the rest of the word:

Я ни о ком не думаю.
I am not thinking about anyone.

Exercise 11

Answer these questions in the negative.

1 Где вы были вчера? 2 Ты куда-нибудь ходил вечером? 3 Какую религию вы изучали на уроке? 4 Что вы делали утром? 5 У новых религий есть какие-нибудь российские корни? 6 У тебя есть брат, сестра? 7 Вы когда-нибудь чем-нибудь или кем-нибудь увлекались? 8 О чём вы думаете? 9 Какую религию поддерживает государство? 10 С кем вы ходили в кино? 11 Чему она удивляется? 12 На ком он женился?

Exercise 12 (Audio 13.2)

Interpreting: you are asked to interpret in both languages at a press conference given by a representative of the Russian Orthodox Church.

| Журналист | There is a lot of talk about patriotism in the Russian Orthodox Church. |

ПРЕДСТАВИТЕЛЬ РПЦ	Да, нас очень беспокоит этот вопрос, потому что нерешённые проблемы в этой сфере негативно влияют на российское общество и, в конечном счёте, приводят к межнациональным конфликтам и к терроризму.
ЖУРНАЛИСТ	What is your position regarding the idea of patriotism within the framework of the increasing religious and ethnic diversity in Russia?
ПРЕДСТАВИТЕЛЬ РПЦ	У нас многонациональная страна, и все нации и народности нашей страны, естественно, должны любить свою родину. При этом каждый должен понимать, что Россия – это наша общая родина.
ЖУРНАЛИСТ	It seems that you are not the only patriot in the Russian church: this idea surfaced in the historical context of the 1920s.
ПРЕДСТАВИТЕЛЬ РПЦ	Примечательны слова митрополита Сергия, который заявил в 1927 году: «Мы хотим быть православными и хотим смотреть на Советский Союз как на свою родину, радости которой – наши радости, и печали которой – наши печали».
ЖУРНАЛИСТ	But, I think, not everyone was in agreement with this viewpoint? The Metropolitan was often criticised.
ПРЕДСТАВИТЕЛЬ РПЦ	Вы имеете в виду Русскую зарубежную церковь?
ЖУРНАЛИСТ	Yes, the overseas branch of the Russian church, for example, questioned how the successes of the Church could be compatible with a socialist state.
ПРЕДСТАВИТЕЛЬ РПЦ	Всё это так, но благодаря политике митрополита Сергия, Русская православная церковь смогла оказать большую помощь россиянам в тяжёлые военные годы.

Exercise 13

Крылатые выражения и поговорки.

А Выберите правильный ответ.
Б Составьте предложения с этими выражениями.

1	Поговорка «гром не грянет, мужик не перекрестится» означает	А Б В	пока беда не наступит, ничего не делается нельзя верить в бога только в плохую погоду гроза особенно опасна в сельских районах
2	Поговорка «дорого яичко ко Христову дню» означает	А Б В	к Пасхе крашеные яйца возрастают в цене ценно то, что сделано вовремя на Пасху надо дарить дорогие подарки
3	«Здесь чёрт ногу сломит» говорят, когда	А Б В	трудно разобраться в ситуации очень много людей, и трудно двигаться противодействуют чёрной магии
4	Жить «как у Христа за пазухой» означает	А Б В	жить без проблем жить без свежего воздуха жить без денег
5	«Вот бог, а вот порог» говорят, когда хотят	А Б В	показать гостю новую квартиру показать, что чьё-то присутствие или участие в деле нежелательно подчеркнуть, что в этом доме живут верующие
6	Фраза «быть на седьмом небе» означает	А Б В	умереть попасть в рай после смерти радоваться

Exercise 14

Придумайте рассказ по этой картинке.

Exercise 15

1-го сентября в России традиционно отмечается День знаний-это начало нового учебного года, которое торжественно празднуется во всех школах страны. Особенно важен этот день для первоклассников: в их жизни он открывает ещё одну новую и увлекательную страницу.

В 2017 году этот день совпал с большим мусульманским праздником *Курбан Байрам* (он отмечается рано утром), и, чтобы избежать потенциальных проблем, связанных с большим скоплением людей, школам, расположенным в районах мечетей, было предложено подумать о том, чтобы перенести празднование Дня знаний.

Этот вопрос широко обсуждался в российских СМИ. Вот что предлагали радиослушатели программы «Невское утро» (Петербург, август 2017):

▶⟩ Не вижу никакой проблемы, праздник в школах необязательно отмечать утром, до начала занятий – это можно сделать и в полдень.
▶⟩ Так нельзя – это всё равно, что есть закуску после десерта.
▶⟩ Дети в этих школах будут чувствовать себя обиженными, если утром они не смогут принять участие в общем празднике.
▶⟩ А почему бы в этом году не перенести День знаний на 2 сентября? Дети будут только рады продлить каникулы.

Обсудите точку зрения радиослушателей.

С чьим мнением вы согласны? Обоснуйте свою точку зрения.

Exercise 16

Translate into Russian.

1 Religious pluralism is widely discussed in the press, being subjected to various evaluations.
2 Since the collapse of the USSR, the number of Orthodox believers has been gradually increasing, reaching 70% in 2011.
3 Having surfaced already during the time of perestroika, the trend became more noticeable at the beginning of the 1990s.
4 Nobody expected that Islam would spread rapidly in Russia.
5 Having entered into conflict with society, certain sects even justify crime and violence in the name of religion.
6 The state did not offer any policies against religious intolerance.
7 Having passed the law on the freedom of faith, the government has to be neutral regarding proliferation of new religions.
8 Attempting to attract more young people, new religious movements actively use social networks.

14 РОССИЯ НА МЕЖДУНАРОДНОЙ АРЕНЕ

Хотели как лучше, а получилось как всегда.
Виктор Степанович Черномырдин[1]

In this unit you will learn:

▶ about Russia's internal and international politics and its relations with the West
▶ some more information on word building
▶ verbs with prefixes
▶ how to differentiate between certain verbs

Text 1

Былое и думы[2]

После распада СССР Россия стала строить демократическое общество и капиталистическую рыночную экономику. К сожалению, второй проект сильно мешал первому. Советскую экономику нельзя было подправить, её можно было либо перестроить радикально, либо оставить как есть. При этом надо учитывать и то специфическое положение, которое Россия занимала на международной арене в то время. Опыт России тогда устойчиво ассоциировали с опытом стран третьего (развивающегося) мира, и нужно было быстро провести экономические реформы, чтобы вывести Россию из этого тупика. При этом считалось, что без авторитарной политики быстрых реформ не бывает; и когда надо было выбирать между демократией и авторитаризмом, выбор был сделан не в пользу демократических перемен.

В те годы ведущие экономисты (такие, как Егор Гайдар и его команда) были уверены в том, что стоит в кратчайшие сроки приблизить Россию к нормам рыночной экономики, что это — единственный правильный выход, и что в будущем некий абстрактный средний россиянин несомненно выиграет от предполагаемых перемен. Вместе с тем они прекрасно понимали, что люди, менталитет которых сформировался в рамках прежнего режима, не смогут быстро перестроиться, что это может привести к саботажу, и что может возникнуть активное политическое сопротивление проводимому курсу и программе реформ.

Можно сказать, что они ожидали такого сопротивления; и когда оно проявилось, не только не услышали в нём какого-то нового политического сигнала, а, наоборот, восприняли это как индикатор того, что всё идёт по отработанному плану. Новые лидеры (Борис Ельцин и Егор Гайдар) видели, что «режут по живому», но интерпретировали это как необходимость избавиться от гнилой системы. И когда приходилось выбирать между демократией и экономическим курсом, они, не сомневаясь, выбирали второе. Это проявилось в их столкновении с Парламентом 1993-го года и на президентских выборах 1996-го, когда пытались любой ценой не допустить победы коммунистов (это были единственные в истории России президентские выборы, которые пришлось проводить в два тура из-за остроты политической борьбы между кандидатами).

Всё это оставило Россию без какой бы то ни было демократической платформы национального самосознания. Не было ощущения того, что общество совместно, через демократические процессы, решает какие-то общенациональные социально-экономические проблемы. Образовался идеологический и политический вакуум, который довольно быстро был заполнен и националистической идеологией, и авторитаризмом, сохраняющимися в российском обществе и по сей день.

По материалам интервью с Профессором Дэвидом Вудрафом, Лондонская Высшая Школа Экономики и Политических Наук, февраль 2017.

Vocabulary

оставлять/оставить	to leave
уверенный	confident
единственный	sole, unique, the only one
несомненно	undoubtedly
прежний	former
сопротивление	resistance
избавляться/избавиться	to get rid of
гнилой	rotten
столкновение	confrontation
самосознание	self-consciousness
ощущение	feeling, perception

Colloquialisms and transition words ♦

как есть	as it is
считать	to consider, to assume
в пользу	in favour of
прекрасно понимать	to be well aware
резать по живому	to cut into the living
любой ценой	at any costs

Exercise 1

Ответьте на вопросы.

1 Какие задачи стояли перед Россией после распада СССР?
2 Какая задача считалась первостепенной?
3 Каково было положение России на международной арене в то время?

4 Как экономические реформы были связаны с экономическим положением России?

5 Почему авторитарная политика считалась в то время наиболее эффективной?

6 На кого были рассчитаны реформы, проводимые Гайдаром и Ельциным?

7 Почему ведущие экономисты ожидали политического сопротивления новым реформам?

8 Как воспринималось это политическое сопротивление лидерами страны?

9 Как такая политика повлияла на формирование национального демократического самосознания россиян?

10 Каковы в данном контексте корни современного политического авторитаризма в России?

Exercise 2

Найдите в тексте слова, которые подходят следующим определениям.

1 Союз Советских Социалистических Республик
2 не давать что-то делать
3 принимать во внимание
4 главный, лидирующий
5 сильное противодействие чему-то
6 чувствовать, что делаешь правильно
7 система взглядов и мнений
8 индикатор
9 надо/необходимо что-то делать
10 испорченный
11 сумма денег, за которую можно купить продукт
12 чувство
13 абсолютно пустое место/пространство
14 существует и поддерживается в данный момент

Exercise 3

Найдите в тексте антонимы к следующим словам.

1 синтез
2 ломать
3 к счастью

4 развитый
5 демократический
6 проиграть
7 будущий
8 сохранить
9 поддержка, альянс
10 отдельно
11 частный, специальный

Dialogue (Audio 14.1)

A conversation between a journalist and a political analyst.

A Listen to the recorded conversation. Outline (in English) the following points:

1 The change in Russia's influence in the international arena.
2 The attitude of an average foreigner to Russia.
3 The roots of the current political problems in Russia: the so-called conflict between 'the TV and the fridge'.
4 The state of Russian economics from 2000 until present.
5 An attempt to compensate for economic problems with political measures.
6 Russia as a social laboratory for studying political processes.
7 The importance of studying Russia despite the relatively slim chances of any change.

Б Прочитайте диалог и выполните задания к нему.

Transcript of Dialogue

Журналист   Как изменилось влияние России на международной арене?

Политолог   За последние 15 лет влияние России сильно выросло. Даже в тех случаях, когда Россия занимает позицию, отличную от позиции большинства мировых держав, например, в ситуации с аннексией Крыма или с военным конфликтом в Сирии, мы видим, что западным державам не удаётся навязать свою точку зрения России.

Журналист   А если говорить о репутации России?

ПОЛИТОЛОГ	Если говорить о репутации, точнее о реноме России, и если взять очень среднего иностранца, то можно сказать, что довольно долго о России очень мало знали, не отличая её от бывшего Советского Союза. О России стали говорить в новостях сравнительно недавно; и, к сожалению, в большинстве случаев это скандальные новости, например, о допинге на Олимпийских играх или о вмешательстве в президентские выборы в США.
ЖУРНАЛИСТ	С вашей точки зрения, внутренние проблемы как-то влияют на внешнеполитический образ России?
ПОЛИТОЛОГ	В России есть проблемы экономического характера. Экономика России, как и благосостояние россиян, очень зависит от цен на нефть. В связи с этим часто говорят о так называемой борьбе между «телевизором» и «холодильником». По телевизору говорят, что всё хорошо, что восстанавливается и величие, и влияние России на мировой арене.
ЖУРНАЛИСТ	А «холодильник» показывает обратное?
ПОЛИТОЛОГ	После 2000 года, когда цены на нефть были очень высокими, в России произошёл чрезвычайно быстрый рост благосостояния. От уровня стран третьего мира 1/3 населения России достигла уровня стран Западной Европы. Политическая проблема сейчас – это проблема экономической стагнации, то есть каким образом общественное недовольство этой стагнацией можно скомпенсировать политическими средствами.
ЖУРНАЛИСТ	Вы думаете, что это проявляется в консолидации идеи противостояния западному миру?
ПОЛИТОЛОГ	Одна из главных проблем состоит в том, что эта компенсация, к сожалению, идёт путём создания внешних врагов. Я не хочу сказать, что это делается вполне цинично. Я считаю, что российский Президент и его окружение искренне верят в реальность внешних врагов, так как революция в Украине 2004 года показала, что Америка действительно может влиять на события в Восточной Европе, и от этого надо защищаться. Именно от этого сейчас в России идёт много так называемого «ура патриотизма».

Журналист	С точки зрения западного политолога, стоит ли сейчас заниматься Россией, учитывая то, что на радикальные политические перемены в ближайшем будущем рассчитывать не приходится?
Политолог	Когда я начал заниматься Россией, я был большим материалистом, то есть считал, что экономические факторы стоят во главе всего, и что, если понять экономику, то это поможет понять и политику страны.
Журналист	То есть у вас был вполне марксистский подход?
Политолог	Да, но со временем эта позиция мне кажется всё менее убедительной. То, что сейчас происходит в мире, не только в России, но и в Великобритании, и в США, откуда я родом, показывает, что очень многое связано непосредственно с эмоциональной и идеологической сферой, то есть с теми факторами, которые для Маркса являются второстепенными.
Журналист	И Россия в этом отношении представляет интересный материал для политологов?
Политолог	Россия – это прекрасная лаборатория для изучения таких идеологических процессов. Например, каким образом и почему идея величия России стала такой важной и такой мощной для огромного количества людей; и за счёт чего «телевизор» может так эффективно одерживать победу над «холодильником». Это очень важный вопрос для политологов, и поэтому очень важно сейчас заниматься Россией.

По материалам интервью с Профессором Дэвидом Вудрафом, Лондонская Высшая Школа Экономики и Политических Наук, февраль 2017.

Vocabulary

держава	power (political or economic)
навязывать/навязать	to impose
образ	image
обратный	reverse
противостояние	confrontation
внешний	external
вполне	sufficiently, quite
защищать/защитить	to protect, to defend

убедительный	convincing
непосредственно	directly
мощный	powerful

Exercise 4

А Правильно или неправильно? Обоснуйте ваш ответ.

1 За последние 15 лет влияние России сильно выросло, но только в тех случаях, когда Россия занимает такую же политическую позицию, как большинство мировых держав.

2 Довольно долго иностранцы мало знали о России, не отличая её от бывшего Советского Союза.

3 Так называемая борьба между «телевизором» и «холодильником» – это метафора, которая означает несоответствие идеологии и экономики.

4 Политическая проблема сейчас – это проблема экономического роста и его политической компенсации.

5 Эта компенсация, к сожалению, идёт путём создания внешних врагов.

6 С точки зрения западного политолога, сейчас не стоит заниматься Россией, учитывая то, что на радикальные политические перемены в ближайшем будущем рассчитывать не приходится.

7 Очень важно понять, за счёт чего «телевизор» может так эффективно одерживать победу над «холодильником», и поэтому очень важно сейчас заниматься Россией.

Б Придумайте пять дополнительных вопросов, которые вы хотели бы задать политологу-эксперту.

1	
2	
3	
4	
5	

В Работа в парах. Задайте эти вопросы вашему партнёру, который будет играть роль политолога-эксперта.

Exercise 5

Что американцы думают о России:

По материалам Центра глобальных исследований, Чикаго, 2016.

Что россияне думают об Америке:

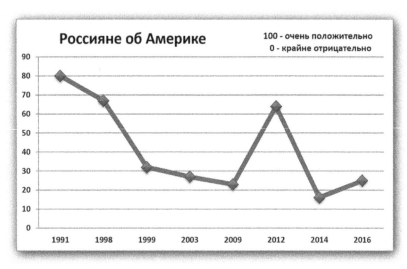

По материалам Левада-Центра, Москва, 2016.

Сравните результаты опросов, проведённых российскими и американскими экспертами, и ответьте на вопросы.

1 Как менялось мнение американцев о России в период перестройки?
2 Как изменилось мнение американцев о России после распада СССР?
3 Как изменилось мнение американцев о России за последние 15 лет?
4 Как менялось мнение россиян об Америке после распада СССР?
5 Как изменилось мнение россиян об Америке за последние 15 лет?
6 Как связаны эти изменения с внутренней политикой России?
7 Как связаны эти изменения с внешней политикой России?
8 Что можно сказать о репутации России на международной арене?

Language points ♦

Word building

In previous units we looked at common roots which connect words with similar meanings and how these roots combine with prefixes to add to or qualify the meaning and with suffixes which determine the part of speech. Many people learning Russian have difficulty memorising vocabulary. It is often worthwhile to break down a Russian word into its constituent parts as a way of making it more memorable or helping to decipher its meaning. The aim of this section is to give you some more tips about the way Russian words are put together to help you to continue to build your vocabulary.

Alternation of consonants

Sometimes it may be more difficult to recognise a familiar root in a word because the consonant is different. There are some common alternations of consonants in Russian:

д/ж/жд: водить 'to lead'; вожак 'leader'; вождь 'leader'
т/ч: добыть 'to obtain'; добыча 'booty, extraction'
т/щ: питать 'feed'; пища 'food'

с/ш:	высокий 'high'; выше 'higher'
з/ж:	француз 'Frenchman'; француженка 'Frenchwoman'
ст/щ:	густой 'thick'; гуще 'thicker'
ц/ч:	граница 'border' (noun); граничить 'border' (verb)
к/ч:	река 'river' (noun); речной 'river' (adjective)
х/ш:	муха 'fly' (noun); мушиный 'fly' (adjective)
г/ж:	юг 'south' (noun); южный 'south' (adjective)

Noun suffixes

The suffixes which identify adjectives and verbs are easily recognisable. There are a whole variety of suffixes which indicate different kinds of nouns.

Profession, occupation

-тель, -ик, -ник, -ница (*f*), -ак, -як, -арь, -арша (*f*), -яр, -чик, -чица (*f*), -щик, -щица (*f*), -ец, -тор

писатель/писательница	writer
историк	historian
бездельник	idler
учительница	woman teacher
рыбак	fisherman
моряк	sailor
библиотекарь	librarian
секретарша	secretary
столяр	joiner
переводчик/переводчица	interpreter, translator
гардеробщик/гардеробщица	cloakroom attendant
продавец/продавщица	sales assistant
редактор	editor
автор	author

Nationality, religion, citizenship

-анин, -анка (*f*), -янин, -янка (*f*), -ец, -ка (*f*), -ич, -ичка (*f*)

англичанин/англичанка	Englishman/Englishwoman
христианин/христианка	Christian

крестьянин/крестьянка	peasant
американец/американка	American
москвич/москвичка	Muscovite

Actions

-ание, -ение, -ьба, -ня, -ка

писание	writing
повышение	increase
ходьба	walking
беготня	running

Qualities

-ость, -есть, -ота, -ство

молодость	youth
свежесть	freshness
темнота	darkness
мужество	bravery
бесстыдство	shamelessness

Note that a large range of abstract nouns, not just denoting qualities, end in -ство:

отечество	fatherland
искусство	art
множество	multitude

Diminutives

-ик, -ок, -ёк, -чик -ка, -очка, -ушка

домик	little house
городок	small town
огонёк	small light
стаканчик	little glass
речка	little river
девочка	little girl
деревушка	small village

Small animals

-ёнок, -онок

котёнок	kitten
медвежонок	bear cub
ребёнок	child

Note their plurals: котята, медвежата, дети/ребята (more commonly used in the sense of 'lads, guys').

Exercise 6

What do you call a man who. . .

Example: учить русскому языку – учитель русского языка

покупать телевизоры, продавать компьютеры, переводить с иностранного языка, руководить заводом, пользоваться компьютером, жить в Москве, редактировать газету, издавать журнал, работать на заводе, преподавать английский язык.

Exercise 7

Choose between the two words. (Note -ость generally denotes the state and -ение the action.)

Example: преступность 'crime, criminality'

преступление 'crime, criminal offence'

1 (преступление или преступность) Количество политических . . . растёт с каждым годом. Как можно покончить с . . . в современном обществе?
2 (заболевание или заболеваемость) По мнению министра здравоохранения, общая . . . в России, по-прежнему, высокая. Появилось новое . . . Интернет-зависимость.
3 (переутомление или переутомляемость) По-моему, у тебя типичное . . . тебе надо отдохнуть. По мнению врачей, . . . среди детей растёт.
4 (посещение или посещаемость) В последнее время резко возросла . . . Интернет сайтов, связанных с внешней политикой России . . . театров поможет улучшить ваш русский язык.

5 (раздражение или раздражительность) Мне понятно твоё . . . : ведь он опять опоздал. По-моему, он болен, его . . . уже превосходит все границы.

Verbs with prefixes

Prefixes are often added to imperfective verbs to make them perfective: **писать** (imperfective)/**написать** (perfective). Other prefixes can be added which, as well as making verbs perfective, modify their meaning:

в- 'in'

вписать	to insert, include

The imperfective is formed by inserting **-ыв-**:

вписываться/вписаться	to fit in well

вы- 'out of'

выписывать/выписать	to copy out, extract, prescribe

до- 'finish'

дописывать/дописать	to finish (writing)

за- 'for, begin'

записывать/записать	to note

над- 'over, above, super-'

надписывать/надписать	to superscribe, inscribe

о- 'about, around'

описывать/описать	to describe (write about)

пере- 're-, over, across'

переписывать/переписать	to rewrite
переписываться	to correspond

при- near

приписывать/приписать	to add

под- 'under, sub-'

подписывать/подписать	to sign (write under)
подписываться/ подписаться на	to subscribe to (newspapers)

In the verb **работать** the -о- changes to an -а- when -ыв- is inserted:

зарабатывать/заработать	to earn
перерабатывать/переработать	to process, rework

Second conjugation verbs add -ив- rather than -ыв-:

до- 'finish, complete'

достраивать/достроить	to finish building
перестраивать/перестроить	to rebuild

при- 'near, adjoining'

пристраивать/пристроить	to build onto

у- 'impart a quality, away'

устраивать/устроить	to organise, arrange (to impart *строй* 'system, structure')

Exercise 8

See if you can figure out the meaning of these verbs.

переделывать/переделать; надстраивать/надстроить; дописывать/ дописать; осматривать/осмотреть; предвидеть (perfective only); передумывать/передумать; выдумывать/выдумать; предсказывать/ предсказать; подправлять/подправить; дочитывать/дочитать.

Some commonly confused verbs

'To use'

использовать (*impf*, only) (+ *acc*) is a good general verb meaning 'to use':

Надо использовать все средства в борьбе против терроризма.
It is necessary to use all means in the struggle against terrorism.

Россия использует методы политического давления на западные страны.
Russia uses methods of political pressure on Western countries.

Правительство использует экономическую стагнацию в своих целях.
The government uses economic stagnation for its own ends.

пользоваться/воспользоваться (+ *inst*) means 'to make use of' as well as 'to enjoy' and 'take advantage of' and is commonly used with the nouns in the examples below:

Я всегда пользуюсь словарём.
I always use (make use of) a dictionary.

Я думаю, вам надо воспользоваться услугами агентства.
I think that you should use/make use of the services of an agency.

Россия пользуется большим авторитетом на международной политической арене.
Russia enjoys great authority in the international political arena.

Note also: **пользоваться случаем** 'to take the opportunity':

Пользуясь случаем, я хотел бы подчеркнуть важность этого вопроса.
Taking the opportunity, I should like to emphasise the importance of this question.

Употреблять/употребить (+ *acc*) translates to 'to use' in certain specific contexts:

Многие молодые люди употребляют наркотики.
Many young people use drugs.

Лучше не употреблять это слово, оно почти не употребляется в русском языке.
It is better not to use that word; it is almost never used in Russian.

Применять/применить (+ *acc*) means 'to apply, employ, use':

В первый раз мы применили эту технологию 10 лет назад.
We first employed/used this technology 10 years ago.

Метод, применённый инженерами при строительстве моста, весьма эффективный.
The method employed/used by engineers in the construction of the bridge is highly effective.

По-моему, правительство должно применять санкции.
In my opinion the government should apply sanctions.

Exercise 9

Choose the appropriate verb from those in brackets.

(пользовалась, употребляет, пользоваться, применять, употреблять, воспользовались, пользуются)

1 Она часто . . . эту фразу, к сожалению, часто не к месту. 2 По-моему, мы должны . . . к преступникам более строгие меры. 3 Он не разрешает ей . . . его компьютером, у неё есть свой. 4 Мы . . . возможностью и полетели Аэрофлотом. 5 Большинство людей . . . Интернетом для чтения политических новостей. 6 Все знают, что . . . наркотики – вредно для здоровья. 7 В молодости она . . . огромным успехом у мужчин.

'To stop'

Останавливать/остановить is the transitive verb 'to stop, halt':

Из-за аварии на железной дороге пришлось остановить поезд.
Because of an accident on the railway line they had to stop the train.

Остановите его, пожалуйста, он забыл свой паспорт.
Stop him, please, he has forgotten his passport.

Останавливаться/остановиться is the intransitive partner of останавливать:

Такси остановилось у дома с колоннами.
The taxi stopped by the house with the columns.

Мы остановились в гостинице.
We stopped in a hotel.

Переставать/перестать means 'to cease/stop' doing something and is generally followed by an imperfective infinitive:

Она перестала писать романы.
She stopped writing novels.

Перестань разговаривать!
Stop talking!

Дождь перестал.
The rain has stopped.

Прекращать/прекратить means 'to terminate/stop':

Обе стороны решили прекратить переговоры.
Both sides decided to stop the talks.

Они прекратили свою переписку (переписываться).
They stopped writing to each other.

Мешать/помешать is 'to stop' in the sense of 'to hinder':

Ты мешаешь мне спать.
You are stopping me from sleeping.

Бросать/бросить means 'to stop' in the sense of 'to give up':

Он бросил курить и пить.
He gave up smoking and drinking.

Exercise 10

Choose the appropriate verb from the brackets.

(перестанешь, остановилась, прекрати, останавливаюсь, перестал, остановился, бросил, мешает)

1 Когда ты . . . вмешиваться в мои дела? 2. . ., пожалуйста, эти глупости! 3 Трамвай . . . на перекрёстке. 4 Наконец-то, снег . . ., и мы смогли ехать дальше. 5 Из-за болезни директора работа . . . 6 Я всегда . . . в этой гостинице. 7 Он . . . мне смотреть телевизор. 8 Я так рада, что он . . . пить.

Exercise 11 (Audio 14.2)

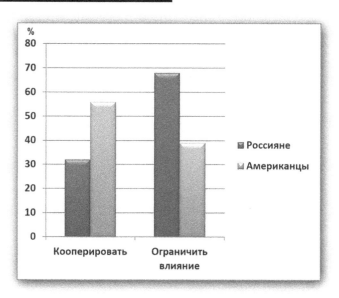

По материалам Центра глобальных исследований, Чикаго, ноябрь 2016.

Interpreting: you are asked to interpret in both languages at a press conference given by a representative of one of the major Centres for Global Affairs, regarding the results of their opinion survey.

Журналист	Недавно были опубликованы данные опроса общественного мнения по вопросам российско-американских отношений. Вы можете прокомментировать эти результаты?
Политолог	Certainly, the outcome was quite interesting. While Russians think their country should work to contain US influence abroad, Americans would like the United States to cooperate with Russia. Seven out of ten Russians think Russia should focus on limiting US power and influence (68%), compared to a third who favour cooperation with the United States (32%).
Журналист	А что по этому поводу думает американская сторона?
Политолог	For their part, a majority of Americans say that, in dealing with Russia, the United States should undertake friendly cooperation and engagement (56%) rather than actively work to limit Russia's power (39%).
Журналист	Это касается представителей обеих основных политических партий США?
Политолог	Democrats are 12 percentage points more likely to favour cooperation than Republicans (62% Democrats, 50% Republicans).
Журналист	Сразу после президентских выборов много говорили о потеплении в отношениях между США и Россией.
Политолог	Despite Donald Trump's relatively open views toward cooperating with Russia, his core supporters feel no different from Republicans overall. (47% of core Trump supporters support cooperation.)
Журналист	Скажите, а в какой степени позиция американских политиков поддерживается общественностью обеих стран?
Политолог	The American public overall is sceptical of Russian reciprocity. Seven out of ten (71%) Americans say that Russia is actively working to limit US power versus one in four (24%) who think it is trying to cooperate and engage with the US.
Журналист	А что американцы думают о возрастании роли России на международной арене?

Политолог The American public has concerns about Russia's international role: it was found that just 43% considered strong Russian leadership in the world desirable, and only 27% had confidence in Russia's ability to resolve problems responsibly.

🎧 Exercise 12 (Audio 14.3)

Прослушайте запись. Политическая сатира: из цикла «Господин хороший» (автор Андрей Орлов, читает (в оригинале) Михаил Ефремов).

Пародия написана на тему хрестоматийного стихотворения Владимира Маяковского *Что такое хорошо и что такое плохо?* (1925).

Что такое хорошо и что такое плохо?	Пародия
Крошка сын к отцу пришёл, и спросила кроха: – Что такое хорошо и что такое плохо? – У меня секретов нет, – слушайте, детишки, – папы этого ответ помещаю в книжке . . . Владимир Маяковский	Мальчик по дорожке шёл, прогуляться просто, И нечаянно нашёл Крымский полуостров. Он его к своей стране присоединяет. Объясните, дети, мне, как он поступает? Мы гордимся малышом. Те, кто против – гады. Брать чужое – хорошо, если очень надо. 

А Найдите полный текст стихотворения Маяковского в интернете.

Б Многие россияне хорошо знают этот текст. Чем это объясняется? (Найдите информацию об этом стихотворении в интернете.)

В Прочитайте пародию проекта «Господин хороший».Что вы думаете об этой пародии? Обоснуйте ваш ответ.

Exercise 13

В настоящее время «информационные войны» становятся неотъемлемой частью большой политики. Вы согласны с автором этой карикатуры?

Exercise 14

А Что, где, когда? Выберите правильный ответ.
Б Составьте предложения с этими словами и выражениями.

1	Какой общественный строй провозглашён в Конституции Российской Федерации?	А анархия Б олигархия В демократия
2	По Конституции, сколько в России субъектов федерации?	А 85 Б 78 В 87
3	Какой сельскохозяйственный предмет фигурировал на гербе и флаге СССР?	А серп Б комбайн В плуг
4	С популярностью какого политического лидера ассоциировалась фраза «Борис, ты не прав!»?	А Бориса Джонсона Б Бориса Годунова В Бориса Ельцина
5	Каким видом спорта увлекался Владимир Путин?	А карате Б дзюдо В айкидо
6	Для дипломатов может оказаться полезной фраза «удар ниже пояса»; она означает	А использование нечестных средств Б использование грубой силы В хорошо продуманная борьба
7	Для дипломатов может оказаться полезной фраза «игра не стоит свеч»; она означает	А находиться в крупном проигрыше Б результат не оправдывает затраченных усилий В результат не совсем ясен

Exercise 15

Translate into Russian.

1 The influence of Russia in the international arena has greatly increased in the last 15 years.
2 In the 1990s an average foreigner knew fairly little about Russia, being unable to distinguish the new country from the former USSR.
3 Regarding the standard of living, one third of the Russian population moved from the level of a third world country to that comparable with the European standards.
4 In Russia politics is closely linked to economics: at present Russia is experiencing economic stagnation, which is counterbalanced by certain political measures.
5 Unfortunately, this political compensation consists in creating and reinforcing the idea of external foes.
6 Russia presents one of the best examples of a social laboratory for studying ideological processes.
7 The importance of studying these ideological processes, as well as their influence on the country's economics, is difficult to overestimate.
8 From the point of view of a Western political analyst, it is worth studying Russia even though one cannot count on any radical change in the near future.

Notes

1 Председатель Совета Министров–Правительства РФ (1992–1998); произнёс эту фразу на пресс-конференции 6 августа 1993 года, охарактеризовав таким образом подготовку и проведение денежной реформы 1993 года.
2 Мемуарная хроника Александра Герцена (1852–1855), используется как метафора взросления на протяжении долгого жизненного пути.

Grammar reference

Nouns

Masculine

	Sing.	Pl.	Sing.	Pl.	Sing.	Pl.
nom.	стол	столы́	трамва́й	трамва́и	роя́ль	роя́ли
acc.	стол	столы́	трамва́й	трамва́и	роя́ль	роя́ли
gen.	стола́	столо́в	трамва́я	трамва́ев	роя́ля	роя́лей
dat.	столу́	стола́м	трамва́ю	трамва́ям	роя́лю	роя́лям
instr.	столо́м	стола́ми	трамва́ем	трамва́ями	роя́лем	роя́лями
prep.	столе́	стола́х	трамва́е	трамва́ях	роя́ле	роя́лях

Feminine

	Sing.	Pl.	Sing.	Pl.	Sing.	Pl.	Sing.	Pl.
nom.	ры́ба	ры́бы	во́ля	во́ли	па́ртия	па́ртии	ро́ль	ро́ли
acc.	ры́бу	ры́бы	во́лю	во́ли	па́ртию	па́ртии	ро́ль	ро́ли
gen.	ры́бы	ры́б	во́ли	во́ль	па́ртии	па́ртий	ро́ли	роле́й
dat.	ры́бе	ры́бам	во́ле	во́лям	па́ртии	па́ртиям	ро́ли	роля́м
instr.	ры́бой	ры́бами	во́лей	во́лями	па́ртией	па́ртиями	ро́лью	роля́ми
prep.	ры́бе	ры́бах	во́ле	во́лях	па́ртии	па́ртиях	ро́ли	роля́х

Neuter

	Sing.	Pl.	Sing.	Pl.	Sing.	Pl.	Sing.	Pl.
nom.	вино́	ви́на	мо́ре	моря́	зда́ние	зда́ния	и́мя	имена́
acc.	вино́	ви́на	мо́ре	моря́	зда́ние	зда́ния	и́мя	имена́

	Sing.	Pl.	Sing.	Pl.	Sing.	Pl.	Sing.	Pl.
gen.	вина́	вин	мо́ря	море́й	зда́ния	зда́ний	и́мени	имён
dat.	вину́	ви́нам	мо́рю	моря́м	зда́нию	зда́ниям	и́мени	имена́м
instr.	вино́м	ви́нами	мо́рем	моря́ми	зда́нием	зда́ниями	и́менем	имена́ми
prep.	вине́	ви́нах	мо́ре	моря́х	зда́нии	зда́ниях	и́мени	имена́х

Notes

1 The accusative singular of masculine animate nouns and the accusative plural of both masculine and feminine animate nouns are the same as the genitive.

2 Some nouns have the fleeting vowel **o** or **e** in the nominative which disappears when an ending is added: ребёнок – ребёнка; коне́ц – конца́.

3 Some nouns ending in -а, -о, -я have a fill vowel -о- or -е- inserted in the genitive plural: студе́нтка – студе́нток; окно́– о́кон; дере́вня – дереве́нь.

4 Spelling rules affect several endings:
   • the genitive singular of some feminine nouns: кни́га – кни́ги;
   • the instrumental singular of some masculine and feminine nouns: матч – ма́тчем; гости́ница – гости́ницейw;
   • the nominative/accusative plural of masculine and feminine nouns: язы́к – языки́; кни́га – кни́ги and
   • the genitive plural of some masculine nouns: ме́сяц – ме́сяцев.

5 Stressed **e** becomes **ё** in:
   • the instrumental singular of some nouns: рубль – рублём
   • the genitive plural of some nouns: слой – слоёв

6 Some masculine nouns take the prepositional ending -у́ after **в** and **на**: в саду́.

7 Some masculine nouns have an irregular nominative (accusative) plural in -а́ or -я́: дом – дома́; учи́тель – учителя́.

8 Some masculine and neuter nouns have an irregular nominative (accusative) plural in -ья: стул – сту́лья; друг – друзья́; де́рево – дере́вья. The genitive (accusative) plural of these nouns ends in -ей where it is stressed and -ьев where unstressed: сту́льев, друзе́й, дере́вьев.

9 The genitive plural of nouns ending in -ж, -ч, -ш, -щ ends in -ей: москви́ч – москвиче́й.

10 The instrumental plural of some nouns ends in -ьми: де́ти – детьми́; лю́ди – людьми́.

In all the following tables, where a second alternative form is given for the accusative, this is for use with animate nouns.

Adjectives

Hard

	Masculine	Feminine	Neuter	Plural
nom.	интере́сный	интере́сная	интере́сное	интере́сные
acc.	интере́сный/ого	интере́сную	интере́сное	интере́сные/ых
gen.	интере́сного	интере́сной	интере́сного	интере́сных
dat.	интере́сному	интере́сной	интере́сному	интере́сным
instr.	интере́сным	интере́сной	интере́сным	интере́сными
prep.	интере́сном	интере́сной	интере́сном	интере́сных

	masculine	feminine	neuter	plural
nom.	круто́й	крута́я	круто́е	круты́е
acc.	круто́й/о́го	круту́ю	круто́е	круты́е/ы́х
gen.	круто́го	круто́й	круто́го	круты́х
dat.	круто́му	круто́й	круто́му	круты́м
instr.	круты́м	круто́й	круты́м	круты́ми
prep.	круто́м	круто́й	круто́м	круты́х

Soft

	Masculine	Feminine	Neuter	Plural
nom.	дре́вний	дре́вняя	дре́внее	дре́вние
acc.	дре́вний/его	дре́внюю	дре́внее	дре́вние/их
gen.	дре́внего	дре́вней	дре́внего	дре́вних
dat.	дре́внему	дре́вней	дре́внему	дре́вним
instr.	дре́вним	дре́вней	дре́вним	дре́вними
prep.	дре́внем	дре́вней	дре́внем	дре́вних

	Masculine	Feminine	Neuter	Plural
nom.	тре́тий	тре́тья	тре́тье	тре́тьи
acc.	тре́тий/ьего	тре́тью	тре́тье	тре́тьи/ьих
gen.	тре́тьего	тре́тьей	тре́тьего	тре́тьих
dat.	тре́тьему	тре́тьей	тре́тьему	тре́тьим
instr.	тре́тьим	тре́тьей	тре́тьим	тре́тьими
prep.	тре́тьем	тре́тьей	тре́тьем	тре́тьих

Mixed (affected by spelling rules)

	Masculine	Feminine	Neuter	Plural
nom.	ру́сский	ру́сская	ру́сское	ру́сские
acc.	ру́сский/ого	ру́сскую	ру́сское	ру́сские/их
gen.	ру́сского	ру́сской	ру́сского	ру́сских
dat.	ру́сскому	ру́сской	ру́сскому	ру́сским
instr.	ру́сским	ру́сской	ру́сским	ру́сскими
prep.	ру́сском	ру́сской	ру́сском	ру́сских

	Masculine	Feminine	Neuter	Plural
nom.	како́й	кака́я	како́е	каки́е
acc.	како́й/о́го	каку́ю	како́е	каки́е/и́х
gen.	како́го	како́й	како́го	каки́х
dat.	како́му	како́й	како́му	каки́м
instr.	каки́м	како́й	каки́м	каки́ми
prep.	како́м	како́й	како́м	каки́х

	Masculine	Feminine	Neuter	Plural
nom.	большо́й	больша́я	большо́е	большѝе
acc.	большо́й/о́го	большу́ю	большо́е	5олынѝе/и́х
gen.	большо́го	большо́й	большо́го	больши́х
dat.	большо́му	большо́й	большо́му	болынѝм
instr.	болынѝм	большо́й	болынйм	болынѝми
prep.	большо́м	большо́й	большо́м	болынѝх

	Masculine	Feminine	Neuter	Plural
nom.	хоро́ший	хоро́шая	хоро́шее	хоро́шие
acc.	хоро́ший/его	хоро́шую	хоро́шее	хоро́шие/их
gen.	хоро́шего	хоро́шей	хоро́шего	хоро́ших
dat.	хоро́шему	хоро́шей	хоро́шему	хоро́шим
instr.	хоро́шим	хоро́шей	хоро́шим	хоро́шими
prep.	хоро́шем	хоро́шей	хоро́шем	хоро́ших

Possessives

	Masculine	Feminine	Neuter	Plural
nom.	мой	моя́	моё	мои́
acc.	мой/моего́	мою́	моё	мои́/мои́х
gen.	моего́	мое́й	моего́	мои́х
da.	моему́	мое́й	моему́	мои́м
instr.	мои́м	мое́й	мои́м	мои́ми
prep.	моём	мое́й	моём	мои́х

Note: твой and свой also decline like мой.

	Masculine	Feminine	Neuter	Plural
nom.	наш	на́ша	на́ше	на́ши
acc.	наш/на́шего	на́шу	на́ше	на́ши/на́ших
gen.	на́шего	на́шей	на́шего	на́ших
dat.	на́шему	на́шей	на́шему	на́шим
instr.	на́шим	на́шей	на́шим	на́шими
prep.	на́шем	на́шей	на́шем	на́ших

Note: ваш also declines like наш.

Чей

	Masculine	Feminine	Neuter	Plural
nom.	чей	чья	чьё	чьи
acc.	чей/чьего́	чью	чьё	чьи/чьих

	Masculine	Feminine	Neuter	Plural
gen.	чьего́	чьей	чьего	чьих
dat.	чьему́	чьей	чьему́	чьим
instr.	чьим	чьей	чьим	чьи́ми
prep.	чьём	чьей	чьём	чьих

Demonstratives

	Masculine	Feminine	Neuter	Plural
nom.	э́тот	э́та	э́то	э́ти
acc.	э́тот/э́того	э́ту	э́то	э́ти/э́тих
gen.	э́того	э́той	э́того	э́тих
dat.	э́тому	э́той	э́тому	э́тим
instr.	э́тим	э́той	э́тим	э́тими
prep.	э́том	э́той	э́том	э́тих

	Masculine	Feminine	Neuter	Plural
nom.	тот	та	то	те
acc.	тот/того́	ту	то	те/тех
gen.	того́	той	того́	тех
dat.	тому́	той	тому́	тем
instr.	тем	той	тем	те́ми
prep.	том	той	том	тех

Весь

	Masculine	Feminine	Neuter	Plural
nom.	весь	вся	всё	все
acc.	весь/всего́	всю	всё	все/всех
gen.	всего́	всей	всего́	всех
dat.	всему́	всей	всему́	всем
instr.	всем	всей	всем	всеми
prep.	всём	всей	всём	всех

Сам

	Masculine	Feminine	Neuter	Plural
nom.	сам	сама́	само́	сами
acc.	сам/самого́	саму́	само́	са́ми/сами́х
gen.	самого́	само́й	самого́	сами́х
dat.	самому́	само́й	самому́	сами́м
instr.	сами́м	само́й	сами́м	сами́ми
prep.	само́м	само́й	само́м	сами́х

Personal pronouns

nom.	я	ты	он/оно́	она́	мы	вы	они́
acc.	меня́	тебя́	его́	её	нас	вас	их
gen.	меня́	тебя́	его́	её	нас	вас	их
dat.	мне	тебе́	ему́	ей	нам	вам	им
instr.	мной/ мно́ю	тобо́й/ тобо́ю	им	ей/е́ю	на́ми	ва́ми	и́ми
prep.	мне	тебе́	нём	ней	нас	вас	них

Note: **Себя́** declines like **тебя́** from the accusative onwards.

Interrogative pronouns

nom.	кто	что
acc.	кого́	что
gen.	кого́	чего́
dat.	кому́	чему́
instr.	кем	чем
prep.	ком	чём

Surnames

	Masculine	Feminine	Plural
nom.	Пу́тин	Пу́тина	Пу́тины
acc.	Пу́тина	Пу́тину	Пу́тиных

	Masculine	Feminine	Plural
gen.	Пу́тина	Пу́тиной	Пу́тиных
dat.	Пу́тину	Пу́тиной	Пу́тиным
instr.	Пу́тиным	Пу́тиной	Пу́тиными
prep.	Пу́тине	Пу́тиной	Пу́тиных

Note: Surnames ending in -ев, -ин, -ын follow this pattern. Surnames which have adjective endings, e.g. Достое́вский, decline like adjectives.

Cardinal numerals

	Masculine	Feminine	Neuter	Plural
nom.	оди́н	одна́	одно́	одни́
acc.	оди́н/одного́	одну́	одно́	одни́/одни́х
gen.	одного́	одно́й	одного́	одни́х
dat.	одному́	одно́й	одному́	одни́м
instr.	одни́м	одно́й	одни́м	одни́ми
prep.	одно́м	одно́й	одно́м	одни́х

	m/n	f	m/f/n	m/f/n	m/f/n	m/f/n	m/f/n
nom.	два	две	три	четыре	пять	со́рок	пятьдеся́т
acc.	два/двух	две/двух	три/трёх	четыре/четырёх	пять	со́рок	пятьдеся́т
gen.	двух		трёх	четырёх	пяти́	сорока́	пяти́десяти
dat.	двум		трём	четырём	пяти́	сорока́	пяти́десяти
instr.	двумя́		тремя́	четырьмя́	пятью́	сорока́	пятью́десятью
prep.	двух		трёх	четырёх	пяти́	сорока́	пяти́десяти

Notes

1. Numbers from шесть to де́сять, два́дцать and три́дцать decline like пять, with the stress on the endings. Оди́ннадцать – девятна́дцать take the same endings, but are stressed on the stem.
2. Сто declines like со́рок, with the stress on the endings and девяно́сто takes the same endings, but with the stress on the stem.
3. шестьдеся́т – во́семьдесят decline like пятьдеся́т.

	m/f/n	m/f/n	m/f/n	m/f/n
nom.	две́сти	три́ста	четы́реста	пятьсо́т
acc.	две́сти	три́ста	четы́реста	пятьсо́т
gen.	двухсо́т	трёхсо́т	четырёхсо́т	пятисо́т
dat.	двумста́м	трёмста́м	четырёмста́м	пятиста́м
instr.	двумяста́ми	тремяста́ми	четырьмяста́ми	пятиста́ми
prep.	двухста́х	трёхста́х	четырёхста́х	пятиста́х

Notes

1 Шестьсо́т, семьсо́т, восемьсо́т, девятьсо́т decline like **пятьсо́т**.
2 Ты́сяча declines like a feminine noun, but has an alternative instrumental ты́**сячью**.

Verbs

First conjugation regular verbs

	Imperfective	Perfective
Infinitive	де́лать 'to do, make'	сде́лать 'to do, make'
Present	я де́лаю	
	ты де́лаешь	
	он/она́/оно́ де́лает	
	мы де́лаем	
	вы де́лаете	
	они́ де́лают	
Future	я бу́ду де́лать	я сде́лаю
	ты бу́дешь де́лать	ты сде́лаешь
	он/она́/оно́ бу́дет де́лать	он/она́/оно́ сде́лает
	мы бу́дем де́лать	мы сде́лаем
	вы бу́дете де́лать	вы сде́лаете
	они́ бу́дут де́лать	они́ сде́лают
Past	я де́лал/де́лала	я сде́лал/сде́лала
	ты де́лал/де́лала	ты сде́лал/сде́лала

	Imperfective	Perfective
	он де́лал	он сде́лал
	она́ де́лала	она́ сде́лала
	оно́ де́лало	оно́ сде́лало
	мы де́лали	мы сде́лали
	вы де́лали	вы сде́лали
	они́ де́лали	они́ сде́лали
Subjunctive	я де́лал бы/де́лала бы	я сде́лал бы/сде́лала бы
	ты де́лал бы/де́лала бы	ты сде́лал бы/сде́лала бы
	он де́лал бы	он сде́лал бы
	она́ де́лала бы	она́ сде́лала бы
	оно́ де́лало бы	оно́ сде́лало бы
	мы де́лали бы	мы сде́лали бы
	вы де́лали бы	вы сде́лали бы
	они́ де́лали бы	они́ сде́лали бы
Imperative	де́лай/де́лайте	сде́лай/сде́лайте
Gerund	де́лая	сде́лав
Participles:		
Pres. act.	де́лающий/ая/ее/ие	
Past act.	де́лавший/ая/ее/ие	сде́лавший/ая/ее/ие
Pres. pass.	де́лаемый/ая/ое/ые	
Past pass.		сде́ланный/ая/ое/ые

First conjugation – verbs with an irregular stem ending in a vowel

	Imperfective	Perfective
Infinitive	мыть 'to wash'	вы́мыть 'to wash' (also помы́ть)
Present	я мо́ю	
	ты мо́ешь	
	он/она́/оно́ мо́ет	
	мы мо́ем	

	Imperfective	Perfective
	вы мо́ете	
	они́ мо́ют	
Future	я бу́ду мыть	я вы́мою
	ты бу́дешь мыть	ты вы́моешь
	он/она́/оно́ бу́дет мыть	он/она́/оно́ вы́моет
	мы бу́дем мыть	мы вы́моем
	вы бу́дете мыть	вы вы́моете
	они́ бу́дут мыть	они́ вы́моют
Past	мыл, мы́ла, мы́ло, мы́ли	вы́мыл, вы́мыла, вы́мыло, вы́мыли
Subjunctive	мыл бы, мы́ла бы, мы́ло бы, мы́ли бы	вы́мыл бы, вы́мыла бы, вы́мыло бы, вы́мыли бы
Imperative	мой/мо́йте	вы́мой/вы́мойте
Gerund		вы́мыв
Participles:		
Pres. act.	мо́ющий/ая/ее/ие	
Past act.	мы́вший/ая/ее/ие	вы́мывший/ая/ее/ие
Past pass.		вы́мытый/ая/е/ые

Note: Where the ending is stressed on irregular first conjugation verbs of this type, -e- will change to -ё. See дава́ть below.

First conjugation – verbs with an irregular stem ending in a consonant

	Imperfective	Perfective
Infinitive	писа́ть 'to write'	написа́ть 'to write'
Present	я пишу́	
	ты пи́шешь	
	он/она́/оно́ пи́шет	
	мы пи́шем	
	вы пи́шете	
	они́ пи́шут	
Future	я бу́ду писа́ть	я напишу́
	ты бу́дешь писа́ть	ты напи́шешь

	Imperfective	Perfective
	он/она/оно будет писать	он/она/оно напишет
	мы будем писать	мы напишем
	вы будете писать	вы напишете
	они будут писать	они напишут
Past	писал, писала, писало, писали	написал, написала, написало, написали
Subjunctive	писал бы, писала бы, писало бы, писали бы	написал бы, написала бы, написало бы, написали бы
Imperative	пиши/пишите	напиши/напишите
Gerund		написав
Participles:		
Pres. act.	пишущий/ая/ее/ие	
Past act.	писавший/ая/ее/ие	написавший/ая/ее/ие
Past pass.		написанный/ая/ое/ый

Note: Where the ending is stressed on irregular 1st conjugation verbs of this type -e- will change to -ё-.

Second conjugation

	Imperfective	Perfective
Infinitive	смотреть 'to watch, look at'	посмотреть 'to watch, look at'
Present	я смотрю	
	ты смотришь	
	он/она/оно смотрит	
	мы смотрим	
	вы смотрите	
	они смотрят	
Future	я буду смотреть	я посмотрю
	ты будешь смотреть	ты посмотришь
	он/она/оно будет смотреть	он/она/оно посмотрит
	мы будем смотреть	мы посмотрим
	вы будете смотреть	вы посмотрите

	Imperfective	Perfective
	они́ бу́дут смотре́ть	они́ посмо́трят
Past	смотре́л, смотре́ла, смотре́ло, смотре́ли	посмотре́л, посмотре́ла, посмотре́ло, посмотре́ли
Subjunctive	смотре́л бы, смотре́ла бы, смотре́ло бы, смотре́ли бы	посмотре́л бы, посмотре́ла бы, посмотре́ло бы, посмотре́ли бы
Imperative	смотри́/смотри́те	посмотри́/посмотри́те
Gerund	смотря́	посмотре́в
Participles:		
Pres. act.	смотря́щий/ая/ее/ие	
Past act.	смотре́вший/ая/ее/ие	посмотре́вший/ая/ее/ие

Notes

1 Some second conjugation verbs are also affected by spelling rules: держа́ть – держу́, де́ржишь . . . де́ржат.
2 If the stem of a second conjugation verb ends in the consonants -д, -т, -с, -з, -ст, that consonant will change in the first person singular (я form) *only*. Other forms are regular: води́ть – вожу́, во́дишь; плати́ть – плачу́, пла́тишь; проси́ть – прошу́, про́сишь; вози́ть – вожу́, во́зишь; свисте́ть 'to whistle' – свищу́, свисти́шь. If the stem ends in -б, -в, -и, -ф and -м, an -л- is inserted between the stem and ending in the first person singular only: люби́ть – люблю́, лю́бишь; ста́вить – ста́влю, ста́вишь.

Reflexive verbs

	Imperfective – regular first conjugation with stem ending in a consonant	Perfective – irregular
Infinitive	одева́ться 'to dress oneself'	оде́ться 'to dress oneself'
Present	я одева́юсь	

	Imperfective – regular first conjugation with stem ending in a consonant	Perfective – irregular
	ты одева́ется	
	он/она́/оно́ одева́ется	
	мы одева́емся	
	вы одева́етесь	
	они́ одева́ются	
Future	я бу́ду одева́ться	я оде́нусь
	ты бу́дешь одева́ться	ты оде́нешься
	он/она́/оно́ бу́дет одева́ться	он/она́/оно́ оде́нется
	мы бу́дем одева́ться	мы оде́немся
	вы бу́дете одева́ться	вы оде́нетесь
	они́ бу́дут одева́ться	они́ оде́нутся
Past	одева́лся, одева́лась, одева́лось, одева́лись	оде́лся, оде́лась, оде́лось, оде́лись
Subjunctive	одева́лся бы, одева́лась бы, одева́лось бы, одева́лись бы	оде́лся бы, оде́лась бы, оде́лось бы, оде́лись бы
Imperative	одева́йся/одева́йтесь	оде́нься/оде́ньтесь
Gerund	одева́ясь	оде́вшись
Participles:		
Pres. act.	одева́ющийся/аяся/ееся/иеся	
Past act.	одева́вшийся/аяся/ееся/иеся	одевшийся/аяся/ееся/иеся

Irregular verbs

	Imperfective – irregular first conjugation with stem ending in a vowel	Perfective – irregular
Infinitive	дава́ть 'to give'	дать 'to give'
Present	я даю́	

	ты даёшь	
	он/она́/оно́ даёт	
	мы даём	
	вы даёте	
	они́ даю́т	
Future	я бу́ду дава́ть	я дам
	ты бу́дешь дава́ть	ты дашь
	он/она́/оно́ бу́дет дава́ть	он/она́/оно́ даст
	мы бу́дем дава́ть	мы дади́м
	вы бу́дете дава́ть	вы дади́те
	они́ бу́дут дава́ть	они́ даду́т
Past	дава́л, дава́ла, дава́ло, дава́ли	дал, дала́, да́ло, да́ли
Subjunctive	дава́л бы, дава́ла бы, дава́ло бы, дава́ли бы	дал бы, дала́ бы, да́ло бы, да́ли бы
Imperative	дава́й/дава́йте	дай/да́йте
Gerund	дава́я	дав
Participles:		
Pres. act.	даю́щий/ая/ее/ие	
Past act.	дава́вший/ая/ее/ие	да́вший/ая/ее/ие
Pres. pass.	дава́емый/ая/ое/ые	
Past pass.		да́нный/ая/ое/ые

	Imperfective	Perfective
Infinitive	есть 'to eat'	съесть 'to eat'
Present	я ем	
	ты ешь	
	он/она́/оно́ ест	
	мы еди́м	
	вы еди́те	
	они́ едя́т	

	Imperfective	Perfective
Future	я бу́ду есть	я съем
	ты бу́дешь есть	ты съешь
	он/она́/оно́ бу́дет есть	он/она́/оно́ съест
	мы бу́дем есть	мы съеди́м
	вы бу́дете есть	вы съеди́те
	они́ бу́дут есть	они́ съедя́т
Past	ел, е́ла, е́ло, е́ли	съел, съе́ла, съе́ло, съе́ли
Subjunctive	ел бы, е́ла бы, е́ло бы, е́ли бы	съел бы, съе́ла бы, съе́ло бы, съе́ли бы
Imperative	ешь/е́шьте	съешь/съе́шьте
Gerund		съев
Participles:		
Pres. act.		
Past act.	е́вший/ая/ее/ие	съе́вший/ая/ее/ие
Past pass.		съе́денный/ая/ое/ые

	Imperfective – perfective (с-)	Imperfective – perfective (по-)	Imperfective – perfective (за-)
Infinitive	мочь 'to be able'	бежа́ть 'to run'	хоте́ть 'to wish, to want'
Present	я могу́	я бегу́	я хочу́
	ты мо́жешь	ты бежи́шь	ты хо́чешь
	он/она́/оно́ мо́жет	он/она́/оно́ бежи́т	он/она́/оно́ хо́чет
	мы мо́жем	мы бежи́м	мы хоти́м
	вы можете	вы бежите	вы хотите
	они́ мо́гут	они́ бегу́т	они́ хотя́т
Future	я бу́ду мочь	я бу́ду бежа́ть	я бу́ду хоте́ть
	ты бу́дешь мочь	ты бу́дешь бежать	ты бу́дешь хоте́ть
	он/она́/оно́ бу́дет мочь	он/она́/оно́ бу́дет бежа́ть	он/она́/оно́ бу́дет хоте́ть
	мы бу́дем мочь	мы бу́дем бежа́ть	мы бу́дем хоте́ть

	Imperfective – perfective (c-)	Imperfective – perfective (по-)	Imperfective – perfective (за-)
	вы бу́дете мочь	вы бу́дете бежа́ть	вы бу́дете хоте́ть
	они́ бу́дут мочь	они́ бу́дут бежа́ть	они́ бу́дут хоте́ть
Past	мог, могла́, могло́, могли́	бежа́л, бежа́ла, бежа́ло, бежа́ли	хоте́л, хоте́ла, хоте́ло, хоте́ли
Subjunctive	мог бы, могла́ бы, могло́ бы, могли́ бы	бежа́л бы, бежа́ла бы, бежа́ло бы, бежа́ли бы	хоте́л бы, хоте́ла бы, хоте́ло бы, хоте́ли бы
Imperative		беги́/беги́те	(хоти́ – colloquial)
Participles:			
Pres. act.	могу́щий/ая/ее/ие	бегу́щий/ая/ее/ие	
Past act.	мо́гший/ая/ее/ие	бежа́вший/ая/ ее/ие	хоте́вший/ая/ ее/ие

Key to exercises

Unit 1

Exercise 1

<u>Первое летописное упоминание</u> о Москве относится к 1147 году. <u>Основатель</u> Москвы был <u>суздальский князь Юрий Владимирович Долгорукий</u>. Это <u>oh</u> выбрал место для строительства города. <u>Город</u> рос быстро, и уже в 14-ом веке стал центром русских земель. <u>Москва</u> оставалась столицей вплоть до 1713 года когда <u>Пётр Первый</u> перенёс столицу в новый город – Петербург. Только в 1918 году уже после Революции <u>Москва</u> снова стала столицей, сначала Советского Союза, а потом России

Exercise 3

интересные московские музеи; древние русские кремли; страшные исторические события; сложные экономические проблемы; наши знаменитые историки

Exercise 4

году, перестройки, концепции, регулируемой рыночной экономике, стабилизации, народного хозяйства, рыночной экономике, реформирования, году, Конституции, руководящей роли, новых партий, годы, влияния, компартиям, весны, власти, регионами, союзными республиками, года, народных депутатов, президентом, Горбачева, руководителями, необходимости, нового Союзного договора, апреле, Президента, союзных республик, инициативу, многонационального государства, субъектов

Exercise 5

потери, республиками, многих, августе, высокопоставленных чиновников, пребыванием, отдыхе, чрезвычайному положению, Москву, путчистам, протеста, Верховного Совета, антиконституционный переворот, народа, военных, обвинению, попытке, государственного переворота, Москву

Exercise 6

ноябре, запрете, территории, распада, прибалтийских республик, декабре, Беловежской Пуще, славянских республик, прекращении, образовании, создании, Независимых Государств, второй половине, славянским республикам, прибалтийских республик, Грузии

Exercise 7

случился, начался, возникать, понимало, принесло, начались, вызвал, возникла, привела, подписали

Unit 2

Exercise 2

1 отправиться **2** длинный **3** впервые **4** знаменитый **5** попутчик **6** всевозможный **7** переходник **8** в дороге **9** недёшево **10** как принято **11** крупный **12** величие **13** однообразный **14** возможность **15** зарубежный **16** беседа

Exercise 4

1 путешествие, путеводитель **2** путёвки **3** путает **4** попутчиками

Exercise 5

1 представьте **2** посоветуйте **3** купите **4** закройте **5** постройте **6** оплатите **7** проходите **8** приготовьтесь **9** оставайтесь **10** скажи **11** имей **12** живи, учись

Exercise 8

1 более интересные **2** более удобным **3** на более быстрых, **4** белее низким **5** высшее **6** более богатые, более комфортабельным **7** младший, старшие

Exercise 9

1 моложе **2** длиннее **3** медленнее **4** хуже **5** легче **6** чище **7** ниже **8** реже **9** позднее (позже) **10** меньше **11** дороже

Exercise 10

1 тяжелее сумки **2** старее Петербурга **3** старше матери **4** моложе брата **5** шире Темзы **6** короче марта **7** дешевле самолёта **8** глубже озера Лох-Несс **9** чище лондонского метро

Exercise 11

1 Чем старее собор, тем он интереснее. **2** Чем глубже озеро, тем оно опаснее. 3 Чем старше человек, тем он умнее. **4** Чем дальше дорога, тем труднее её строить. 5 Чем чище воздух, тем лучше для здоровья. 6 Чем проще маршрут, тем он легче. **7** Чем быстрее поезд, тем короче путешествие. **8** Чем богаче человек, тем он хуже. 9. Чем длиннее дорога из дома, тем короче дорога домой

Exercise 13

интереснее, комфортабельнее, дешевле, восточнее, меньше, дороже, труднее, более тяжёлых, выше, быстрее, раньше, чаще, чище, выше, больше, более высоким, короче, меньше

Exercise 15

1 на улицу **2** на лекции **3** на будущей неделе **4** на поезде **5** на другой день **6** на севере **7** на русском языке **8** на французский язык **9** на русской **10** на все вопросы **11** на поезд

Unit 3

Exercise 5

1 классный **2** прекрасный **3** живописный **4** весело **5** гостеприимный **6** по воздуху **7** отплытие **8** пройти регистрацию **9** быть в восторг **10** приветливый **11** совершать рейс **12** стоимость **13** картинная галерея **14** быт **15** мило **16** выходные (дни)

Exercise 6

1 красный **2** окно **3** палуба **4** теплоход **5** воздух **6** по телевизору **7** устойчивый **8** вокзал **9** предпочитать **10** классный

Exercise 7

жизнь, быт, регистрация, модернизация, пиво, вид, стоимость, отплытие, отдых

Exercise 9

1 ходить **2** идут **3** едет/поехала **4** ездила **5** едешь **6** шёл

Exercise 10

Вход в метро; переход через улицу; в ходе переговоров; дорожные расходы; пешеходная зона; входной билет; тур на теплоходе; в выходные дни

Exercise 11

1 езды **2** проездной **3** поездке **4** проездом **5** съезде **6** подъезда

Exercise 12

1 приходят **2** выйти **3** пойдём **4** зайти **5** уйти **6** заходить **7** зашёл, ушёл **8** подошёл **9** дошли **10** прошли **11** переходить **12** обошёл

Exercise 13

A выбежал, прибежал, пробегал, добежал, забежал, убежал, подбежал, перебегать, вбежал. **b** вылетает, прилетает, долетел, облетел, улетел, перелететь

Exercise 14

отплыл от, приплыли в, доплыл до, переплыл, проплыл под, подплыла к, уплыл

Exercise 15

1 перехожу, плавать, **2** приехали, ездят

Exercise 16

1 выйти **2** обойтись **3** ввёл **4** нанесла **5** пролетело **6** завести **7** удалось (удастся) **8** подходит **9** находится **10** перевёл

Exercise 17

вошел, пришел, пришел, шел, несет

Exercise 18

1 А **2** В **3** В **4** В **5** В **6** В **7** Б **8** А **9** В **10** В **11** А **12** Б

Exercise 19

1 тоже **2** также **3** тоже **4** тоже **5** также

Unit 4

Exercise 2

решение, убыль, увеличение, уменьшение, изменение, трудоустройство, рост, помощь, интеграция

Exercise 3

привлекательная, гастарбайтер, трудовые ресурсы, спорный, убыль, нелегалы, трудоустроиться, сдать экзамены, интеграция, резкий рост, ксенофобия, нетолерантность, необходимо, мегаполис

Exercise 6

1 Не касается ли проблема эмигрантов России? **2** Не думаете ли вы, что он прав? **3** Не уезжают ли люди по экономическим мотивам? **4** Не едет ли она с вами? **5** Существует ли проблема трудоустройства беженцев? **6** Рассказал ли он Вам о своей поездке в Россию? **7** Все ли мигранты едут в Россию?

Exercise 9

эмиграция, население, переселенцы, угроза, выезд, беженство/беженец, граница, запрет, жильё

Exercise 10

увеличиваться, расти, выезд, уехать, ближнее зарубежье, Дальний Восток, наносить ущерб, временный, в настоящее время, многочисленные

Exercise 13

бежал, убежище, бегства, избежать, прибегают

Exercise 14

за границей, ограничить, граничит, пограничники, границы

Exercise 15

1 начали **2** открылась **3** кончается **4** улучшил **5** увеличивается **6** сократило **7** повысился **8** продолжается **9** собираются **10** кончил

Exercise 16

1 первое мая, седьмое ноября, двадцать пятое декабря, двадцать третье февраля, тридцатое октября, четвёртое августа. **2** в тысяча девятьсот семнадцатом году, в тысяча девятьсот восемьдесят пятом году, в тысяча девятьсот девяносто первом году, в двухтысячном году, в две тысячи двадцать пятом году, в тысяча девятьсот пятьдесят третьем году. **3** двадцать второго июня тысяча девятьсот сорок первого года, девятнадцатого августа тысяча девятьсот девяносто первого года; первого июня тысяча семьсот девяносто девятого года; двенадцатого апреля тысяча девятьсот шестьдесят первого года

Exercise 17

1 в среду **2** В ноябре **3** В плохую погоду **4** В начале войны **5** в девятнадцатом веке **6** В последний год войны **7** В прошлом году **8** В первую неделю марта **9** в день **10** В Средние века **11** В двадцатых годах

Exercise 18

1 на восток **2** на двоих **3** В первый день поездки **4** на другой день **5** на улицу **6** на **10** дней **7** на вокзале **8** в ящик **9** на острове Мальта

Exercise 19

1 играют в волейбол **2** участвуют в турнире **3** постучал в дверь **4** сомневаюсь в её искренности **5** поступил в университет **6** не верю в коммунизм **7** нуждаемся в деньгах **8** обвинили в коррупции **9** смотрит в зеркало **10** вступил в партию

Unit 5

Exercise 2

А снять стресс, тренажёр, тренер, здоровый образ жизни Б тренажёрный зал, спортивный клуб, приобрести, записаться, важно, разработать, бюджетный, дешёвый, новое направление

Exercise 8

утверждение, болельщик, окончание, укрепление, борьба, движение, победа, создатель, создание, любитель

Exercise 10

А престиж, самая высокая точка, бойкотировать, распад, «мягкая сила», укрепление, авторитет, болельщик, демонстрировать, образ жизни, крупный, неотъемлемый, создатель, не допускается, конкурент, бесспорно
Б вне политики, преимущество, современный, укрепление, усиление, выиграть окончание, мягкая сила, любитель, наносить ущерб, конкурент

Exercise 11

1 которые **2** которого **3** которых **4** в котором **5** в которых **6** с которыми **7** о котором **8** которому

Exercise 12

1 с самой новой спортивной техникой **2** в самом замечательном бассейне **3** самых спортивных людей **4** самый лучший способ снять стресс

Exercise 13

одно из старейших зданий; одна из новейших технологий; одно из глубочайших озёр; один из простейших вопросов; одна из широчайших рек; одно из красивейших имён; одна из важнейших задач; один из чистейших видов транспорта; один из серьёзнейших случаев; одна из сложнейших проблем; одна из опаснейших болезней; один из величайших писателей

Exercise 15

1 с юга **2** с велосипедов **3** из дерева **4** с улицы **5** от директора **6** одна из вас **7** С десятого по двадцатое **8** из Франции **9** С какой стороны **10** со стола

Exercise 16

1 спорту, им **2** не подходит нам **3** идёт моему отцу **4** советует больному **5** не разрешает своим детям **6** доверять такому человеку **7** радуется возможности **8** удивляюсь твоему выбору **9** помогает матери **10** сочувствую беженцам **11** России не грозит **12** следуем советам

Unit 6

Exercise 2

таинственный/загадочный, идентичность, славится, посторонний/незнакомый, примета, проявление, восприниматься, хлебосольство, общение, искренний, проявление, щедрость, подробности, пир, испытывать, с пустыми руками, в общественных местах, приветливость, безграничность

Exercise 3

выражение, проявление, влияние, поведение, замечание, описание, широта, хлебосольство, суеверие, чувство, безграничный, немногословный, прохожий, братство, неулыбчивость, отношение

Exercise 8

А отражать, порок, второстепенно, награда, простодушие, искренность, равнодушие, удаётся, само-собой, немногословный, склонность, стремиться. **Б** зло, богатство, наказывать, второстепенный, отсутствие, порок, равнодушие, бессердечность, жадность

Exercise 9

цениться, простодушие, готовность, вознаграждать, бессердечность, безделье, мечтательность, освобождение, мышление, находчивость

Exercise 10

1 являются характерными чертами **2** является благом **3** является стилем **4** является одним из

Exercise 11

1 навыками **2** прекрасными видами **3** неприветливыми людьми **4** своим гостеприимством

Exercise 12

понимающий, играющий, происходящий, находящийся, приезжающий, ведущий, участвующий, создающий, пользующийся, наказывающийся, сидящий, раскрывающий, формирующий, отражающийся, стремящийся

Exercise 13

1 помнящих **2** удивляющие **3** испытывающих **4** сидящих, обсуждающих **5** стремящийся

Exercise 14

понявший, создавший, проигравший, проведший, нашедший, приехавший, прошедший, ставший, проявившийся, воспользовавшийся, отразившийся

Exercise 15

1 ставший **2** написавшем **3** получившем **4** начавшийся

Exercise 16

уходящего, отправляющегося, едущего, сказавший, отъезжающих, остающихся, провожающие, отъезжающие, ставшие, уехавшего, сохранивший

Exercise 17

1 о сыне **2** про тебя **3** об игрушку **4** о стол **5** про Ивана-дурака

Exercise 19

1 Народные сказки очень много говорят о русском национальном характере. **2** Русские сказки могут удивлять людей с рациональным мышлением отсутствием логики. **3** Сказки объясняют важнейшие стороны русской жизни. **4** Многие иностранцы, приехавшие в Россию, испытывают культурный шок. **5** В каждой стране существуют свои суеверия и приметы. **6** Национальная идентичность, национальный характер и менталитет формируются под влиянием различных социальных факторов

Unit 7

Exercise 3

свобода, независимый, (о)публиковать, (не)правительственный, владелец, общественный, оценивать, волновать, поддерживать, выиграть, опустеть, выражать

Exercise 4

1 пустой **2** цензура **3** поверить **4** холодильник **5** общество **6** позволять

Exercise 7

1 что-то **2** кому-нибудь **3** какая-то **4** что-нибудь **5** какой-то **6** его чему-нибудь **7** какие-нибудь **8** как-нибудь **9** где-то **10** с кем-то

Exercise 10

развлечение
цензура
оправдание
доклад

ограничение
поиск
доступ
информация
доверие
пользователь
критика

Exercise 12

1 друг другу **2** друг о друге **3** друг с другом **4** далеко друг от друга **5** помощь друг от друга **6** друг другом **7** друг друга

Exercise 13

1 говорил о том, что **2** видит то, чего **3** верю в то, что **4** закончил рассказ тем, что **5** гордилась тем, что **6** не виноват в том, что **7** беда в том, что **8** сомневаются в том, что

Exercise 14

A 1 обратился к той, кто **2** жаль того, кому **3** познакомила с тем, кто **4** тот, кто говорит **5** отдать книгу тому, кому
B 1 мы с теми, кто **2** канал для тех, кому **3** зависит от тех, кто **4** большинство тех, кто **5** приглашение тем, кто **6** среди тех, кто смотрит **7** те, кого интересует

Exercise 15

1 После концерта **2** После того как она окончила курс **3** После того как мы получили новости **4** После обеда

Exercise 16

A 1 Из-за тяжёлого экономического положения **2** Благодаря профессиональному мастерству **3** из-за недостатка денег **4** Благодаря хорошему настроению, **5** Из-за цензуры **6** из-за плохой погоды

B 1 Из-за того, что в стране тяжёлое экономическое положение **2** Благодаря тому, что у ведущих профессиональное мастерство **3** из-за того, что в стране недостаток денег **4** Благодаря тому, что у него было хорошее настроение **5** Из-за того, что на телевидении цензура **6** из-за того, что была плохая погода

Unit 8

Exercise 2

1 литературовед **2** преподаватель **3** роман **4** произведение **5** экранизация **6** режиссёр **7** герой **8** современный **9** точка зрения **10** снимать фильм **11** оттенок

Exercise 3

1 указания **2** упрощённо **3** двусмысленный **4** прямое **5** эмоция **6** сложно **7** экзотический **8** стереотип **9** точка зрения **10** отличие **11** пользоваться

Exercise 6

казаться – 'to appear' сказать – 'to say' рассказать – 'to tell' показать – 'to show' доказать – 'to prove' заказать – 'to book' указать – 'to indicate' приказать – 'to order' наказать – 'to penalise' подсказать – 'to prompt'

Exercise 8

Основанный, показанный, оплаченный, купленный, оценённый, поставленный, использованный, предложенный, осуществлённый, переведённый, приглашённый, подписанный, приготовленный, развитый, принятый, приобретённый, найденный, введённый, зарегистрированный, разрешённый, открытый, удовлетворённый

Exercise 9

1 актёр занят **2** было отдано **3** была приглашена **4** будет пройден; будет предложена **5** будет подписан **6** найдено место **7** были куплены все билеты **8** было решено **9** было отмечено **10** были приобретены **11** будут показаны

Exercise 10

1 Контракт о постановке балета был подписан директором. **2** Роман Толстого был переведён ею за три месяца. **3** Журналом был открыт специальный сайт для иностранных читателей. **4** Она была рекомендована коллегами, как отличный специалист по русскому искусству. **5** Объявление в газете было опубликовано театром неделю назад. **6** Фильм был оценен критиками как слабый. **7** Правительством был введён новый закон о музеях страны. **8** Самые престижные призы на фестивале были завоёваны российскими режиссёрами

Exercise 11

основанный, построенных, соединённых, принято, расположенных, отведённый, выполнено, открыто, собранную, подаренные, купленные, составленная, созданных, представленная

Exercise 13

эту сатиру, этот год, за границей, за свою работу, за последнее время

Exercise 16

1 А **2** В **3** Б **4** В **5** А

Unit 9

Exercise 2

1 численность населения **2** демограф **3** трудоспособное население **4** пенсионеры **5** налог **6** рождаемость **7** смертность **8** опыт **9** многодетная **10** уровень безработицы

Exercise 3

1 сокращаться – уменьшаться **2** расти – увеличиваться **3** нынешний – сегодняшний **4** десятилетние – декада **5** поскольку – потому что **6** пособие – выплата **7** единовременно – один раз **8** удачный – успешный **9** по-прежнему – как всегда **10** молодые люди – молодёжь

Exercise 4

1 пятьдесят три процента, а мужчины сорок семь процентов **2** в тысяча девятсот девяносто втором году отмечалось на сорока четырёх территориях России а в девяносто третьем году уже в шестидесяти восьми из семидесяти девяти российских регионов **3** в период с тысяча восемьсот девяносто седьмого года по тысяча девятьсот двадцать четвёртый год **4** более двадцати двух миллионов человек **5** семья с тремя-пятью детьми сократилас **6** бы до ста сорока миллионов человек уже к двухтысячному году **7** снизится к две тысячи десятому году до ста тридцати трёх миллионов человек **8** скорость до двухсот километров в час **9** от ста девяноста девяти долларов 10 от двух до пяти

Exercise 5

1 четверо детей **2** двое суток **3** трое девушек **4** пятеро солдат **5** семеро спортсменов **6** шестеро студентов

Exercise 6

1 поехали в Россию вдвоём **2** приехало вдвое больше беженцев **3** двое спортсменов **4** трое друзей **5** всё делают втроём **6** зарплата втрое больше, чем его

Exercise 7

1 по мнению нескольких демографов **2** во многих развитых странах **3** в течение нескольких дней **4** нескольким семьям **5** у многих беженцев **6** с несколькими новыми русскими **7** со сколькими студентами **8** известно многим **9** у немногих студентов

Exercise 8

1 140 миллионов человек **2** много людей **3** сколько человек учится **4** 12 человек **5** у некоторых людей **6** у нескольких человек **7** несколько человек

Exercise 13

1 нужно (было, будет) время **2** нужен (был, будет) словарь **3** нужна (была, будет) виза **4** нужны (были, будут) журналы **5** нужно (было, будет) новое оборудование **6** нужен (был, будет) учебник русского языка **7** нужны (были, будут) актёры **8** не нужна (была, будет) газета **9** нужна (была, будет) демографическая политика

Exercise 14

1 он женился **2** она вышла замуж **3** они решили пожениться **4** женатые мужчины **5** у замужних женщин **6** браки с иностранцами

Exercise 15

1 Б **2** А **3** В **4** В **5** В

Unit 10

Exercise 2

1 выпускник **2** абитуриент **3** обязательный **4** аттестат **5** вуз **6** вступительный экзамен **7** ошибка **8** навык **9** углублённое **10** совместный

Exercise 3

1 продолжаться – длиться **2** взамен – вместо **3** развитие – прогресс **4** весьма – довольно **5** снизиться – упасть **6** конкурс – конкуренция **7** основание – базис **8** последствие – результат **9** спор – несогласие **10** единый – унифицированный

Exercise 6

Получаемый, привлекаемый, создаваемый, любимый, уважаемый, вносимый, осуществляемый, оплачиваемый, ввозимый, предлагаемый, проводимый, изучаемый, финансируемый, используемый

Exercise 7

1 называемый перестройкой **2** возглавляемую известным лингвистом **3** любимый людьми **4** используемая в этом университете **5** ввозимые в Россию **6** финансируемых государством **7** вносимые родителями **8** получаемой студентами

Exercise 8

1 передавались интересные новости **2** русский язык преподаётся **3** выдаётся стипендия **4** готовится новая реформа **5** высшее образование оплачивается родителями **6** лучшие студенты принимаются в институт **7** мэром приглашаются иностранные специалисты

Exercise 9

1 изменилась **2** окончил **3** увеличилась **4** будет улучшаться **5** продолжает **6** начинаются **7** сокращает **8** уменьшается **9** кончились **10** проводится

Exercise 10

1 великая **2** замечательный **3** похож (похожим) **4** предлагаемый **5** изучаемых **6** недопустимо (недопустимым) **7** любим **8** шумная **9** огромный **10** уважаемым **11** интересен **12** несовместим **13** популярен

Exercise 13

1 учатся бесплатно **2** отучился от бутылки **3** плата за обучение **4** зарплаты учителей **5** учиться в престижном вузе **6** научила меня **7** лучших высших учебных заведений **8** современного учебного плана **9** учить английский язык **10** учил детей русскому языку

Exercise 14

1 по моим часам **2** вниз по реке **3** по пояс в воде **4** по подарку **5** по получении паспорта **6** по третье февраля

Exercise 16

1 В **2** Б **3** А **4** В **5** В

Unit 11

Exercise 2

1 поговорка **2** доход **3** прожиточный минимум **4** расход **5** бедные **6** досуг **7** копить **8** богачи **9** процент **10** представитель

Exercise 3

1 признак **2** достойный **3** устойчивый **4** мне хватает **5** действительность **6** доля **7** значительный **8** распространённый **9** обманчивый **10** трактовка **11** очевидно **12** социальный слой **13** зарплата

Exercise 6

1 Если лето будет жаркое, (то) мы будем жить на даче. **2** Если я сдам математику, я поступлю в технический университет. **3** Если российские дороги улучшатся, (то) в Россию будет ездить много туристов. **4** Если у него будет хорошая зарплата, (то) он купит квартиру в центре. **5** Если у меня будет счёт в банке, (то) я вложу капитал в ценные бумаги. **6** Если она бросит курить, (то) её здоровье станет (будет) лучше. **7** Если российские газеты будут независимыми, (то) они опубликуют всю информацию. **8** Если на фестивале будут показаны российские фильмы, (то) зрители узнают, как развивается кино в России. **9** Если у меня будет время, (то) я поеду в круиз по Волге

Exercise 7

1 Если бы экономика заработала, (то) средний класс обязательно бы увеличился. **2** Если бы он окончил университет, (то) у него была бы хорошая работа. **3** Если бы цены на нефть не падали, (то) российский рубль стал бы сильнее. **4** Если бы не была проведена реформа образования, (то) уровень образования упал бы. **5** Если бы была введена всеобщая плата за университетское образование, (то) пострадали бы многие люди. **6** Если бы государство хотело повысить уровень образования, (то) оно сохранило бы частные школы. **7** Если бы этот вуз был престижным, то в него был бы большой конкурс. **8** Если бы у студента было стремление учиться, (то) он закончил бы университет с отличием

Exercise 9

1 чтобы мой муж купил машину **2** чтобы его дочь поступила в университет **3** чтобы её родители приобрели путёвку **4** чтобы все учителя принадлежали к среднему классу **5** чтобы наш сосед купил дачу **6** чтобы рабочие вкладывали деньги в ценные бумаги **7** чтобы все дети получили хорошее образование

Exercise 10

1 чтобы учитель был образованный человек **2** чтобы у детей были равные возможности **3** чтобы студентам нравилось учиться **4** чтобы благосостояние людей повысилось **5** чтобы все люди имели работу **6** чтобы у людей были сбережения **7** чтобы все богатые платили налоги **8** чтобы в России не было хороших дорог **9** чтобы он опоздал на поезд **10** чтобы она написала роман **11** чтобы она бросила курить **12** чтобы у него была жена **13** чтобы у неё не было мужа

Exercise 11

1 что бы ты ни говорил **2** где бы они ни работали **3** когда бы она ни думала о нём **4** куда бы мой муж ни ездил **5** как бы трудно это ни было **6** когда бы я ни видел её

Exercise 15

1 В **2** Б **3** В **4** А **5** Б **6** А **7** Б

Unit 12

Exercise 2

1 лучший **2** рост **3** рядом **4** основной **5** предприниматель **6** быть в состоянии **7** превысить **8** доход **9** сверхприбыль **10** ошибка **11** краткосрочный **12** избежать

Exercise 3

1 богатейший **2** значительный **3** сокращение **4** постепенный **5** отсутствие **6** высокий **7** жёсткий **8** доход **9** внешний **10** краткосрочный

Exercise 7

1 нельзя говорить **2** можно создавать **3** можно вводить **4** можно пользоваться **5** нельзя курить **6** можно заказать **7** нельзя ездить без билета

Exercise 8

1 Мне приходится ехать в Россию. **2** Ему пришлось купить билет на самолёт. **3** Матери придётся идти пешком. **4** Тебе не следует возвращаться поздно. **5** Вы обязаны сдать экзамен. **6** Профессору приходится открыть частную клинику. **7** Ему не следовало соглашаться со мной. **8** Врач обязан оказать первую помощь. **9** вам не следует приходить сюда. **10** Тебе не следовало встречать его

Exercise 9

1 мне удалось купить **2** малому бизнесу удастся выжить **3** нам удаётся добежать **4** ему удастся сходить в магазин **5** вам удалось позавтракать **6** ей никогда не удавалось писать без ошибок

Exercise 10

1 Из-за жары мне было лень работать. **2** Уже шесть часов: пора идти. **3** Нам осталось только отказаться от этого плана. **4** Туристам было жаль бедных крестьян. **5** Ему не хватает опыта для такой работы. **6** Во вторник мне исполнится 21 год. **7** Мне очень хочется увидеть этот фильм. **8** Ему надоело работать в институте

Exercise 11

1 Мне некуда ходить. **2** Ему негде жить. **3** Ей нечего делать. **4** Матери некогда смотреть телевизор. **5** Мне не о чем говорить с тобой. **6** Ему даже не с кем пойти в пивную. **7** Мне некого пригласить в кино. **8** Ребёнку нечем есть суп. **9** Мне не на кого надеяться. **10** Ей не к кому зайти по дороге домой

Exercise 15

1 Б **2** В **3** Б **4** А **5** В **6** В

Unit 13

Exercise 2

1 учебник **2** население **3** отказываться **4** принадлежать **5** знаменитый **6** промышленник **7** исповедовать **8** многообразие **9** предок **10** распространяться **11** расти **12** предрассудок **13** использовать **14** оправдать **15** укрепить

Exercise 3

1 большинство **2** запрещён **3** выход **4** разрешать **5** жёсткий **6** духовный **7** крупный **8** оправдать

Exercise 6

Вспоминая, рассчитывая, создавая, чувствуя, благодаря, идя, приходя, неся, возвращаясь, путешествуя, оказываясь, любуясь, становясь, голосуя, набирая, будучи, находясь

Exercise 7

1 находясь в России **2** живя всю жизнь в Америке **3** создавая новую партию **4** разговаривая со студентами **5** возвращаясь из Москвы **6** слушая музыку **7** учась и работая за границей **8** ненавидя войну

Exercise 8

Создав, набрав, проголосовав, став, сказав, пойдя, принеся, уехав, оказавшись, вернувшись, ввезя, съев, найдя, женившись, назвав

Exercise 9

1 приехав в Москву **2** вернувшись из поездки **3** родившись в России **4** познакомившись с ней **5** выйдя замуж **6** прочитав текст **7** сдав экзамен **8** отказавшись участвовать **9** почувствовав себя плохо

Exercise 10

1 Находясь **2** забегая **3** выходя **4** уносясь **5** получив **6** неся **7** пройдя **8** дойдя **9** положив **10** не избежав **11** отдавая **12** взойдя **13** отнеся **14** пролежав **15** считаясь **16** следуя **17** подтвердив **18** содействуя **19** заявив **20** выдержав

Exercise 11

1 Я нигде не был(а) вчера. **2** Я никуда не ходил(а) вечером. **3** Я не изучал никакой религии. **4** Я ничего не делал(а) утром. **5** У новых религий нет никаких российских корней. **6** У меня нет ни брата, ни сестры. **7** Я никогда, ничем и никем не увлекался (увлекалась). **8** Я ни о чём не думаю. **9** Государство не поддерживает никакой религии. **10** Я ни с кем не ходил(а) в кино. **11** Она ничему не удивляется. **12** Он ни на ком не женился

Exercise 13

1 А **2** Б **3** А **4** А **5** Б **6** В

Unit 14

Exercise 2

1 СССР **2** мешать **3** учитывать **4** ведущий **5** сопротивление **6** быть уверенным **7** менталитет **8** показатель **9** приходится **10** гнилой **11** цена **12** ощущение **13** вакуум **14** сохраняется

Exercise 3

1 распад **2** строить **3** к сожалению **4** развивающийся **5** авторитарный **6** выиграть **7** прежний **8** избавиться **9** столкновение **10** совместно **11** общий

Exercise 6

Покупатель телевизоров, продавец компьютеров, переводчик с иностранного языка, руководитель завода, пользователь компьютера, житель Москвы (москвич), редактор газеты, издатель журнала, рабочий завода, преподаватель английского языка

Exercise 7

1 Количество преступлений, покончить с преступностью. **2** Общая заболеваемость, новое заболевание Интернет-зависимость. **3** Типичное переутомление, переутомляемость среди детей. **4** Посещаемость Интернет СМИ, посещение театров. **5** Твоё раздражение, его раздражительность

Exercise 9

1 Употребляет эту фразу **2** применять к преступникам более строгие меры **3** пользоваться его компьютером **4** воспользовались возможностью **5** пользуется Интернетом **6** употреблять наркотики **7** пользовалась огромным успехом

Exercise 10

1 перестанешь вмешиваться в мои дела **2** прекрати, пожалуйста **3** трамвай остановился **4** снег перестал **5** работа остановилась **6** останавливаюсь в этой гостинице **7** мешает мне смотреть телевизор **8** он бросил пить

Exercise 14

1 В **2** А **3** А **4** В **5** Б **6** А **7** Б

Russian–English vocabulary

The Russian–English vocabulary includes all the key words (but not every word) found in the book, including those from the texts, dialogues and exercises. The number in the right column indicates the unit in which this key word constitutes part of the active vocabulary for the topic.

абитуриент	applicant (to university)	10
авария	accident	
актуальный	topical	
анкета	questionnaire, form	
аренда	rent	
аттестат об окончании школы	school leaving certificate	10
аудитория	audience	
балл	score, mark	10
баловаться	to fool around	
бег	running, jogging	
бегать/бежать	to run	
бегство	escape	
бедность (f); бедный	poverty; poor	
бедствие	disaster	
бежать	to flee	
беженец, беженство	refugee, refugee problem	4
безвозвратный	permanent	
безграничный	limitless	
безделье	idleness	6
безработ/ица, -ный	unemployment; unemployed	
безразличие	indifference	6
безусловно	unconditionally	8
бесконечный (-ость)	endless(ness)	
бесплатный	free	
беспокоить/обеспокоить	to worry	
бессмысленный	pointless, ridiculous	7
бесспорно	undoubtedly, indisputably	

благо	good, benefit	
благодаря	thanks to, due to	
благополучие	wellbeing	11
благосостояние	wellbeing, prosperity	11
благотворительный	charity, charitable	
блестящий	brilliant	
ближнее зарубежье	near abroad	
Ближний Восток	Middle East	
близкий	near	
богат/ство; -ый	wealth; rich	
богатеть/разбогатеть	to get rich	
болезнь (f)	illness	
болельщик	sports fan	5
болеть/за- (+ inst)	to be ill (with)	
бомбёжка	bombing	
борьба	struggle, wrestling	5
боязнь	fear	
бояться (+ gen)	to be afraid	
брак	marriage	
брать/взять на себя	to take on	
бронировать/за-	to book	
бросать/бросить	to throw; stop	
будильник	alarm clock	
будущее	future	7
буквально	literally	
бывать	to happen	
бывший	former	
быт	way of life	3
в прежнем виде	in its previous form	1
в соответствии	in accordance	8
вагон	carriage, coach, car	2
введение	introduction	
вводить/ввести войска	to send troops	1
ВВП (валовой внутренний продукт)	GDP	12
вдова/вдовец	widow/widower	9
вдруг	suddenly	
ведущий	leading, presenter	7
ведь	you see, after all	
век	century	

Великая Отечественная война	Great Patriotic War (Second World War)	
великий	great	
величие	greatness	2
вера	faith	13
верить/поверить (+ *dat*); в (+ *acc*)	to believe	7
верно	correct, true	
верный способ	sure way	
вести здоровый образ жизни (ЗОЖ)	to live a healthy lifestyle	5
вести себя	to behave	6
весьма	fairly, quite	10
вечный	eternal	8
вещание	broadcasting	
вещь	thing	
взамен (+ *gen*)	instead of	10
взгляд (на первый взгляд)	glance (at first glance)	8
вид	view, appearance; type	
виноватый в (+ *prep*)	guilty of	
вкладывать/вложить; вложение	to invest; investment	
включать/включить	to include	
владелец	owner	7
владеть (+ *inst*)	to own	7
власть (*f*); власти (*pl*)	power; authorities	7
влечение	attraction	
влияние	influence	1
влиять/повлиять на (+ *acc*)	to influence	6
вмешательство	interference	
вне политики	above politics	5
внести/внести	to introduce	4
внешние данные, внешность (*f*)	appearance	
внешний	external	14
вновь	again	
вносить/внести	to put in; bring in	
внутренний	inner	8
во-время	in time	
водительские права	driving licence	
военный	serviceman, military	1
возвращаться/вернуться	to come back, return	
возглавлять/возглавить	to head	

воздух	air	3
возможность (*f*)	possibility; opportunity	
вознаграждать(ся)/ вознаградить(ся)	to reward (to be rewarded)	6
возникать/возникнуть	to arise	1
возрастать/возрасти	to grow	
война	war	
волна	wave	4
волновать(ся)	to worry	4
вообще	generally, on the whole	
во-первых	firstly	
вор	thief	
воскресный	Sunday (adj)	
воспрещать	to ban, to prohibit	
воспринимать/воспринять всерьёз	to take seriously	
воссоздавать/воссоздать	to re-create	1
восстанавливать(ся)/ восстановить(ся)	to restore (to be restored)	6
восторг (быть в восторге)	delight (to be delighted)	3
восточный	Eastern	
восхищаться/восхититься	to admire	
впервые	for the first time	
впечатление	impression	2
вполне	sufficiently, quite, fully	14
впрочем	however, though	9
вред	harm	
временный	temporary	4
время (*neut*)	time	
вряд ли	hardly, unlikely	11
всё равно	all the same	9
всего	in all	
Всемирная паутина	World Wide Web	7
всё-таки	nonetheless	8
вспоминать/вспомнить	to remember, to recall	
вступительный экзамен	entrance examination	10
вся в синем	dressed all in blue	2
второстепенный	secondary	6
ВУЗ (высшее учебное заведение: университет или институт)	higher education institution (HEI)	10
въезд	entry	

выбирать/выбрать	to choose, to select, to elect	1
выбор; выборы (*pl*)	choice; election	3
выбрасывать/выбросить	to emit	
выгода	profit, gain	6
выделяться/выделиться	to stand out	
выезд	exit, departure	
выживать/выжить	to survive	
вызвать/вызвать спор	to provoke an argument	10
вызов	challenge	12
вызывать/вызвать	to provoke, cause	
выигрывать/выиграть	to win	5
выкладывать	to put, post	2
вылет	departure by air	
вылетать/вылететь	to fly out	
вылечивать/вылечить	to cure	
вымирание	dying out, extinction	
вынужден, ~ный	forced	1
выполнять/выполнить	to carry out, fulfil	
выпускать/выпустить	to let out, to release; to produce	2
выпускник	graduate	10
выпускной экзамен	final examination	10
выражать/выразить	to express	6
выражение	expression	8
вырубать/вырубить	to cut down	
высокопоставленный чиновник	high official	1
высокоскоростная магистраль	high-speed railway	2
выступление	speech, performance	
высший; высшее образование	highest; higher education	
выход	way out, exit	
выходец из (+ *gen*)	of . . . origin	
выходить/выйти замуж за (+ *acc*)	to marry (for a woman)	
выходить/выйти из состава	to quit, to leave	1
выходные дни	weekend	3
выявлять/выявить	to reveal	
гастроли (*pl*)	tour	
гений	genius	
гибкость, гибкий	flexibility, flexible	5
главн/ый, -ым образом	main; chiefly	
главное	the main thing	
гнилой	rotten	14

голова	head	
голос; голосование	voice; vote; voting	
голосовать/проголосовать	to vote	
гонки (*pl*)	race	5
гора	mountain	
гораздо	much	
гордиться (+ *inst*); гордость (*f*)	to be proud of; pride	
гостеприимный	hospitable	3
государство, государственный	state	
гражданин, гражданка	citizen	4
гражданский	civil	
гражданский флот	civil aviation	2
гражданство	citizenship	
граница	border	1
граничить	to border	
график	diagram	
грозить (+ *dat*)	to threaten	
громадный	huge	
грязный	dirty	
давно	long time ago	
дальше	further	
данные (*pl*)	data	
двигаться/двинуться	to move	
движение	motion, movement, traffic	2
двусмысленные	ambivalent, with a double meaning	8
действительно	really, true	
действительность	reality	11
действовать	to act, to operate	
действующее лицо	character (in film, play)	
деньги	money	
держава	power (political or economic)	14
детсад (детский сад)	kindergarten	
детство	childhood	
дешёвый, дешевле	cheap; cheaper	
деятельность	activity	1
длинный	long	2
добираться/добраться до (+ *gen*)	to get to	
доверять/доверить (+ *dat*)	to trust	7
довольно	rather, quite, sufficiently	2

договор	agreement, treaty	1
догонять/догнать	to catch up	
доклад	report	7
долгосрочный	long term	12
должность (f)	post	
доля	part, share	11
домашнее задание	homework	
домохозяйка	housewife	
домохозяйство	household	
дополнительный	additional	
допускается	is acceptable	5
дорогой	dear, expensive	
доставать/достать	to get, to obtain	
достигать/достигнуть	to achieve	5
достигать/достигнуть (+ *gen*)	to achieve	
достижение	achievement	
достоинство	advantage	6
достойный	worthy, respectable	11
доступ	access	7
доступн/ость; -ый	accessibility; accessible	
досуг	leisure	11
дотягивать/дотянуть до (+ *gen*)	to extend as far as	
доход	income	11
древний	ancient	
дружелюбный, дружный	friendly	
дух	spirit, smell	6
духовный	spiritual	13
душа	soul	6
на душу	per capita	12
единственный	sole, unique, the only one	14
единство	unity	
единый	single, unified	
единый государственный экзамен	common state examination	10
ежегодный	annual	7
ежедневн/о, -ый	daily	7
ежемесячн/о, -ый	monthly	
езда	ride	
естественный	natural	
жадность	greed	6
жалеть	to regret, to pity	

жаловаться/по- на (+ *acc*)	to complain of	
жаль	sorry	
ждать/подождать	to wait	
же	(emphatic particle) exactly	
желать/пожелать	to wish	
желающий	wishing	4
железная дорога, железнодорожный	railway	2
женатый	married	
жениться на (+ *prep*)	to marry (of man)	
жертвовать/по- (+ *inst*)	to sacrifice	
жесткий	strict	12
живой	alive	
живописный	picturesque	3
животное	animal	
жизнеобеспечение	vital necessity	
жильё	accommodation, housing, dwelling	4
жительство	residence	
за счёт (+ *gen*)	at the expense of, by means of	
заболеваемость (*f*)	incidence of disease	
заболевание	disease	
забывать/забыть	to forget	
завидовать/позавидовать (+ *dat*)	to envy	12
зависеть от (+ *gen*)	to depend on	
зависимость (*f*) (в) зависимости от (+ *gen*)	dependence (depending on)	10
завоёвывать/завоевать премию	to win a prize	
загадка	puzzle	
загадочный	mysterious	6
загорать/загореть	to sunbathe/get a tan	3
загородный дом	country house	
заграничный	foreign	
задавать/задать вопрос	to ask a question	
задача	task	
задний план	background	
заказывать/заказать	to order	
заключать/заключить	to sign a deal/agreement	10
закон	law	
законный	legal	

законодательно	legislatively	1
законодательство	legislation, law	4
закусить	to have a bite	
заменять/заменить	to substitute, to replace	7
заметный	noticeable	4
замечание (сделать ~)	remark (to tell off)	6
замужем, замужняя	married (for a woman)	
заниматься/заняться (+ *inst*)	to be engaged in, study	
занудно	boring	10
занят/-ый; занятость (*f*)	occupied, employed; employment	
занятие	lesson, occupation	5
запас прочности	safety factor	12
записываться/записаться	to sign up	5
заполнять/заполнить	to fill	
запрет	ban	4
запрещать/запретить	to ban, to prohibit, to forbid	
запрещённый	forbidden	13
заработок	salary, earnings	
заранее	in advance	
зарплата	salary, earnings, wage	11
зарубежный	foreign	2
зарубежье	abroad	
заряжать/зарядить	to charge, to load	2
заседать	to sit, to confer	
заслуга	merit, service	
заслуженный успех	deserved success	
заставлять/заставить	to make somebody do something	
застолье	feast	
засыпать/заснуть	to fall asleep	
зато	but, however	
затраты (*pl*)	expenses	
затягивать/затянуть в (+ *acc*)	to draw, trap into	
захватить	to capture, to captivate	
зачастую	often, frequently	
защита	protection	
защищать/защитить	to protect, to defend	14
заявление; ~ на работу	statement; job application	
заявлять/заявить	to declare	1
звонить/позвонить	to ring, to call	

здоровый	healthy	
здравомыслящий	sane	12
здравоохранение	health system	
земельный участок	plot of land	
земля	land	
зеркало	mirror	
зло	evil	6
злодей, злодейка	villain	
злоупотребление	abuse	
знакомиться/по- с (+ *inst*)	to acquaint oneself with	
знакомый	familiar; acquaintance	
знаменитый	famous	
значительный	considerable, significant	11
значить	to mean	
зритель	spectator, member of the audience	8
игра	game	
избавляться/избавиться	to get rid of	14
избегать/избежать (+ *gen*)	to avoid	4
избиратель; ~ная кампания	voter; election campaign	
издавать/издать; издательство	to publish; publishing house	
издалека	from afar	
издатель	publisher	8
из-за (+ *gen*)	because of	
изменение	change	4
изменять(ся)/изменить(ся)	to change	
измерять/измерить	to measure	
изобретатель	inventor	
изобретение	invention	
изречение	quote	
именно	precisely, namely, actually	10
иметь в виду	to mean, to have in mind, to imply	11
иметься	to be available	
иностран/ец; -ный	foreigner; foreign	
искажать/исказить	to distort	
искать	to look for	
исключение	exception	
искренний	sincere	6
искренность (*f*)	sincerity	
искусственный	artificial	

искусство	art	
исповедовать религию	to practice religion	13
использование	use, usage	
использовать	to use	4
испытательный срок	probation	
испытывать/испытать	to experience, to test	6
источник	source	7
исходить (исходя из этого)	to draw upon (on that basis, based on that)	11
исчезать/исчезнуть	to disappear	
исчерпывать/исчерпать себя	to exhaust itself	1
итоги (*pl*)	summing up, total; results	
кадр	shot (film), frame	
кадры (*pl*)	personnel	
как есть	as it is	14
как это ни парадоксально	paradoxically, ironically	
кардинальный	cardinal	
карман (не по карману)	pocket (unaffordable, out of pocket)	9
касаться (+ *gen*)	to concern, to touch	
каскадёр	stuntman	
качественный	high-quality	
качество	quality	9
каюта	cabin	3
квадрат	square	
китаец; Китай	Chinese man; China	
классный	great	
ключ	key	3
князь	prince	1
ковёр	carpet	
колесо	wheel	
количество	quantity	9
команда	team	
конец	end	
конечный	final	
конкурент	competitor	5
конкурировать с (+ *inst*)	to compete	
конкурс	competition	
кончать(ся)/кончить(ся)	to finish	
кончен	finished	
копить	to save	11

корзина	basket	
короче	shorter	
кошка	cat	
краткосрочный	short term	12
крепкий	strong	
кресло	armchair	
кроме (+ *gen*), кроме того	except, besides	
круг	circle	
круглый, круглый год	round, all year round	
крупный	large, major	2
крутой	steep; cool	
кстати	by the way	
кукла	doll, puppet	
купаться/искупаться	to bathe	
купе	compartment	2
курение; курить	smoking; to smoke	
курорт	spa	
курсировать	to run	2
лекарство	medicine	
лень (*f*)	laziness	6
летать, лететь	to fly	
летописное упоминание	chronicle reference	1
лечение	treatment	
лечить/вылечить	to treat/to heal	
лицо	face; person	
личный	personal	
лыжник	skier	
льгота	benefit	
любой	any	
малоподвижный	sedentary	
малочисленный	small, few	
мастерская	workshop	
мастерство	skill	
масштаб	scale	2
медведь	bear	
международный	international	
менять/поменать	to change	2
мера (в какой-то мере, по мере) (+ *gen*)	measure (to some extent, with)	13
мерка (по российским меркам)	yardstick, criterion (by Russian standards)	11

мероприятие	event	5
меры защиты	protection measures	
местный	local	
мечта	dream	9
мешать/помешать	to be a hindrance	8
милый	nice	
мир	world; peace	
мировой	world	
мнение	opinion	
многодетная семья	large family	
многочисленный	numerous	
модный	fashionable	
мощный	powerful	14
мультфильм	cartoon	
мусор	rubbish	
мысль	thought	
мышление	thinking, mentality	6
мышца	muscle	5
мышь (f), мышка	mouse	7
мягкий	soft	
набережная	embankment	3
набирать/набрать баллы, голоса	to collect, gain marks; win votes	
наблюдать	to observe	
наводить/навести порядок	to bring order	
навык	skill	10
навязывать/навязать	impose	14
награда	reward	6
надежда	hope	
надёжный	reliable	9
надеяться на (+ acc)	to hope	
называть/назвать	to call, to name	4
наказывать/наказать	to punish	6
наконец	at last	
налицо	in place, present, obvious	8
наличие	presence	11
наличные деньги	cash	12
налог	tax	9
наносить/нанести ущерб (+ dat)	to cause damage	
наоборот	on the contrary	9
напоминать/напомнить	to remind	

направление	direction	4
например	for example	
народное хозяйство	National economy	1
нарушать/нарушить	to violate	5
население	population	4
населять/населить	to inhabit	
насилие	violence	13
настойчивость (f)	persistence	
настоящее; настоящий	the present; real, present	
настроение	mood	11
наступивший	that has arrived	7
наука; научный	science; scientific	
научно-познавательный	popular science	
находчивость	resourcefulness	6
недавний, недавно	recent; recently	
недаром	not without reason	
недвижимость	estate, property	11
недовольство	dissatisfaction	1
недостаток	shortage, disadvantage	4
независимый	independent	7
незаконный	illegal	
неизбежный	inevitable	
ненавидеть	to hate	
ненависть (f)	hatred	
необходим/ость (f); -ый	necessity; essential, necessary	4
неожиданный	unexpected	
неотделимый	inseparable	
неотъемлемая часть	integral part	5
непокорный	unruly	
непосредственно	directly	14
неправительственный	non-governmental, independent	7
непредсказуемый	unpredictable	6
непременно	obviously, definitely	
нередко	often	
нерушимость	inviolability, territorial integrity	1
несовместимый	incompatible	
несомненно	undoubtedly, without a doubt	14
несоразмерный	incongruous	12
неудобство	inconvenience	5
неужели	really? is it possible?	
низкий	low	

нож	knife	
носильщик	porter	
нынешний	present	9
обвинение	charge/indictment	1
обеспечивать/обеспечить	to provide	10
обещание; обещать/по-	promise; to promise	
обижать/обидеть	to offend	6
область (f)	region, area; field	
облегчать/облегчить	to make easier	
обманчивый	deceptive	11
оборудование	equipment	
обосновать	to justify	
образ	image	14
образ жизни	way of life	
образовательная услуга	education service	
образовывать/образовать	to form	
обратный	reverse	14
обращаться/обратиться в (+ *acc*)	to turn to	
обслуживание	service	
обслуживать/обслужить	to serve	
обстоятельство	circumstance	
обучение	training	
обходиться/обойтись без (+ *gen*)	to do without	2
общее число	total number	
общенациональный	national	
общение	communication, interaction	6
общественное устройство	social structure	
общественный	public, social	
общество	society	
общий	general, common	
общительность (f)	sociability	
объединение	association, union	
объединяться/объединиться	to unite	
объезд	diversion	
объект	venue	5
объективный	objective	
объявление	announcement, advertisement	
объяснять/объяснить	to explain	
обычно, обычный	usually; usual, normal	
обязанность (f)	duty	

обязательно	necessarily, definitely, by all means	
обязательный	compulsory	10
обязательство	obligation	1
ограничение	limit	7
ограничивать/ограничить	to limit, to restrict	
одерживать/одержать победу	to score a victory, to win	
однако	however	
однодневный	one-day	3
односложный	one-word	6
ожидание	expectation	
озеро	lake	
означать	to mean	
оказывать/оказать	to display, to manifest	14
оказываться/оказаться (+ *inst*)	to turn out to be	
около	about, approximately, near	9
опаздывать/опоздать на (+ *acc*)	to be late for	
опасн/ость (*f*); -ый	danger; dangerous	
опасный (смертельно ~)	dangerous (deadly ~)	
описание	description	8
описывать/описать	to describe	
оплачивать/оплатить	to pay (for)	
оправдание	justification	7
оправдываться/оправдаться	to be justified	
определение	definition	11
определённый	certain, definitive	8
определять/определить	to define	11
опрос	survey, poll	
опрос общественного мнения	public opinion poll	7
опубликовывать/опубликовать	to publish	
опустеть	to become empty	7
опыт	experience	9
опытный	experienced	5
ориентироваться на (+ *acc*)	to be oriented towards	
оружие	weapon	
осанка	posture	5
осваивать/освоить	to learn, to master	
освещать/осветить события	to cover news events	7
ослабление	weakening	1
оснащать	to equip	5

основание	basis, foundation; reason	10
основанный	based upon	8
основатель	founder	1
основной, в основном	main, mainly	4
основывать/основать	to found	
особенность (f)	peculiarity	
особенный	special	
особый	special, particular	
осознавать/осознать	to realise	
оставаться/остаться (+ inst)	to remain, stay	1
оставлять/оставить	to leave	14
остальной	the rest	
остро	acutely	9
острый	acute	4
осуществлять/осуществить	to implement	
осуществляться/осуществиться	to come true	
отбирать/отобрать	to take away; to select	
отбор	selection	
отвергать/отвергнуть	to reject	1
ответственн/ость (f); ~ый	responsibility; responsible	
отдавать/отдать	to give	
отделение	department; separation	
отделяться/отделиться	to break away	1
отечественный	national; domestic	
отечество	fatherland	
отказываться/отказаться от (+ gen)	to refuse	12
отличаться от (+ gen)	to differ	
отличаться/отличиться (+ inst)	to be distinguished by	
отличие	distinction, difference	8
отличительный	distinguishing	
отменять/отменить	to cancel/abolish	1
отмечать	to note	7
относительно	relatively	12
относительный	relative	
относить/отнести к (+ dat)	to relate to	11
относиться к	to date from	1
отношение, отношения (pl)	attitude, relations	5
отплытие	departure (by boat)	3
отпор	rebuff	1
отправляться/отправиться	to set off, depart	2

отражать(ся)/отразить(ся)	to reflect (to be reflected)	6
отражать/отразить	to reflect	
отрасль (f)	branch	12
отрицательный	negative	
отрицать	to deny	
отстаивать/отстоять	to defend	
отсутствие	lack, absence	6
отсутствовать	to be absent	12
оттенок	shade of colour	8
отчаливать/отчалить	to set sail	
отъезд	departure	
официант	waiter	
охота	hunt	
охрана	guard, bodyguard	
охраняться	to be guarded	
оценивать/оценить	to assess, to evaluate, to rate, to judge	7
оценка	assessment; mark, grade	
очевидно	evidently	11
очередь (f); в первую ~	turn; in the first instance	
ошибаться/ошибиться	to be mistaken	
ошибка	mistake	
ощущение	feeling, perception	14
падать/упасть	to fall	
падение	fall	
палуба	deck	3
памятник	monument	
пар	steam	
парикмахерская	hairdresser's	
паровоз	steamer	
паутина	web	
пейзаж	landscape	
перевод	translation	
переводить/перевести на (+ acc)	to translate, interpret into	
переводчик	translator, interpreter	
переворот	coup	1
переговоры (pl)	talks	1
передавать	to pass	
передвижение	movement	
передовой	progressive	

переживать за (+ *acc*)	to worry about	
переживать/пережить	to experience	
переключаться/переключиться на (+ *acc*)	to switch over to	
переменить	to change	
перемещение	relocation	
перенести	to transfer	1
перепечатывать/перепечатать	to reprint	7
перепись (*f*)	census	
пересадка	change (train)	
пересекать/пересечь	to cross	2
переселенец	migrant	4
переселение	resettlement	4
переселять/переселить	to relocate	
переутомление	exhaustion, overwork	
переход к рынку	transition to the market	
переходить/перейти	to move, cross	
переходник	adaptor	2
песня	song	
петь/спеть	to sing	
печальный	sad	
пешеходная экскурсия	excursion on foot	
плавание	swimming	5
планировать	to plan	
платный	fee-paying, private	
по поводу	on the subject of	1
победа	victory	5
победитель	winner	
побеждать/победить	to win	
поблизости	nearby	
поведение	behaviour	6
поворачивать/повернуть	to turn	
повышать(ся)/повысить(ся)	to increase	
повышение	increase, rise	
погибать/погибнуть	to perish	
поговорка	saying	
пограничник	border guard	
подбирать/подобрать	to select; to pick up	
подвергаться/подвергнуться (+ *dat*)	to be subjected to	
подготовительный	preparatory	

поддерживать/поддержать	to support	7
поддержка	support	
подобный (+ *dat*)	similar to	
подписывать/подписать	to sign	1
подросток	teenager	
подряд	in a row, one after another	9
подстаканник	glass holder	2
подходить/подойти (+ *dat*); к (+ *dat*)	to suit; approach	
подходящий	suitable	3
подъезд	entrance (in a block of flats)	
поезд	train	2
поездка	trip, journey	
пожалуй	perhaps	
пожилой	elderly	
позволять/позволить (+ *dat*)	to allow	7
позднее, позже	later	
поиск	search	7
поистине	indeed	
пока	for a while	3
показ	showing	
показатель	indicator	12
покидать/покинуть	to leave	
поколение	generation	
покровитель	patron	
полно	comprehensively	10
полностью	fully	7
полный	full	
половина	half	
положение	status	9
положительн/о, -ый	positively, positiv	
положительный	positive	
получать	to receive, to get	
получаться/получиться	to turn out	8
польза (в пользу)	use, benefit (in favour of)	14
пользователь	user	
пользователь соцсетей	network user	2
пользоваться/воспользоваться (+ *inst*)	to use, to take advantage of	
помещение	premises	

помимо (+ *gen*)	besides	
понятие	idea, concept	
поощрять/поощрить	to encourage	
попадать/попасть	to fall into (certain category)	11
по-прежнему	still, as before	
попутчик	fellow traveller	2
попытка	attempt	1
поражать/поразить	to astonish	
порой	at times	
порок	vice	6
портить/испортить	to ruin	
посадить в тюрьму	to imprison	7
посёлок	village	
посещать/посетить	to visit	3
посещение	attendance, visit	5
поскольку	because, as	9
последовательно	systematically, methodically	10
последствие	consequence	10
пословица	proverb	
пособие	allowance, benefit	9
постановка	production	
постановление	regulation/ruling	1
постепенно	gradually	
посторонний	stranger, unauthorised	6
постоянно	constantly	10
постоянное место жительства (ПМЖ)	permanent residence	4
постоянный	permanent	
поступать/поступить в (+ *acc*)	to enter, to enrol	
поступок	act	6
потеря	loss	1
поток	flow	4
потому, поэтому	therefore	
потребитель	consumer	
потребность (*f*)	demand; need	
потрясающий	stunning, fantastic, amazing	3
потрясение	sensation	
походить на (+ *acc*)	to look like	3
похоже	it looks like	
похожий	similar	8

похороны (*pl*)	funeral	6
почёт (в почёте)	honour (in favour)	11
почти	almost	9
пошлина	tax/duty (trade)	12
появляться/появиться	to appear	
правда	though, in truth	
правило	rule	
правильно	correctly, correct	
правительство	government	
право	right	4
правозащитная организация	human rights organisation	7
православный	Orthodox	13
правящая партия	ruling party	
праздновать/отпраздновать	to celebrate	
пребывание	stay	
превосходить/превзойти	to exceed	
превосходство	superiority	13
превращать(ся)/превратить(ся)	to turn into	8
превращение	transformation	
превышать/превысить	to exceed	
предвыборная кампания	election campaign	
предлагать/предложить	to offer, to suggest	8
предложение	proposal, offer, suggestion; sentence	1
предложить	to offer	3
предмет	subject; object, thing	
предок	ancestor	13
предоставлять/предоставить	to offer	
предполагать/предположить	to suppose	
предпочитать/предпочесть	to prefer	
предпочтение	preference	
предприниматель	entrepreneur	12
предприятие	enterprise	
предрассудок	prejudice	13
предсказуемый	predictable	6
представитель	representative	11
представить себе	to imagine	2
представлять/представить	to represent; to present	
представляться/представиться	to introduce oneself	10
прежде всего	first of all	

прежний	former	14
преимущественно	chiefly, mainly	
преимущество	advantage	5
прекращать/прекратить	to stop	
прекращение	cessation/termination	1
преобладать	to predominate, to prevail	
преодолевать/преодолеть	to overcome	
преступление	crime	
преступн/ость, -ый	rate of crime; criminal	
претензия	complaint	
прибегать/прибегнуть	to resort	
приближаться/приблизиться к (+ *dat*)	to approach	
прибывать/прибыть	to arrive	3
прибыль (*f*)	profit	12
привет	hello, regards	
приветливый	friendly	3
привлекательный	attractive	10
привлекать/привлечь	to attract	3
привлечение	attraction	12
приводить/привести к (+ *dat*)	lead to	
признавать/признать	to recognise; to admit, to acknowledge	1
признак	sign, indication	6
признак	indication	
признание	recognition	
приключение	adventure	
прикрывать/прикрыть	to cover	
прилёт	arrival (by plane)	
приличный	decent	
применение силы	use of force	1
применять/применить	to apply	10
пример	example	
примерно	approximately	9
примета	sign, omen	6
принадлежать (+ *dat*); к (+ *dat*)	to belong	7
принадлежность (*f*)	belonging, membership	
принимать/принять закон	to pass a law	
приносить/принести (успех)	to bring (success)	1
принято	customary	2

приобретать/приобрести	to purchase, to acquire	5
приоритет	priority	
природа	nature, countryside	
прирост	growth	
присваивать/присвоить	to confer	
приспособиться к (+ *dat*)	to adjust to	
приступать/приступить к работе	to start work	
присутствие	presence	6
приток	influx (surge), flow	
приходится что-то делать	to be obliged to do something	12
приходиться/прийтись	to have to	2
причаливать/причалить	to moor	
причём	moreover	
причина	reason	4
причинять/причинить	to cause	
проведение	organising, holding	5
проводник	train attendant	
продажа	sale	
продвинутый	advanced	
продолжать(ся)/продолжить(ся)	to continue	
продолжительность (*f*) жизни	life expectancy, life span	9
проездной (билет)	travel ticket	
проездом	en route	
прожиточный минимум	a living wage	11
произведение	work of art	8
производить/произвести	to produce	
происходить/произойти	to happen, take place	
промышленность (*f*)	industry	
проноситься/пронестись	to rush, to flash	
пропагандировать	to popularise	
прописка	registration (place of living)	
против (+ *gen*)	against	
противоположный	opposite	
противостояние	confrontation	14
на протяжении	during	10
протяжённый	long	2
проходить/пройти	to go through	
прочий	other	
прошлое	the past	
проще	simpler	

проявление	manifestation	6
проявлять/проявить	to manifest	13
прыгать/прыгнуть	to jump	
публиковать/опубликовать	to publish	7
пугать(ся)/испугать(ся)	to frighten (to get scared)	
пускать/пустить	to let in	
пустой	empty	
пусть	let, so be it	
путать	to confuse	
путёвка	voucher (holiday)	
путеводитель	travel guide	
путешественник	traveller	
путешествие	travel, trip, journey	2
путешествовать	to travel	
путь	way	
пытаться/по-	to try	
работодатель	employer	
рабочий	worker	
равнодушие	indifference, insensitivity	6
равняться/сравняться	to be equal	9
радиус	radius	
радушный	hospitable	
раз (как раз)	once (just, exactly as it happens)	10
разбираться/разобраться	to gain understanding, to sort out	9
разве	isn't it	
разведённый	divorced	
развивать/развить	to develop	4
развит, -а, -ый	developed	2
развитие	development	10
развлекательный, развлечение	entertainment	
развлекать	to entertain	7
развод	divorce	9
раздел	section	
размер	size	6
размещаться/разместиться	to be accommodated	
разница	difference	12
разный	different	
разрабатывать/разработать	to work out	5

разрез	cut	
разрешать/разрешить	to permit	13
разрыв	gap	
разумный	intelligent	8
распад	disintegration, collapse	1
распадаться/распасться	to collapse	
расправляться/расправиться с (+ *inst*)	to deal with	
распространённый	widespread	9
распространять(ся)/ распространить(ся)	to spread	
распутать	to unravel	
расслабляться/расслабиться	to relax	
рассматривать/рассмотреть	to examine; consider, regard as	
расстояние	distance	
рассчитывать на (+ *acc*)	to count upon (*something or somebody*)	12
рассчитывать/рассчитать	to count (engineering, design)	
растерянный	confused	
расти/вырасти	to grow	4
расход	expense	11
расширение	widening	
расширяться/расшириться	to widen	
реализовать себя	to realise, fulfil oneself	
ребята	guys, boys	
регистрировать/зарегистрировать	to register	
редактор	editor	
редакция	editorial office	
редко	rarely	
режиссёр	film/theatre director	8
резать по живому	to cut into the living	14
резкий рост	sharp growth	4
резко	sharply	
рейс	flight; voyage	
реклама	advertising; advertisement	
рекламный сектор	advertising sector	
рекомендовать/порекомендовать	to recommend	
репетировать	to rehearse	
репрессия	repression	
речной вокзал	river station	

речь (f)	speech	
решать/решить	to decide	
решаться/решиться	to make up one's mind	
решающий	decisive	
родной	native, dear	
родственник	relative	
рожать/родить	to give birth	
рождаемость (f)	birthrate	9
рождаться/родиться	to be born	
рождение	birth	
розетка	socket (electric)	2
россиянин, россиянка	citizen of Russia	
рост	growth	12
рубеж	border	
рука	arm	
руководи/тель, -ть (+ inst)	leader; to lead	
руководящий	leading	1
рынок, рыночный	market	
садиться/сесть	to sit down	
сам по себе	in itself	13
само-собой	by itself, naturally	6
самосознание	self-consciousness	14
самостоятельный	free-standing, independent	8
сбережения (pl)	savings	11
свежий	fresh	
свет, вокруг света	light; world, round the world	
светлый	light	
свобода (слова)	freedom (of speech)	7
свободный	free	
связать	to link, to connect	8
связывать/связать	to connect, link	
связь (f)	connection	13
сделка	deal	
сегодняшний	today's; present-day	
сельское хозяйство	agriculture	
сердечность	cordiality, warmth	6
сердце	heart	
середина	middle	
серый	grey	
сеть (f)	net, network	7

сеять/посеять	to disseminate	8
сидеть/посидеть	to sit	
сила	force	
силовые классы	weight training lessons	5
сказываться/сказаться на (+ acc)	to tell on, affect	
скидка	discount	5
склонность (f)	tendency, disposition	6
скорее (всего)	more (most) likely	8
скорее хорошо	on balance/overall it is good	13
скоростной электропоезд	express train	2
скоростной, скорость (f)	speed	
скучный	boring	
славиться/прославиться	to be/become famous for	6
следить	to follow, to monitor	7
следовательно	consequently	
следовать/последовать (+ dat)	to follow	
следствие	consequence	
следующий	following	
слезать/слезть с (+ gen)	to get (climb) down	
сложиться	to be formed	
сложный	complex, complicated	8
слой	layer	11
случай	case	
случаться/случиться	to happen	1
слышать/услышать	to hear	
смена	change	
смертн/ость (f)	mortality (rate)	9
смерть (f)	death	
смех	laughter	
смысл	sense	
снижаться/снизиться	to fall	
снижение	fall, reduction	
снимать/снять жильё	to rent	9
снимать/снять кино	to shoot a film	8
снимать/снять стресс	to remove stress	
собеседование	interview	
собирать(ся)/собрать(ся)	to gather	
собрание	meeting	
собственник	owner, proprietor	
собственность (f)	property	

собственный	own	
событие	event	10
совершать/совершить	to accomplish, to make (a trip)	2
совершенно	absolutely, at all	
совершенство	perfection	
совместный	joint, collaborative	10
современный	modern	5
совсем нет	not at all	10
согласно (+ *dat*)	according to	
согласовывать/согласовать	to agree, to put in accordance	10
соглашение	agreement	1
содержать себя	to keep oneself	
Содружество Независимых Государств	Commonwealth of Independent States	1
сожаление (к сожалению)	regret (unfortunately)	
созвучный (+ *dat*)	in keeping with	
создавать/создать	to create	8
создание	creation	2
сокращать(ся)/сократить(ся)	to reduce	
сокращение	reduction	
сомневаться	to doubt	
сомневаться/усомниться	to have doubts	8
сообщать/сообщить	to inform	
соответствовать	to correspond	6
соотношение сил	correlation of forces	
соперник	opponent	5
сопоставимый с (+ *inst*)	comparable	
сопровождать/сопроводить	to accompany	
сопротивление	resistance	14
соревнование	competition	5
сортировать	to sort	
составлять/составить	to constitute	9
состояние	state of events, position	12
в состоянии (быть в состоянии что-то сделать)	to be in the position of doing something	12
состоять в (+ *prep*); ~ в браке	to be (a member of); to be married	
состоять из (+ *gen*)	to consist of	
состояться	to take place	
сотрудник	employee	

сотрудничать	to cooperate	
сохранение	preservation	1
сохранять(ся)/сохранить(ся)	to preserve (to be preserved)	13
социальные сети	social network	7
сочувствовать (+ *dat*)	to sympathise	
союзник	ally	
спасаться/спастись	to escape	
спасение	salvation	
список	list	
спор	argument	
спорный	controversial	4
способ	way (of doing)	
способ снять стресс	means to relieve stress	5
способность (*f*)	ability	
справедливость (*f*)	fairness, justice	6
справляться/справиться (с) (+ *inst*)	to manage, to cope with	7
спрос на (+ *acc*)	demand for	
спутник	companion, satellite	
сравнение (по ~ю)	comparison (compared to)	4
среди (+ *gen*)	among	8
средний	average	9
средства массовой информации (СМИ)	mass media	7
средство	means	8
сродни (+ *dat*)	akin to	
срок	period of time, deadline	
срочный	urgent	
стакан	glass	
становиться/стать (+ *inst*)	to become	
стараться/постараться	to try, to attempt	9
старообрядцы	old believers	13
статья	article	
степень (*f*)	level, degree	
стиль жизни	lifestyle	
стиральная машина	washing machine	
стоимость (*f*)	cost	2
стоит/не стоит	to be worth it/not to be worth it	9
столетие	century	
столичный, столица	capital	
столкновение	confrontation	14

столько	so much, so many	
сторона (с одой стороны/с другой стороны)	side (on the one hand/on the other hand)	8
стоянка	rank (taxi), stand	
страдать/пострадать	to suffer	13
страшный	frightening	
стремиться	to seek, to strive	6
строго говоря	strictly speaking	
строительство	construction	2
суд	court	13
судить/присудить (судите сами)	to judge (judge for yourselves)	11
суеверие	superstition	6
сумка	bag	
суша	land	3
существовать	to exist	8
сходство	similarity, affinity	
счёт (за счёт)	bill, account (at the expense of)	12
счёт (по большому счёту)	bill, account (generally speaking)	9
считать	to consider, to assume	14
считать/подсчитать	to calculate	
считаться	to be considered	10
съезд	congress, exit (from road etc.)	
та/тот/то/те же	the same	
таинственный	mysterious	6
таким образом	in the same way, thus, therefore	
творчество	creativity	8
телеведущий	television presenter	
телевидение	television	
тем не менее	nevertheless	8
теневая экономика	shadow economy	
теплоход	boat	3
терять/потерять	to lose	8
тестирование	testing	
(в) течение (+ *gen*)	during	
течь	to flow	
тираж	circulation	
-то	emphatic particle	
то есть	that is	
товары	goods	

только что	just	
торговая марка	trademark	
тот же самый	the same	7
точка зрения	point of view	8
требование	requirement, demand	10
требовать/потребовать	to require, to demand	12
тревожный	alarming	
тренажёр	fitness, training equipment	5
тренировка	training	
треть (f)	third	
труд рабочих	labour	2
трудиться	to work	
трудовые ресурсы	workforce, labour	4
трудоголик	workaholic	
с трудом	with difficulty	
трудоспособный	of working age	9
трудоустраивать(ся)/ трудоустроить(ся)	to employ (find employment)	4
трудоустройство	placement in work	
труппа	company (theatre)	
трюк	stunt	
тур	tour	
туча	thick cloud	2
тысячелетие	millennium	
тяжёлый	hard	
убедительный	convincing	14
убеждаться/убедиться в (+ prep)	to be convinced of	
убежище	refuge	
убывать	to diminish, to reduce	
убыль	decrease	4
уважение (уважительная причина)	respect (good reason)	
увеличение	increase	
увеличивать(ся)/усилить(ся)	to increase	4
уверенный	confident	14
уверять/уверить	to assure	
увлекаться/увлечься (+ inst)	to enjoy, to be carried away with	
увольнение	dismissal, resignation	
увы	alas	9
уголовное преступление	criminal offence	13

угрожать	to threaten	
угроза	threat	4
удаваться/удаться	to manage to do something, to succeed	12
удар	blow	5
ударение	stress	
удваивать/удвоить	to double	
уделять/уделить внимание (+ *dat*)	to give attention to	
удивлять/удивить	to surprise	3
удовлетворять/удовлетворить	to satisfy	
удовольствие	pleasure	3
ужас, ужасный	horror; horrible	
узнаваемый	recognisable	7
указ	decree	1
укрепление	strengthening	5
укреплять/укрепить	to strengthen	13
улучшать(ся)/улучшить(ся)	to improve	
улыбка	smile	
ум	mind	
умение	know-how, skill	10
уменьшать/уменьшить	to decrease	
уместно	appropriate, to the point	
умирать/умереть	to die	
умственный	mental	
уничтожать/уничтожить	to destroy	2
управление	management	
управлять (+ *inst*)	to govern, to manage	
урбанизация	urbanisation	
уровень; ~ жизни	level; living standard	2
уровень обслуживания	standard of service	2
усиливать(ся)/усилить(ся)	to intensify (to get stronger)	4
ускорять/ускорить	to accelerate	1
условие	condition	
услуга	service	2
успевать/успеть на (+ *acc*)	to manage, be in time	
успех, успешный	success; successful	
уставать/устать	to get tired	
устанавливать/установить	to establish, to install (a monument), to set (a world record)	

устойчивый	steady	11
устраивать/устроить	to suit, to arrange, to hold	1
устраивать/устроить пир	to give a feast	6
устраиваться/устроиться на работу	to get a job	
устройство на работу	finding employment	
утвердительно	affirmatively	10
утверждать	to maintain	
утверждение	claim	5
утечка мозгов	brain drain	4
участие	participation	
участок	plot	
учёба	studies	
учебный план	curriculum	
учитывать/учесть	to take into consideration	9
учреждать/учредить	to establish, to form	1
учреждение	institution	
ущерб (наносить/нанести ущерб)	damage (to damage)	4
хватать	to suffice, to be enough	11
хлебосольство	hospitality	6
хоронить/похоронить	to bury	1
хотя	although	9
хранить/сохранить	to keep	11
художественная гимнастика	rhythmic gymnastics	5
художественный	artistic	
художник	artist	
целый; в -ом	whole; as a whole	
цель (f)	aim, goal	
цена (любой ценой)	price (at any cost/price)	14
цензура	censorship	7
цензурировать	to censor	7
ценить	to value	
ценность	value	7
ценные бумаги (pl)	securities	
ценный	valuable	
ценовая политика	pricing policy	
цитата	quote	
цифра	number, digit	
цифровая технология	digital technology	
часовой пояс	time zone	2
частное лицо	private individual	

частный	private	
часть (*f*)	part, proportion	9
чемодан	suitcase	
черта бедности	poverty line	
честь (*f*)	honour	
четверть (*f*)	quarter	
чёткий	clear	
чётное количество (не-)	even (odd) number	6
численность (*f*) населения	number of population	9
число (в том числе)	number (including)	12
чистый	clean	
член	member	5
чрезвычайно	extraordinarily	13
чрезвычайное положение	state of emergency	1
чувствовать/почувствовать	to feel	
чудесный	wonderful	3
чуждый	strange, alien	6
шанс	chance	
шикарный вид	smart appearance	
широкий	wide	
шутка	joke	
щедрость	generosity	6
экземпляр	copy (of a book etc.)	
экран	screen	
экскурсовод	(tour) guide	
электорат	electorate	
электричка	local (electric) train	2
этюд	sketch	
юбилей	anniversary	2
юг	south	
южный	southern	
явление	phenomenon	4
являться/явиться (+ *inst*)	to be; to appear	
явный	obvious	
ядро	nucleus	11
ясли (*pl*)	crèche	
ясный	clear	
ящик	drawer	

Grammar index